Let's Pretend This Never Happened

A Mostly True Memoir

Let's Pretend This Never Happened

A Mostly True Memoir

讓我們假裝沒發生過！

我那徹底荒謬的人生，但我愛死這個版本

Let's Pretend This Never Happened

A Mostly True Memoir

BY

全美最ㄎㄧㄤ部落客

珍妮・勞森 Jenny Lawson

林楸燕／譯

Let’s Pretend This Never Happened

這本書是給我家人的一封情書。它是關於一項驚訝的發現，原來人生中最尷尬的時刻——我們想假裝從未發生過的那些事——也造就了現在的我們。我將人生中最棒的故事寫在書中……用來讚揚奇怪的事，感謝那些光怪陸離的種種。因為生命中不完美的時刻不能定義你是誰，而是取決於你對這些時刻的反應；也因為喜悅來自擁抱——而非尖叫逃開——生命的全然荒誕。我也感謝家人教會我這件事。從許許多多的事件中。

Let's Pretend This Never Happened

我要感謝每一位幫忙我創作這本書的人，除了那位在我八歲時在 K 超市對著我吼的仁兄，因為他覺得我「太吵」了。

先生，你真是討人厭。

是的，為什麼我的瘋狂是有道理的

目次 contents

Let's Pretend
This Never Happened
A Mostly True Memoir

前言

這本書的內容全都是真的事情，除了那些假的之外。基本上，它就像《草原小屋》（*Little House on the Prairie*），只是多了點咒罵。我知道你一定在想：「但是《草原小屋》全都是真的。」很抱歉它不是。羅蘭・英格斯（Laura Ingalls）是個說謊成性，沒有查核事實的人。如果她現在還活著，她媽會說：「我不知道羅蘭是怎麼想出『我是個住在草原上小木屋裡的女孩』的故事。我們與她的阿姨佛芮達和一隻叫瑪麗的狗住在紐澤西州，這隻狗瞎了是因為羅蘭試著用漂白劑在牠的前額弄出一道閃電圖案。我也不清楚她從哪裡找到『我們住在土洞』的想法，雖然我們的確帶她去過卡爾斯巴德洞窟（Carlsbad Caverns）一次。」

這就是我比羅蘭・英格斯好一點的地方。因為我的故事有九成是真的，而我也真的住過土洞[1]。這回憶錄大部分是真實的，不全部是真實的原因是我修飾了部分內容以免被告。同時，我也希望我家人能夠說：「喔，這從未發生過。我們當然沒有讓八歲的她從移動的車子裡拋飛出去。」（他們說的沒錯，因為事實是我那時是九歲。當時我正坐在老媽的大腿上，我爸使勁左轉，車門就這麼打開，而我就像裝滿小貓的麻袋，被甩出車外。老媽成功抓住我的手臂，如果我爸把車就這麼停下來的話，老媽就幫了我一個大忙。但是，他顯然沒注意到我的情況，或是認為我等一下就會趕上他們，所以我十分確定我的腿被拖行在鋪滿碎玻璃以及使用過的注射針筒的停車場。我從這經驗學到三件事。第一：七〇年代晚期的乘車安全對孩童不是特別友善；第二：你應該在醫護人員來之前先離開，因為像虐待狂的救護車司機將橘色藥用乙酸塗在傷口的刺痛感，遠比經歷被車子拖行的傷口還痛；還有第三：「不要讓我再說一遍」只是空洞的威脅，除非你爸

1 我從未曾住在土洞裡，但我真的去過卡爾斯巴德洞窟一次。

開了四小時的車，而車上載著兩位一直尖叫的小孩，然後他突然變得很安靜。如果真的這樣，你應該把門鎖上，或是記得要屈體翻滾。我不是說他故意把我丟出行進的車子外，只是剛好有機會，而我爸又是個不該被信任、危險的人。）[2]

你有發現這篇前言有一半都是自言自語的括號內容嗎？這樣的廢話會一直出現。為此，我先跟你道歉，也為可能惹惱你而道歉，因為很可能你讀了一半的書，對著一些關於希特勒、墮胎和貧窮等前後不連貫的敘述咯咯地傻笑，並覺得自己比那些焦慮、容易覺得被冒犯，還需要學著怎樣才能經得起開玩笑的人還優越。但在這之中也可能有些事，別人覺得極其滑稽，你卻覺得：「喔，這太超過了！」真的，我為此跟你道歉，因為我不知道我在想什麼。

2 當我講這些故事給朋友聽，總在故事最精確的時候，他們會停下來問我：「等等，那是真的嗎？」這些你聽起來像不可能發生的故事裡，改動的部分只有名字和日期，都是真實的故事。就像真實人生中，最恐怖的故事往往是最真實的；跟真實人生一樣，相反的情況也是如此。

我三歲，我是縱火犯

請叫我以實瑪利，雖然我不會回答，因為這不是我的名字。但是這跟其他人用來叫我的多數稱呼比起來，還算可以接受。叫我「那個說很多髒話的怪女孩」還可能比較正確，但「以實瑪利」算比較流行的名字，而這樣的開頭方式比我原本想要寫的還要得體。一開始我想寫的是我在星巴克巧遇我的婦產科醫生，而她把我當空氣，好像不認識我。我站在那裡，思考著她是否故意這樣做，讓病患覺得比較不尷尬，還是沒了陰道，她就**真的**認不得我了。不管怎樣，想到曾進入我陰道的人卻認不得我的臉，我整個很囧。對了，我要澄清一下，我所謂「沒了陰道」不是說那時我沒有陰道。我指的是在星巴克時，你知道的，我並沒有……露出我的陰道。我想你可以理解，但我還是要澄清，畢竟這才第一章，而你跟我還不太熟。陰道就像我的美國運通卡（我出門一定要帶著它，但也不一定要用它買東西就是了。）

這本書是關於我，以及我對抗白血病的真實故事，然而（內有雷）最後我死了。讀完這句話，你就能裝作已經看完整本書。可惜的是，這本書內文某處藏有密語，如果沒有讀完整本書，你是找不到密語在哪的。那麼讀書會的人就知道你只讀到這段就停了，因此你是個大騙子。

好吧，這樣吧，密語就是「狗香腸」。

劇終。

還在嗎？很好。其實密語不是「狗香腸」，我也不知道怎樣拼「白血病」這字。這是用來測試誰真的有看書的測驗。如果讀書會裡有人提到狗香腸或是白血病，他們就是騙子，而你應該叫他們離開。趕他們走時，也許應該搜他們的身，他們可能偷了你的銀器。其實真正的密語是「叉子」[1]。

我是在紐約長大的貧窮黑人女孩，除了將「黑人」換成「白人」，「紐約」換成「德州鄉村」，而「貧窮」部分予以保留。我出生於德州首府奧斯汀，當地以受歡迎的「讓奧斯汀一直怪下去」的運動聞名。因為打從我出生以來都被歸類為「那個怪女孩」，所以最後我完美地融入當地，從此過著幸福快樂的生活。全文完。這原本可能是這本書的結局，要不是我爸媽在我三歲時，帶我搬離奧斯汀的話。

我對於在奧斯汀的生活沒什麼記憶，但老媽說我們住在靠近軍事基地的無電梯公寓裡。到了晚上，我會站在小床上，拉開窗簾，試著從樓上的房間對街上的士兵揮手，當時我爸也是其中的一名士兵。老媽跟我說這故事時，身為青少年的我認為老媽應該要讚賞我對在街上的爸爸搔首弄姿這件事。相反地，她跟我爸立刻把我的小床搬離窗戶，因為他們擔心我「有發展那種行業的才能」。我顯然對於這樣的安排非常不開心，因為隔

1 「叉子」不是真的密語。其實根本沒有密語。告訴你們啊，因為這是一本書，不是該死的間諜電影。

週我就將掃把丟進客廳壁爐裡，點燃它，一邊在屋子裡四處亂跑、尖叫，一邊拿著點燃的掃把火炬在頭旁邊搖來晃去。據說是如此，但我同樣一點記憶也沒有。如果真的有發生過，我猜我是把它當成某種很酷的烈焰指揮棒在揮舞著。聽老媽說，我還很壞心地在她面前揮舞著掃把火炬，把她當成科學怪人裡的怪物，而我則是憤怒的村民。老媽把這事當成我第一次的縱火事件，而我則把它當作是種教訓，亂動他人傢俱是很危險的教訓。我們都贊成對彼此的用字遣詞很有意見。

這事發生之後不久，我們就搬到德州極度鄉村的沃爾鎮（Wall）。我爸媽宣稱會這樣做是因為我爸的役期結束了，而老媽懷了我妹妹，也想住得靠近家人一點，但我猜想他們已經意識到我有點狀況，因此想搬到他們成長的西德州小鎮，相信我能在此地長成一名正常人。他們搞錯了很多事，而這是其中之一。（他們搞錯的事包括：牙仙子的存在、「永不退流行」的裝飾木紋板以及明智的讓一位三歲小孩獨自一人留在有掃把和壁爐的家裡。）

如果把今日的德州沃爾鎮與我童年時期的沃爾鎮相比，你可能無法認得它，因為現在的沃爾鎮有一間加油站。如果你認為有一間加油站不算什麼大不了的事，你可能就是在有加油站的城鎮裡長大的人，但這並沒有助長學生開拖拉機上學的風氣。

沃爾基本上是個小鎮有著……嗯……塵土？那裡有很多塵土和棉花，還有軋棉機，雖然不是很優。在沃爾鎮，人們提到軋棉機時，指的是軋棉花產業，這是鎮上唯一實際的商業活動，而它就是一間把棉花變成……其他東西的工廠。老實說我一點都不瞭解，也許是變成其它種……棉花嗎？我一直懶得去瞭解，因為我總覺得幾天內我就能逃離這個鄉村小鎮，沒想到這就是我接下來二十年的生涯寫照。

某一年的年度紀念冊主題就是「沃爾在哪裡？」因為當你跟人家說你住在這，這是對方一定會問的問題。原來的——更適合的——主題應該是「該死的沃爾到底在哪裡？」但負責年度紀念冊的老師很快地否決這個想法，他說使用符合年紀的用語很重要，即使得犧牲報導正確性。

當我被問到沃爾在哪裡，我都揮手回答：「喔，往那個方向。」模糊帶過。我也很快學到，如果我沒有趕快轉移話題，打斷對方的思緒（我個人的用語：「你看，有海怪！」），他們免不了會提出接下來的問題「為什麼是沃爾？」，而你卻無法確定對方是在問到底為什麼你選擇住在此地，還是在問誰會將鎮名取作「沃爾」[2]。這其實一點都不重要，因為也沒人有標準答案。

不幸地，指出有海怪這招一點都不聰明，也無法讓人相信（原因主要是我們身處內陸），因此我開始編出有趣卻無法證實的故事，以彌補沃爾鎮的枯燥乏味。「喔，沃爾嗎？」我邊說邊露出一抹自認為很微妙的冷笑。「這城鎮發明了狗哨。」或是「電影《渾身是勁》（*Footloose*）的背景就是來自這城鎮，凱文・貝肯（Kevin Bacon）是我們的民族英雄。」又或是「你沒聽過嗎？我一點都不感到驚訝。這裡曾發生美國史上最令人毛骨悚然的食人屠殺

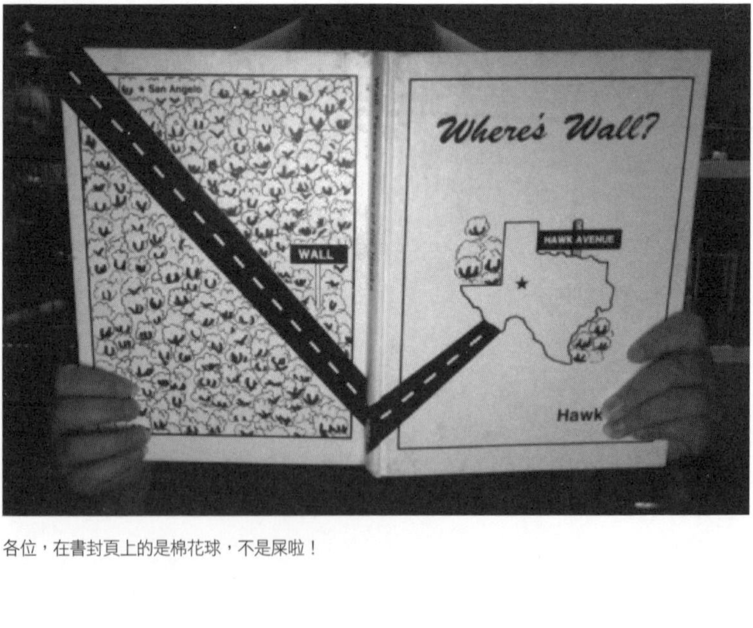

各位，在書封頁上的是棉花球，不是屎啦！

慘案。我們避而不談。我甚至不該提起它的，我們別說了。」我希望最後一段話能營造出一種神祕感，讓人迷上此地駭人的歷史，然而他們卻擔憂起我的心理健康。最後老媽聽到我的離奇故事，把我拉到一旁，說沒人會相信我的話，而且這城鎮很可能碰巧以名叫「沃爾」的人來命名。我指出這人會叫「沃爾」，很可能是因為他發明了「牆」（wall）。老媽不耐煩地嘆了口氣說，她很難相信男人會發明牆，因為他們大多連上廁所都不關門。她發現我對於無法彌補此鎮的乏味而感到失望，於是不太情願地承認，也許鎮名真的來自一道象徵性的牆，用來將其他東西擋在外面的牆。我猜擋住的是進步，老媽則說很可能是棉象蟲。

我有時在想，如果我有一個截然不同的童年時期會是怎樣。我沒有實際的參照例子，但當我詢問陌生人後，我發現他們的童年比較不血腥，我也察覺到他們被問到童年時期時似乎不太自在。當你在酒類商店排隊結帳時，還有什麼其他可以聊的嗎？童年創傷顯然是想當然爾的選擇，這也是導致我們在那裡排隊的原因。我發現當你先跟他人分

2 譯註：德州沃爾鎮原文為 Wall, Texas。Wall 另一個意義「牆」，作者意指把「牆」作小鎮名的荒謬。

享你的經驗，對方也比較可能分享他們的，這也是為什麼我隨時都準備好十一個關於我的問題童年要跟他人分享。我通常也會開一瓶龍舌蘭酒請對方喝，因為酒精讓我比較不緊張，同時因為我來自南方，在德州，我們會請陌生人喝酒，即使是在酒類商店排隊結帳的時候。德州當地稱此為「南方式好客」，而店主人則稱此為「順手牽羊」，大概是因為他們是北方佬的關係。

我被禁止進入酒類商店了。[3]

3 我的編輯告訴我這不算一個章節，因為裡面只有出現無關緊要的事情。我解釋說因為這只是下一章的介紹而已，也許應該跟下一章合併，但我把它分開是因為我總覺得短一點的篇章讀得比較快，讀完後自我感覺也比較良好。再者，如果你的英文老師要你讀完本書的前三章，你已讀完前兩章了，再十分鐘，你就能去觀賞性感、閃耀的吸血鬼或是任何你們孩子現下喜愛的東西。還有，你應該感謝你的英文老師讓你讀這本書，因為她聽起來就是位很酷的老師。你也許應該從爸媽的酒櫃拿一瓶酒感謝你的老師，因為她有膽子選這本書，而非《紅色英勇勳章》(*The Red Badge of Courage*)。請選單一純麥的酒。
英文老師們，不用客氣。你們欠我人情。
等一下，稍等一下。我忽然想到，如果英文老師將這本書列為指定讀物，那學區就得買一大堆我的書，所以嚴格說來，英文老師們，是我欠你們人情。但我想了一下，我付稅的錢也拿來買這些書，這樣說起來，有點是我付錢請人讀我自己的書，現在我不知道是否該生氣。這下這個註解變成了該死的填字謎遊戲。
不如這樣吧？管他的，就把學生給你們的酒寄給我一半，我們就算扯平了。
再者，這應該是史上最長的註解吧？答案很可能是肯定的。

我的童年：大衛・考柏菲（David Copperfield）遇見《槍枝與軍火雜誌》（*Guns & Ammo*）

我羅列出幾個我的童年和世界上其他人的童年關鍵不同之處，我稱之為：「十一個世上大多數人從未經歷過，或是未曾想過的事，但都發生在我身上，顯然是我前世做了很糟的事，因此至今我仍然為此接受懲罰。」

1. 大多數人未曾站在死掉動物的屍體裡。除非你將路克・天行者為了不被凍死而躲進咚咚獸的身體的事算在內，但我認為這當然不算，因為《星際大戰》不是紀錄片。如果你是很容易感到噁心想吐的人，我建議你跳過這部分，直接進入第五章，或是挑別的書，比較不會感到不適，像是關於小貓的書，或是種族滅絕的書。

你還在嗎？那好，我們繼續吧。我記得小時候看電視上寇斯比（Cosby）家庭在準備晚餐，我都奇怪為什麼他們身上沒有沾滿血，因為這是我家每天晚上典型的樣子：我爸是一位熱衷以弓箭狩獵的人。他會在肩膀上掛著一隻鹿，緩緩走進家裡，將鹿橫放在桌上，然後跟老媽一起支解鹿，把有用的部分拿出來，這個好像某種可怕的皮納塔（pinata）[1]糖果包。這看起來很噁心，但這也是我唯一知道的生活，而我以為其他人都是這樣過日子。

對我來說，唯一很怪的地方是，我是家裡唯一聞到血味會作嘔的人。我爸媽試著說服我說血並沒有味道，但他們都是大騙子。他們也告訴我牛奶有怪味，很荒謬吧。我很驚訝他們說謊的範圍可以這麼廣：牛奶沒有怪味，血才有。我想我會對死鹿的味道這麼敏感，是因為我曾不小心走進一隻死鹿的屍體裡。

大概九歲時，我跟妹妹在下棋，而我爸在清理一隻鹿。

我在這裡打斷一下，小小教育大家「清理一隻鹿」到底是什麼。

對於善待動物組織（PETA）裡容易被冒犯的成員來說，「清理一隻鹿」是：

你用一些溫水，加上不流淚配方的洗髮精，輕柔的按摩鹿（然後再潤絲，即便罐子上寫著重覆動作，但請不要重覆，因為那只是為了要賣更多洗髮精的計謀。）低溫吹乾牠，然後用熱溶膠將蝴蝶結黏在牠的額頭上。把牠送回森林，跟善良的猶太雌鹿相見。

請往下個章節。

對於那些有好奇心、不會多加批評的人，想真正了解清理鹿的內容的人（他們不是善待組織的成員，因為這些成員只是假裝好奇、假裝不會批評，其實是想在簽書會時拿血潑我）來說，「清理一隻鹿」是：

把牠的前肢和腿綁在像曬衣繩的裝置上，讓牠看起來像正在做「給我個X」動作的啦啦隊長。然後剖開腹部，所有你不想要的東西都會掉出來，像是外生殖器和屎腸。

1　編註：一種紙糊的容器（最常見的造型是驢子），裡面裝滿糖果，於節慶或生日宴會上懸掛起來，讓人用棍棒打擊，打破時玩具或糖果會掉下來。

對於一直都在清理鹿的人來說，「清理一隻鹿」是：

是的，對吧？你相信有人不知道這件事嗎？太怪了。這群人就是把屎腸叫成「腸子」的人。嘿，我們都知道它是屎腸，好嗎？用法語稱呼它並不會讓它比較不噁心。

不論如何，我爸剛清理完鹿，而我為了避免被妹妹抓到，突然快速做出像忍者的U型大轉彎。這時我就跑進，對，媽的，我跑進一隻鹿的屍體裡。我一會兒才意識到發生了什麼事。然後，我站在那裡，有點動彈不得，一點都不像忍者。我只能形容這樣的情況很像我正穿著鹿毛衣。有時候人們因這件事而發笑並不是因為覺得好笑，比較像是遇到見鬼的事而不自覺地緊張嗤笑。大概因為你不該把鹿當成毛衣穿，而你也不該吐在鹿的身體裡，但是，這並不代表這沒發生過。

我希望我爸已經把那隻鹿丟掉，因為我確信你不該吃你曾經穿過或吐在裡面過的食物。然而，我爸用水管沖洗我的同時，也沖洗了那隻鹿，所以我猜他大概採用了很糟的北美灰熊亞當斯（Grizzly Adams）[2]版的「五秒鐘原則」（掉在地上的食物在五秒鐘內撿起都還能吃，但如果是花生醬就不適用於五秒鐘原則；或是像白吐司一樣的東西，那麼五秒鐘原則就能延展到像是一週半，說真的，白吐司上面到底能沾上什麼？根本沒什麼東西，就是這樣。天呀，我能用一整本書來談五秒鐘原則。那應該就是這本書的續集：《五秒鐘原則的應用：各類食物》（*The Five Second Rule As It Applies to Various Foodstuffs*）。真棒吧。但是我忘了之前在寫什麼。喔，對，我吐在一隻鹿的屍體裡。就是那個。）我懷疑我爸把弄髒的鹿毛衣帶回來吃，但我沒吃，因為那之後我一聞到血味就作嘔。到今日，只要是我看過或聞過的生肉，我之後都無法嚥下。我老公還一直抱怨這件事，但除非他穿過鹿毛衣，不然他最好給我閉嘴。他還說那都是心理作用，但真的不是。我說我可以進行聞血能力測驗，跟百事可樂挑戰一樣，讓他拿裝著血的碗讓我聞，證明我聞得到血，但他就是不要，大概是因為他過度在意碗。每當我不舒服想吐時，他都不讓我吐在碗裡。他會說：「嘔吐碗？誰會用嘔吐碗啊？」而我會說：「我就是會用嘔吐碗。大家都會用。你會把碗放在靠近自己的地方，免得來不及衝到廁所吐。」然後他會說：「不行，你得用垃圾桶。」而我說：「你這病態的傢伙，我才不要

2 編註：一九七〇年代美國西部電影。

吐在垃圾桶。這太野蠻了。」他大吼：「一般人就是這樣做的！」而我大叫：「這就是文明崩壞的原因！」接下來一整天，我拒絕跟他說話，因為他在我想吐的時候，逼我吼他。你有注意到我直接跳到有老公的部分，即使這段是在講我的童年時期嗎？我的老天，這一定是本很糟的書。但是這兩個故事都跟血和嘔吐有關，讓人印象深刻，但也讓人更加的「難過」和「令人感到不適」。

2.（在「大多數人從未經歷過，或是未曾想過的事，但都發生在我身上」的清單上，以防你忘了我們在談什麼，因為第一點實在太長，而且需要編輯或燒掉它。）**大多數的人家裡的自來水沒有毒**。大多數的人沒有收過政府來信，告訴他們不要喝家裡的自來水，因為氡已滲漏進去水井裡。事實上，大多數人從水井裡取的水並不會有毒。

擔心的親戚會詢問我母親有關我和妹妹接觸到氡的風險，她揮揮手打發他們說道：「喔，她們不會把它吞下去，即使她們想要，也會馬上就吐出來，它就是這麼毒。所以你們別擔心。」接著她叫我們用氡水刷牙，然後用氡水洗澡。老媽是「殺不死你的，只會讓你更強壯」理論的擁護者，她擁護的程度到了要跟全世界挑戰殺死我跟妹妹。我妹是這理論成功的例子，她從來沒有生過一天病，就像那些亞馬遜女戰士一樣，能蹲在田野生小孩，然後抱起嬰兒，繼續鋤地。只不過當田野起火時，她會說：「去你的火！」然後穿越過野火，像《魔鬼終結者》裡嚇人的機器人。而她的孩子有防火能力，也是個小小狠角色，能用空手道把火焰劈開。我曾試著想達到同樣程度的拓荒者堅毅精神，但每幾個月，我不是神經衰弱，就是染上只有動物會得到的怪病。有次我染上人類微小病毒（parvo），它真的存在，而且不是蓋的。或有次，我在梳頭髮時，聽到我脖子傳來啪的一聲，我痛到幾乎無法呼吸。然後，我還是開車上班，但因為疼痛加上無法呼吸，我幾乎要昏過去。當我到了公司，痛到無法開口說話，所以我在便利貼上寫下：「我弄斷脖子了。」困惑的同事載我到醫院，結果是頸椎間盤凸出。醫生給了我一本關於家暴的小冊子，並一直追問是不是家裡的人對我施暴，顯然平常人不會因為梳頭髮梳太大力而把自己的頸椎間盤弄到凸出來。我寧可認為那是因為大多數的人不像我一樣，這麼熱衷於梳頭髮這件事。

3. 大多數人家裡有自來水。我的意思是，我們大多數的時間有自來水，除了沒有自來水的時間，這狀況很頻繁。我跟妹妹常互相說：「你知道的，直到有毒的井水沒了，你才能真正感謝它的存在。」夏天偶爾沒有原因就停水，冬天時水管結冰，我們被迫從蓄水池裝滿一盆又一盆的水，然後將冰冷的水放在爐上燒熱後才能洗澡。整個過程實際上比聽起來還不迷人。有次我跟老媽說，從蓄水池拿來的水稍微有點土黃色，似乎不是用來洗頭髮最乾淨的方式。而老媽則是有點失望的嘆氣，並說：「那個字是『米黃』。」好像使用這字就

照片背後寫著：「1975——珍妮與她的雞群。不久後一隻狗殺了全部的雞。」怪的是我感覺很好。

能讓水聽起來比較昂貴。

「好吧，」我有點不情願的屈服，「從蓄水池拿來的水比自來水稍微更米黃色。」老媽不予理睬，顯然因為她不相信眼睛看不到的水。

4. 大多數人沒有蓄水池或是不知道蓄水池是什麼東西。有些人說他們有蓄水池（cistern），然後會很有禮貌地補充，這個字的發音應該是「姊妹」（sister）[3]，然後我只是點頭，因為我一點都不想解釋，蓄水池是一個能擷取雨水的巨大金屬桶，有點像地面的水井，給那些無法負擔水井的人。但老實說，沒有人想解釋這個，誰會想承認自己無法負擔水井的費用？顯然不是我——因為我們有一口井，井裡的水充滿有毒的氡。

5. 大多數人的家裡沒有活浣熊。我爸總在拯救動物，「拯救動物」的意思是「殺掉動物媽媽後，發現有動物寶寶，然後把牠們帶回家，養在浴缸裡。」有次他帶回八隻浣

3 譯註：作者意指對方將"cistern"（蓄水池）誤聽為"sister"（姊妹）。兩個詞彙在英語發音上相近。

熊寶寶給我們養。這些孤兒浣熊寶寶還小的時候，老媽把詹斯花短褲（Jams）縫成小件的褲子給牠們穿。（八〇年代時，詹斯花短褲很流行），牠們好可愛，但當牠們大到能爬出浴缸，整間房子就遭殃了。浣熊有強迫症，牠們看到東西都要清洗，如果你覺得這讓牠們變得好聞，其實沒有，牠們聞起來有麝香味，略帶酸味，像一夜情的味道。

當浣熊夠大時，我們把牠們放回樹林，只留下一隻當寵物。牠的名字叫蘭博，牠學會開浴室洗手台的水龍頭，總是在洗手台裡清洗隨意拿到的東西，洗手檯變成牠私人的小河。當時我應該留下一些洗衣粉和我的貼身衣物在洗手台邊讓牠清洗，但等我想到能把寵物浣熊變成小小男僕時已過了最佳時機。有次我們回家後發現蘭博在洗手台，正在清洗一小塊肥皂，早上時它還是一大塊新肥皂。蘭博看起來精疲力竭，好似希望有人能阻止牠，讓牠停下來睡覺。但當我們試著從牠手中拿走最後一點肥

蘭博穿著花短褲的證明。照片裡還有：科克・卡麥隆（Kirk Cameron）為封面人物的青少年雜誌、唱片和 VHS 卡帶，就像把整個八〇年代吐在這浣熊身上。我實在不知道該說什麼。

皂，牠卻對我們咆哮，所以我們讓牠洗完，因為到了這節骨眼，這就像是種執念，如果浣熊有執念的話。有時我在做一項不可能的任務，我知道我該放棄，但當別人試著從我手中拿走，我會咆哮大喊：「**不是你死就是我亡！**」[4]（這很怪又不適合）我想這就是蘭博的心情，當牠滿是皺褶的手拿著肥皂，浸在氯水裡的時候，這讓我覺得很難過。但後來我就笑了，因為肥皂事件後，老媽堅持蘭博要住在屋外的雞籠裡「為了讓牠不要傷害自己」。我把牠放到雞籠上頭，輕輕撫摸牠時，七歲的妹妹卻出手重擊蘭博的鼻子（因為她當時傻傻的），蘭博勃然大怒，用後腳直立站起來，齜牙咧嘴地朝我妹臉上攻擊。牠抓著我妹的耳朵，好似帶著恐怖浣熊面具，直視我妹的眼睛嘶嘶作響，像在說：「**婊子，我要打趴你！**」我妹揮舞著手臂尖叫，這場面好讚。

隔天，老爸把蘭博帶去農場，當時我以為是帶到爺爺的農場住。現在我想了想，應該不是這樣。我再次感到難過。然後我想到老爸大概是拿著槍對著蘭博，但一看見牠穿著詹斯花短褲，好像在說：「嗨，先生！」只好嘆了口氣，像是完全被打敗了

4 編註：「There can be only one!」電影《時空英豪》（*Highlander*）的經典台詞。

（defeatedly）[5]，然後說：「唉呀，媽的。這裡有十元和肥皂。拿了快走啦。」說到底，老爸是個心腸很軟的人，除了他無意間殺了一堆浣熊寶寶的老媽時。那你最好站得遠遠的，不然你身上必定會沾到血跡。

6. 大多數的人不會跑進樹林去抓犰狳，為了給爸爸進行職業的犰狳競速。還有，當你發現一隻犰狳，你拉住牠的尾巴往外拖時，大多數女孩的爸爸不會大叫：「注意牙齒！這隻看起來很會咬人！」大概是因為她們的爸爸不如老爸這樣愛我。又或許是因為他們不會要女兒從樹墩裡把犰狳拉出來。這很難說。雖然老實說我覺得這些女孩錯過一些事情，因為沒有什麼比得上看到自己的爸爸用手腳趴在地上，身旁還有其他五個男人，一起大叫、拍打地面，嚇各自的犰狳，讓受驚嚇的犰狳第一個跨過終點線的畫面。我說「沒有什麼比得上它」指的是：「哇靠！這些人瘋了。」

我跟人家說我爸是德州犰狳競速冠軍時，對方都會覺得我在吹牛，但我一拿出老爸的銀色犰狳競速冠軍戒（形狀當然像隻犰狳），他們就會說：「真的假的，你是認真的喔？」然後很快就溜走了。金色的犰狳競速冠軍戒用來炫耀比較能讓人印象深刻，但現在沒有了，因為我拿冠軍戒跟人家換了台維多利亞時期的靈柩馬車。不，我沒在開玩笑，為什麼我要拿這件事開該死的玩笑呢？我有照片為證。

7. 大多數人的爸爸不是專業動物標本剝皮師。

我還小的時候，老爸在運動用品店販售槍枝和彈藥，但我總跟人家說他是軍火交易商，因為這樣聽起來比較刺激。最後，他存夠了錢，在我家旁開了家標本剝皮店（店很小，而且用石棉蓋成，當時人們還認為石棉是好東西）。老爸自己用廢棄穀倉的木材建造了標本剝皮店，他真的很厲害，把店打造

5 「被打敗地」是真實存在的詞彙？就如同「她嘆了口氣，被打敗了，拼字檢查告訴我『被打敗地』不是真實存在的詞彙。」不管了。它就是會出現在這本書，而我認為這樣就讓它成為真實存在的詞彙。我和莎士比亞。一邊創作一邊胡謅。

為什麼呢？是的，這閃閃亮亮的就是狁狳名流的勝利者戒指。同樣在照片中：老爸在尷尬的夏威夷之虎（Magnum P.I.）時期、困惑的觀眾以及無名犰狳。

的跟荒野西部酒吧一樣，備有西部酒吧門、瓦斯燈和給馬匹的拴馬柱。接著，他雇了一群人，我看這些人都像剛從監獄出來，或是準備要進去的樣子。困惑的陌生人晃進老爸的標本剝皮店，期待看到吧台和烈酒，卻只看到老爸雇用的粗曠男人，滿身都是血漬，手肘深埋在動物屍體裡，我對他們感到抱歉。我猜想這些渾身都是血漬的動物剝皮師可能將自己的扁酒瓶跟困惑的路人分享，因為雖然他們看起來充滿危險氣息，但其實都很善良。我相當肯定他們知道任何誤闖入看到那場景的人，遠比一開始他們出發找酒吧時，還更需要喝上一杯。

8. 大多數人在童年時期養的寵物都沒有被遊民吃掉過。我五歲時，老爸在露天遊樂場贏了一隻小鴨給我。我們叫牠戴福朵。我們在後院的充氣筏裡注滿了水，讓牠住在裡面。牠棒極了。後來，牠長大了，沒辦法舒服地住在充氣筏裡，於是我們把牠放到附近的橋底下，讓牠跟其他的鴨子一起生活。我們唱著〈生來自由〉（Born Free），牠看起來很開心，同時搖搖擺擺地走遠。一個月後，當地報紙報導說河裡所有的鴨子都不見了，都被住在橋底下的無業遊民吃掉了。顯然對鴨子而言，這些遊民是惡鄰居。我瞪大了眼睛直視著老媽，結結巴巴地說：「無業遊民吃了我的戴福朵。」老媽也盯著我，縮了縮下巴，思考著是否該對我說謊，最後，她決定停止不再為了保護我，而讓我遠離真實人生，於是嘆了口氣，說道：「親愛的，如果你稱呼他們為『流動人口』會好聽點。」我機械式地點點頭。雖然我遭受精神創傷，但我的詞彙量卻增加了。

9. 大多數人不會跟豬共享游泳池。我們住在（當地）有名的施瓦澤斯勒斯養豬場的下方，這個養豬場也許讓有些當地人感到困窘，裡面都是「展示豬」，是的，相當令人印象深刻。當風從西邊吹來，味道會非常重，我們不得不把窗子關起來，而這味道跟豬比較沒關係，而是跟附近的化製加工廠有關。我老公第一次聞到這味道時，幾乎要吐了，而老媽則是若無其事說：「喔，那個喔？就只是附近的化製加工廠

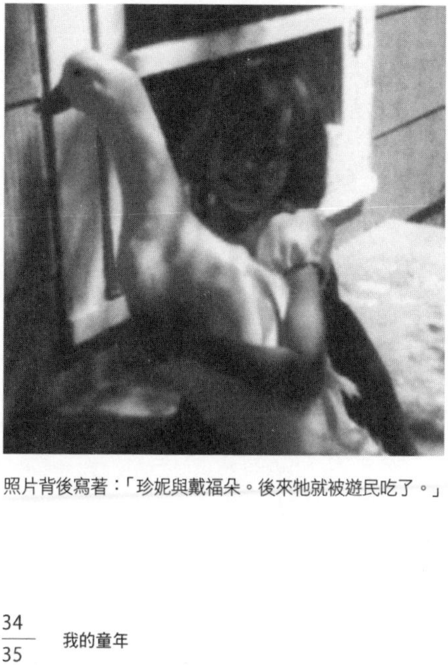

照片背後寫著：「珍妮與戴福朵。後來牠就被遊民吃了。」

啦」，這跟一般人說：「喔，那只是我們的園丁啦。」是同樣的說話方式。我老公對我使了個「化製加工廠是什麼鬼東西？」的眼神。我靜靜地解釋，化製加工廠就是人們將衰老花材做成堆肥的工廠，我會這樣說是因為比起說「就是屠宰場，只是比較不豪華」，這樣聽起來比較特別。

施瓦澤斯勒斯養豬場有個巨大的露天蓄水池，供給豬的飲用水。在某些特殊日子，我們受邀到豬的飲用水池游泳。各位，這是真的。

這時人們會說：「我一點都不相信這些事情。」而我必須拿出照片，或是請老媽在電話上證實一切，然後對方就會變得很安靜。可能是出於尊敬之心，或是出自憐憫之情。這就是為什麼我必須澄清，我的童年也許真的搞砸了，但卻是充滿驚奇的童年。

當你身邊圍繞著跟你一樣窮的人，生活一點也不覺得奇怪。例如，我的朋友從小住在用泥巴當地板的家，因此當你有榮幸擁有地毯，你就不會覺得自己的小小石棉屋太糟。再者，就我爸媽的立場來看，我從來不覺得我們很窮，因為他們從來不說無法負擔某些東西，只說我們不需要它們，像是芭蕾舞課程、小馬與不會殺死你的自來水。

10. 大多數人不會將野生動物放在檔案櫃裡。當我六歲時，我爸媽決定養雞，但我們沒辦法負擔起真正的雞舍。於是，我們把檔案櫃放在車庫，然後打開櫃子的抽屜，弄得像樓梯階梯，母雞就能在裡面築巢。有次我去收蛋時，我踮起腳尖，伸手到最上層的抽屜裡，摸到一顆感覺像是畸形蛋，它摸起來會這樣是因為它在一隻可怕的響尾蛇肚子裡，而響尾蛇正在吞另一顆蛋。這時我一邊尖叫，一邊跑回家裡，老媽從槍櫃裡抓了把來福槍，（蛇此時正在車道上扭動行進）對著蛇身隆起的部分開槍，而隆起的部分正是雞蛋的所在，因此蛋像恐怖的煙火一樣炸開。我們後來發現，它其實是牛蛇假裝成響尾蛇，因此老媽對殺了牠這事感到有點難過。但是，在持有武器的媽媽面前假裝是隻響尾蛇，基本上就像在警察面前揮舞假槍一樣；不論是哪種，你絕對都會中槍。還有，不論何時，只要我讀這段文字給不是住在南方的人聽，他們都會注意到我們有專門給槍枝的傢俱。在德州鄉村，每戶人家都有「槍櫃」。除非他們是同志，那他們則有「槍庫」。

11. 大多數人不會因為童年一件十分鐘的事件而必須接受一整年的心理治療。三個詞彙：史丹利，這隻神奇的，松鼠（Stanley, the Magical Squirrel）。事實上，這是四個詞彙，但我想你應該不會把「這隻」當成一個詞，因為它沒有重要到需要大寫。所有的內容在你讀到之前，我的編輯都會先修飾，所以我能在這邊任意寫我想寫的。像是，你知道安潔莉娜裘莉討厭猶太人嗎？這是真的。**（編輯註解：安潔莉娜裘莉一點都不討厭猶太人，這完全是捏造的。我們向裘莉小姐與猶太社群致上歉意。）**

我原本要在第十一點寫關於神奇松鼠史丹利的事，但這件事太複雜了，所以我另寫了一章，也因為我確定賣書時，你得到的稿費跟章節數有關。也許我搞錯了，雖然我的確常常搞錯。除了安潔莉娜裘莉討厭猶太人的事之外，這當然是真的。**（不，這絕對不是真的。珍妮，請閉嘴——小編。）**

史丹利，神奇的說話松鼠

我跟人家說我爸絕對是個瘋子，對方總是微笑，點點頭表示同意。他們向我保證，他們的爸爸也是這樣，我爸只是「典型的爸爸」。

他們可能沒錯，如果典型的爸爸指的是在房子外面全職經營標本剝皮店，會帶著驢子玩偶和羅斯福總統公仔到當地酒吧，會因為別人對他的行為大驚小怪，而感到對方很怪。如果典型的爸爸會說像是：「生日快樂！這裡有一整缸的浣熊！」或是「我們必須開你的車，因為我的車裡有太多的血」，嗯對，他十分正常。所以，《查爾斯當家》（*Charles in Charge*）[1]裡那

1 編註：《查爾斯當家》為美國八〇年代的影集，描述大學生查爾斯照顧另一個家庭的小孩的故事。

些孩子用手在冷凍庫裡摸索尋找冰棒，卻只摸到巨大的冷凍響尾蛇，這響尾蛇是活活被查爾斯丟進冷凍庫冰起來的，而我卻一點都記不住這些孩子是誰。也許我錯過了這集，因為我們不太常看電視。

這就是每當有人試著對我說他們「瘋狂的父親」有時在馬桶上睡著或是偶爾讓房子著火時，我會用手抵著他們的嘴唇並輕輕說：「噓！小兔子，讓我來替你開新眼界。」

接著我告訴他們這個故事：

接近午夜時分，我聽到走廊上傳來爸爸隆隆的腳步聲響，接下來我房間的燈就亮了。老媽試著說服老爸去睡覺，但失敗了。「讓女孩們睡吧！」老媽的咕噥聲從走廊另一端的臥室傳來。老媽已經學到，當老爸有「偉大想法」時是無法被勸退的，但她還是進行與老爸爭論的動作（主要是為了指出什麼是正常的，什麼是瘋狂的，讓我妹和我長大之後能辨別。）

那時我八歲，我妹麗莎六歲。老爸是位身形高大有著波希米亞氣息的男人，長得像具有威脅性的查克・葛里芬納奇（Zach Galifianakis）[2]，他步履蹣跚地進入我們的小房間。大多時候麗莎與我共享房間，而我們的房間小到只能放下一起睡的床和衣櫃。為了創造更多虛幻的空間感，我們將衣櫃的門板取下來，但沒什麼效果。我花了數小時試著打造私密的堡壘。我用舊被單建造堡壘，並求老媽讓我跟雞一起住在車庫裡。我也把自己關在廁所裡（唯一有鎖的房間），但當四個人共享一間廁所，加上爸爸有大腸激躁症，這並不是好的長效解決辦法。偶爾，我會清空玩具箱裡的玩具，然後爬進去，蜷縮在箱子裡，然後關上蓋子，我偏好抽筋的腳與松木箱寧靜黑暗，而非外面的世界……很像感官剝奪室，不過是給孤兒的。老媽雖然很擔心，但也沒擔心到要採取任何行動。在貧窮中成長有一些優點，沒有錢而無法接受心理治療就是最大的優點。

老爸坐在床邊，麗莎和我眨了眨眼，讓眼睛慢慢適應亮光。「起來吧，女孩們。」老爸用低沉的聲音說，他的臉因著興奮、寒冷或是歇斯底里而脹紅。他穿著平日穿著的迷彩獵人裝，鹿尿的味道飄盪在房間裡。獵人時常用動物尿液來掩蓋人類氣味，老爸把鹿尿噴灑在身上的方式，就跟其他男人使用歐仕派除臭香水一樣。德州曾經禁止肛交和口交，但對男人以獵鹿之名，恣意揮灑金黃色鹿尿在身上的事情完全不介意。

2 編註：美國喜劇演員，曾出演《醉後大丈夫》系列電影。

老爸手上拿著麗滋餅乾的盒子，這實在很怪，因為我家從來沒有買過品牌食物，因此我心想：「見鬼了，太棒了。為此被吵醒很值得。」接著我注意到有生物在盒子裡動來動去。我覺得有點煩，倒不是因為老爸把活的動物放在餅乾盒裡帶回家，還進了我們的房間，而是因為不論什麼動物在盒子裡，都把美味的餅乾弄壞了。

進入故事前，讓我先說明老爸總是把一些瘋狂的東西帶回家：兔子頭骨、蔬菜造型的石頭、憤怒的負鼠、玻璃眼珠、他在路上遇到的流浪漢以及在橡膠輪胎裡的豪豬。老媽（一位有耐性、隱忍順從的餐廳阿姨）私底下覺得自己上輩子一定做了很糟糕的事，這輩子才落得如此命運。因此她勉強堆起笑臉，帶著只有聖人或是緊張僵直型患者（catatonics）才有的端莊氣息，替流浪漢／癮君子在餐桌上留位置。

老爸靠近我們，好似進行密謀一樣地說盒子裡有我們最新的寵物。這位老兄也曾經把山貓寶寶帶回家，放牠在家裡任意遊蕩，卻什麼都沒說，只因為他「覺得這不重要」。因此，看到老爸如此興奮，我想盒子裡必定藏有相當驚人的動物，像是雙頭蜥蜴或是吸血怪卓柏卡布拉（Chupacabra）之類的。他把盒子打開，興奮地低語：「出來吧，見見你的新主人，皮克。」

差不多同一時間，從餅乾裡探出一顆小頭。是隻小小的、明顯看起來嚇壞的松鼠，牠的眼神因為驚嚇而呆滯無神。我妹高興的尖叫，松鼠立刻消失，縮回盒子裡。「嘿，你們現在必須要安靜，否則會嚇壞牠。」老爸警告著我們。喔，是呀，麗莎的尖叫聲可能很刺耳，但松鼠比較可能是被我們家嚇破膽吧。我的動物標本剝皮師老爸基本上把家裡所有空白的牆壁，都裝飾上睜大眼睛的狐狸、斜眼視人的麋鹿、咆哮狀的熊頭以及有著嗜血尖牙的野豬，能吃掉動作慢的村民。如果我是那隻松鼠，我應該會嚇到噴屎。

麗莎與我保持沉默，而小松鼠猶豫地從盒子上方探出頭來。就松鼠而言，牠是很可愛，但我心裡想的是：「真的嗎？一隻該死的松鼠？就是你挖我起床的原因？」沒錯，我心中可能沒說「該死的」，畢竟我那時才八歲，但情緒完全是如此。這位老兄為了樂趣追逐龍捲風，而把車裡的孩子甩了出去，還曾因為忘了我的生日，而給我一隻五英尺長的球蟒。因此，盒子有松鼠的戲碼顯然有點掃興。

老爸注意到我臉上困惑的表情，於是身體向前傾，像在偷偷告訴我們秘密而且不能讓松鼠聽到。他低聲說：「這不是隻普通的松鼠，這，」他戲劇化的停頓一下，「是隻神奇松鼠。」

我妹與我互看了一眼，心理想著同一件事情：我們想著「老爸顯然把我們當作傻瓜。」麗莎和我都很了解老爸說故事的能力，我們也知道他是不可信任。上個禮拜，他把我們叫醒，然後問我們想不想去看電影。我們當然想去看電影。家裡總是很拮据，因此看電影對我們來說是有錢人的活動，有錢人就是能將金錢揮霍在像是午後電影和中央暖氣系統等奢侈品上。我也確定電影觀眾席上的人也買得起真正冬天的鞋子，而不是裡面塞報紙的麵包布袋鞋。

我與麗莎因能去看電影而亢奮不已，老爸派我們打電話給鄰近城鎮的兩家電影院，要我們寫下每部上映電影播放的內容，然後再決定要看哪一部。我們一遍又一遍聽著電影的錄音，才把內容都抄寫好，接著又花了三十分鐘，才終於把名單彙整好，並寫下數個理由，解釋為什麼《大青蛙布偶電影》（*The Muppet Movie*）是唯一最符合邏輯的選擇。老爸笑著同意，我們都很開心，但他卻彎下腰問我們：「那麼，你們有錢嗎？」我妹跟我面面相覷，我們當然沒有錢。我們腳上可是穿著麵包布袋鞋。然後，老爸露出微笑說：「這樣啊，我也沒有錢。但想著我們能去看電影，這樣還蠻有趣的，對吧？」

有些人讀到這裡，可能會覺得我爸是虐待人的混蛋，但他真的不是。他真的認為花時間規劃一個不會實現的電影約會能讓麗莎與我好好休息，中斷我們原本會做的事情（例如，發動鄰居的牽引機或是拿家裡的鏟子玩耍）。我在想，如果哪天我和麗莎打電話給老爸，說要從養老院接他回家過聖誕節，最後沒有出現，不知道他對於這個想法會不會感到很興奮。「但你想到要回家這件事，一定感到很興奮，對吧？」我們會在過新年的前一天跟他這樣說。「說真

麗莎和我在前院，穿著（看不太清楚的）麵包袋鞋。

的，我們明天真的會去那邊接你。沒有灌腸劑，也沒有心臟病的藥！我們去看馬戲團！這會很好玩！你要相信我們！」他真的不該相信我們。

這些就是老爸為了「神奇」松鼠叫醒我們那晚，我腦袋閃過的念頭。老爸好像察覺到我在密謀養老院／馬戲團報復行動，他的眉毛糾結在一起，試著重新贏得我們的信任。「真的，這真的是神奇的松鼠，」他說：「看著。我證明給你們看。」他探頭靠近盒子。「嘿，小松鼠。我大女兒的名字叫什麼？」小松鼠看看我們，然後望向老爸……然後，但願該死的松鼠沒有伸展身體到老爸耳朵旁低語。

「他說：『珍妮』。」老爸洋洋得意地說。

這很令人印象深刻，但妹妹跟我很快指出我們沒有真的聽到松鼠說我的名字。松鼠比較可能只是在老爸的耳朵毛裡找食物。老爸嘆了口氣，顯然對自己過於憤世嫉俗的女兒，或是對於耳朵毛的評論感到失望。「好吧。」他粗聲地說，對著我們氣餒地嘆氣，再探頭望進餅乾盒裡。「小松鼠……請問二加三是多少？」

這隻驚人、神奇、令人驚嘆的松鼠舉起牠的小松鼠手掌整整五次。

我立刻想到這隻神奇松鼠會是我離開這個西德州小鎮的車票。這隻松鼠會為我帶來金錢、玩具以及登上吉米・法倫（Jimmy Fallon）《今夜秀》（*The Tonight Show*）的機會。我會叫牠史丹利，接著雇用名叫璜妮塔的古巴女裁縫替牠做休閒裝。正當我還在想史丹利戴淺頂軟呢帽，還是貝雷帽比較帥氣時，老爸咧嘴大笑，接著把松鼠藏身的盒子整個撕開。

史丹利看起來……很奇怪。我約略注意到牠的腹部很大且隆起，就像凸出來的巨大啤酒肚。我心想：「這完全就是璜妮塔才能做的工作。」然後我又注意到史丹利小小的後腳毫無生氣地晃來晃去，而老爸的手正塞在松鼠的身體裡。

要不是我只有八歲，我一定會說：「見鬼了，你這個變態！」老爸的袖子上有乾掉的鮮血，而我的腦袋正在拼湊這整件事的緣由。有一下子，我認為神奇松鼠史丹利可能還活著，直到幾秒鐘之前，老爸決定進行結腸檢查，而檢查過程出了嚴重差錯。然後，我意識到，整件事很可能是老爸在路邊發現這隻死掉的松鼠，接著把牠剖開，決定把牠當成從地獄深處來的怪誕手指偶。

麗莎咯咯地笑，並把手伸入死松鼠的肛門。對她脆弱的小心靈來說，這樣的壓力實在太大了。於是，年僅六歲的她理智斷線了。她把新鮮的松鼠屍體向前推到手肘時，我在心裡暗自記下，要開始檢查牛奶紙盒的背面[3]，我確定我真正的父母可能不小心把我忘在電影院，他們現在一定很擔心我。我跟自己說，我爸媽可能正在參加善待動物組織會議，並且用失蹤已久的女兒之名捐出大筆捐款。我真正的媽媽會用安慰的口吻對我爸（伯爵）說：「喔，她會喜歡這樣的。」一邊努力地將成功拯救草原犬鼠的經驗傳播到鄰近國家。

許多年之後，我妹有個女兒叫佳比。老爸（顯然誤將之後我每次聖誕節提起松鼠的事，當作懷念過去美好的時光，而不是創傷後壓力症候群的影響）決定用盒子裡會講話的屍體，讓四歲的小孫女得到永無止境的心理治療。他將浣熊的屍體在陽光下曝曬，再把僵硬的屍體放在裝玉米片的大盒子裡，最後把它藏在客房床鋪底下（顯然在等待最完美的一刻，要將佳比嚇到永生難忘），接著他就忘得一乾二淨。幾週後，佳比在床下找到支離破碎的浣熊屍體（以為它是很硬的玩偶）在房子裡與她的新朋友四處玩耍，把貓嚇壞了。她偷偷溜進去老爸的房間，老爸那時正在午睡，她輕輕地把死掉的浣熊放在老爸枕頭上，就像是黑手黨教父送來的訊息。浣熊萎縮的手掌輕撫過老爸沉睡的臉龐，佳比把浣熊靠近老爸，這樣它才能給老爸愛斯基摩人之吻（Eskimo kiss）。她甜甜地說：

「爺爺，起床，打招呼囉。」

就在這刻，老爸像個小女孩一樣尖叫，同時佳比也因為老爸的尖叫而跟著尖叫，她雙手一揮，手上的浣熊屍體就飛到廚房，掉在我妹的腳上。普通人可能會因此昏倒或是至少會大叫：「搞什麼鬼!?」但在我妹的人生中，飛越的浣熊屍體與在家裡尖叫的人已是稀鬆平常，於是麗莎只是聳聳肩，繼續做她的吐司餅乾。

麗莎後來打電話跟我分享這個故事，我承諾會買一隻小馬給佳比，因為她替我們報仇了，但後來我覺得老爸有點可憐，因為一醒來就看到一隻死掉的浣熊正輕撫著他的臉龐，並用空洞的眼窩盯著他看，這不是任何有高血壓的人應該經歷的事。然而，給我裝在餅乾盒裡、支離破碎的神奇松鼠也是件很糟的事，我想我們扯平了。

題外話：我找不到那隻支離破碎的神奇松鼠史丹利的照片（大概是因為沒有人記得要替松鼠屍體照相，想到時已經太遲了），但我有張老爸瓶餵在備胎裡的豪豬寶寶，不知為

3 編註：美國人會在牛奶盒上印尋人啟事。

何，這很適合這章的內容，也算是有點彌補的作用。但我這才注意到老爸用調漆棒撐起豪豬，輪胎周邊也沾滿點點油漆，因此，他有可能正拿著家用油漆餵食豪豬。雖然聽起來很荒謬，但再奇怪的事情都發生過。

別跟你爸媽說

我還小的時候，幾乎每個週末，老爸的捷克斯洛伐克雙親都會前來，載我和妹妹去他們在附近小鎮的家。我的祖母，我們都叫她莉比奶奶，是地球上最和藹可親、最有耐性的女士。我猜大部分的人都對他們的奶奶抱持同樣的感覺，但這一位女士，當被逼問時，她會將希特勒形容是「一位小可憐，他小時候一定沒有得到足夠的擁抱」，而提到撒旦時，她僅會說：「我不喜歡他的。」

我祖父則把太太的極度開心視為某種挑戰，於是他決意對每件事都感到不耐煩，以消弭她對世上的影響。在不友善的外表下，他其實是無害的，但當他在房子裡踱步，不時用捷克語憤怒咕噥時（可能關乎他多想用大砲轟炸人），我們都會迴避他。莉比奶奶則對他露出關愛的微笑，並且不論當時讓他生氣的事物是什麼，都一邊有耐性地迎合他，一邊噤聲作勢要我們離開房間，直到他開始看《牧場風雲》（*Bonanza*）才平靜下來。我不太確定她超人般的耐性有多少成分是因為愛，又有多少成分僅是自我保護。

根據家族傳說，我的曾曾曾姨婆三十幾歲時，有天坐在早餐桌前，被她的丈夫用釘子穿過後腦勺，然後被埋在後院。人們說當時這樣的作法完全合法，我指的是埋在後院，不是釘子穿過頭這件事。即使是在德州，把釘子釘在頭上這件事也是被禁止的。沒有任何證據能證實這件事曾發生過，而我的曾曾曾姨丈死前告白，聲稱他殺了他太太（還有，這件事發生的前幾年，他還放火燒他爸爸）在家族裡被認為是事實。我祖父說告白之後，家族裡的幾位成員把曾姨婆的棺木挖出來，發現釘子仍深埋在她的頭骨裡。他們接著把曾姨婆放回去，沒有通知警察，因為這是在《CSI犯罪現場：邁阿密》（*CSI: Miami*）出現之前。我說挖出一位家族成員的屍體只為了檢查頭顱的洞與用釘子穿過頭一樣的詭異，但祖父不同意，咕噥抱怨：「現在的孩子不懂家族責任。」我有時候在想，我祖母有超乎凡人的善良只是為了避免被釘子釘腦袋。當然我只是懷疑，畢竟祖父對工具不太在行。

祖父在內心深處是個好人。你可以看到他在孩童身旁很不自在，我們也不會因此而怪他，因為雙方面都有同感。他六十多歲時中風過幾次，因此有一隻眼睛會不自主地眨眼，而且他相信與他上同個教堂的女士們會因此覺得他肆無忌憚地對她們眨眼放電，於是他開始戴起羅伊・奥比森（Roy Orbison）[1]式的深色眼鏡，加上冷淡態度、濃厚的舊世界捷克口音，以及偏愛穿背心和深色西裝，讓他整個人看起來帶有黑手黨家族頭頭的氣息。鄰居對他投以無聲的敬意，也許是害怕他會買凶殺了他們，我不只一次聽到他們叫祖父為「終結者」。

祖父做每件事情都有自己的步調，我妹和我把這步調稱為「當蝸牛攻擊的時候」。最顯著的例子就是他開車時。他幾乎是法律上所謂的盲人，深色眼鏡無助於任何人，當然也幫不到與他共享道路的人。所以他總是以低於道路限速三十英里的速度駕駛，用以

1 編註：美國創作歌手，每次演唱都會戴著墨鏡。

抗衡以上種種限制。我祖父母的房子離我家僅僅約十英里，但我們需要打包三明治在路上吃，還有幾本讓我們保持忙碌的書籍。有一次在一趟特別慢的路程，我妹突然需要上廁所，我試著說服她忍一下，但她無法做到，所以祖父把車開往加油站。他突然轉彎，堅持是因為有隻美洲獅突然衝到車子前面。我們都看到他說的美洲獅，其實是一個停在路邊至少有二十年之久的流動屋。麗莎與我想到，縱使祖父撞到東西，這種速度之下，我們頂多輕輕地彈回來，於是我們就冷靜多了。我們常想跳出祖父的車，跑過最後幾個街區，我們確定能在祖父開進車道、意識到我們已從後座消失之前，及時到達祖父家試戴祖父備用的助聽器。

祖父母的家很像卡利古拉的宮殿（Caligula's palace），祖父被貓（他在後院捕抓到，然後讓我們帶回家）搞得嚴重分心，而祖母人太好，無法對任何事物說不。尖銳的刀子、巧克力、小型爐火、深夜電視節目……沒有什麼是不可以的。午餐包括了浮在糖漿上的煎蛋、奶油馬鈴薯泥、滴著豬油的自製薯條。晚餐時，莉比奶奶則會做幾盤烤得半熟的布朗尼巧克力蛋糕，最後成為軟爛的布朗尼巧克力蛋糕加沙門氏桿菌布丁總匯，這用手吃最能盡情享受……把黏呼呼的蛋糕泥揉成大筆尖型巧克力。

莉比奶奶總在我們吃進每一口時，重覆說著她的口頭禪：「不要跟你們爸媽說。」我很快地咕噥一聲表示同意，因為吃太多糖漿，整個人嗨到無法再多說什麼；我妹則是點點頭，一邊從瓶子把一品脫的番茄醬都吸光光。祖父則是晃進來，喃喃自言不贊成我們選擇糟糕的食物，我祖母則是瞪大眼睛，一副很吃驚的樣子，直盯著他看，然後一邊很真誠的同意他的意見，好像她從未想過原來全是太妃糖的早餐其實不健康。接著，她會開心地謝謝他給的意見，然後把休閒椅弄好讓他舒服地坐下，再回到廚房溫柔地提議來做花生醬方糖奶昔。通常祖父會在半小時後回到廚房，要求知道到底發生什麼事了，而可愛的祖母則是看起來毫無頭緒，假裝第一次知道方糖原來不是裝飾食材。她無辜的臉讓人不忍心苛責，祖父只能深深地嘆口氣然後走開，嘴巴邊唸著祖母越來越老糊塗了。她才不是呢！她知道自己在做什麼，完全掌握做她想做的事，只為了讓生活更快樂的藝術，同時也避開了爭執。

當夜色漸深，祖父上床睡覺後，我們更加沉浸於小孩的荒誕活動。小我一歲的堂妹蜜雪兒會來找我們，當晚全面轉變成進行自我傷害的活動，這些活動只有不太受管束、想像力豐富的孩童才能夠達成。

儘管整間房子都以安全為前提進行佈置，我們還是能從中找到樂趣。有些人為了防止滑倒會在浴缸裡鋪上塑膠墊，我的祖父母則更進一步，把家裡的走道都鋪上黃色厚實的塑膠墊，當作地毯使用。我們發現塑膠墊之所以能夠固定在地板上，是因為背面有許多一英寸長、深深嵌入黃金色長絨毛地毯的尖刺。一旦我們的意識達到最高層次，這個層次僅留給瑜珈修行者與過度攝取糖分的孩童，我們會將地墊翻過來，把它當成自製針床在上面練習行走。年紀比較小的麗莎與蜜雪兒需要拿著大塑膠桶或是重的傢俱，以彌補她們較小的身形。我則因為雙腳的拇指被碎玻璃劃傷，外加數小時前赤腳涉水步行在雨水滿溢的排水溝裡，所以被允許行走其上而不需要增加額外的重量。莉比奶奶試著提出有建設性的建議：「告訴你爸媽，你跌倒時我正在讀聖經。」

我們早上會去游泳。我的祖父母並不窮，但他們就是那種會將錫箔紙留下來並重複使用的人，因為他們確信另一次的大蕭條即將到來。他們搶救別人丟掉的三個玻璃纖維浴缸，用它們來面對替孫子打造游泳池的挑戰。我們會把浴缸排水孔堵起來，用花園裡的水龍頭將浴缸注滿水。莉比奶奶巧妙地建議我們讓太陽光溫暖一下浴缸裡寒冷的水，但在一夜的過度沉溺和荒誕行為之後，我們等不及要讓自己冷靜一下。我們踏進浴缸裡，打破剛於水面形成的一層薄霜，嘴唇和手指凍成淡藍色，反正即使因此感染肺炎，也應該是到上學期間才會發作。

不論活動有多危險，莉比奶奶總是站在附近，拿著一杯雪士達櫻桃汁飲料，帶著急救箱，臉上一副看起來驚慌卻又無可奈何只能接受的可愛模樣。當我準備從屋頂往下跳到下方的沙發枕頭時，忽然覺得這可能不是個好主意，但我知道從以生鏽燒烤用煙囪作成的急用棚架爬回去，更可能會讓我受傷。莉比奶奶用捷克語低聲說話，聽起來很像是髒話。麗莎的建議有用多了：「就屈體翻滾吧！」

在鄰區巷子亂逛，在垃圾桶和廢料桶裡尋找隱藏的寶藏是我們最喜歡的消遣之一。廢棄的聖誕樹、浸過水的書籍、剩三個腳的椅子、情書以及有髒汙的衣服，都是我們的戰利品。因為我最高而且最近剛注射過破傷風疫苗，我覺得我應該負責探索垃圾桶的最深處，而且我確定只要夠努力，有一天我會找到一大綑現金、一包被丟棄的海洛因，或者可能找到一隻人類的手。

當我從垃圾堆裡找到沾有髒汙的《花花公子》（*Playboy*）雜誌時，我知道努力沒有白費，雖然它的內頁因為（現在我希望是）乾掉的橘子汁而黏在一起。在九歲的年紀，這是我第一本實際有全裸內容的書，而且跟《國家地理》（*National Geographic*）的深度報導無關。我們把雜誌帶回祖父母家，我和堂妹躺在庭院的草地上檢視這些女生，很驚訝地發現這些女生的胸部沒有下垂到肚臍，而且她們的名字似乎都以「ee」結尾。我們翻到中間跨頁，看到一名叫「Candee」、胸部豐滿的女郎。莉比奶奶試著用梯子和雨傘吸引我們的注意力，但是我們在沉迷於《花花公子》雜誌而聽不見她說這雜誌是「垃圾」。祖父從門口端詳了我們一下，嘴裡唸唸有詞，說現在的孩子一點都不愛惜草皮。我不知道他是否注意到我們正深深著迷的這本熱情雜誌，但他一邊怒氣匆匆地走進房子，並持續咕噥著。

「嘿，莉比奶奶？」我問道。「什麼是『快感』（turn-on）？」

她的臉明顯刷白，看起來有些不舒服。「這個嘛，」她努力尋找適當的詞彙，「它是……嗯……會讓你快樂的東西，我猜啦？」

我轉過身面對堂妹。「令我有快感的東西是彩虹仙子和獨角獸。」

蜜雪兒回以微笑，她缺了兩顆門牙。「令我有快感的東西是小小孫悟空

（Monchhichis），還有牙膏口香糖（Tumble Gum）。」

莉比奶奶乾笑了一下。「對。我可能搞錯了。我的英語其實不是很好，你知道的。你們不要再使用這個詞彙了，好嗎？」她找了藉口回去房子裡。我們可以聽到從屋內傳來像是祈禱的聲音，但我們實在太過著迷於這些女生穿著緊身且清涼的模樣，所以沒有進一步探查。

突然間，原本明亮晴朗的天氣轉變成劇烈的雹暴。我們用雜誌蓋著頭跑向門廊。莉比奶奶像個權威人士一樣走出屋外，一邊眉毛揚起。「所以囉，這就是看色情照片的下場。」她故意緩慢而嚴肅地說。「天就會下冰雹。你知道冰雹從哪來的嗎？」她溫和地問我們。

「從積雲而來嗎？」我主動回答。最近我在自然科學得到B+的成績，因此我蠻確定這是正確答案。

「不是。」莉比奶奶回答。「冰雹是從地獄而來。惡魔把冰雹送來，因為你們正在閱讀邪惡垃圾雜誌，為此它感到很開心。」

米雪兒和我望向對方。從大晴天突然變成雹暴的確有點詭異，但是我們都覺得莉比奶奶的邏輯有漏洞。如果惡魔很開心，為什麼要送來雹暴轉移我們的注意力，不再著迷喜愛新發現的情色書刊？「一定是，」我們想，「她糊塗了。」但是令我們擔心的是，我們聽到莉比奶奶在屋子裡的禱告聲，數秒後，雹暴就來了。這實在令人感到不安。難道莉比奶奶真的跟上天有某種直接的聯繫？難道是歷年來砸錢給吉姆與譚米・菲・巴克（Jim and Tammy Faye Bakker）福音佈道家真的有效果？我們不太確定，但我們還是不想冒險。於是我把《花花公子》雜誌放回鄰居垃圾桶上面，下一位垃圾桶挖寶家一定會感謝我的大方和慈善行為，而且我相信上天一定很讚賞這些特質。

數年之後，我明白祖母說的「那本雜誌都是垃圾」是對的。我很開心跳過用高級亮光紙印刷卻很膚淺的《花花公子》雜誌，選擇了祖母舊又破損的《家庭主婦的告白》（*Housewife Confessions*）與《好萊塢真實醜聞》（*True Hollywood Scandals*），這兩本雜誌內容幾乎沒有裸露，但故事情節的強度遠勝過《花花公子》雜誌能呈現的。「不要跟你爸媽說」，莉比奶奶帶著一抹微笑邊說。

我也對她微笑。她完全不用擔心。

詹金斯，你這討厭鬼

小時候，老媽總說我有個「緊張的胃」。就是我們所謂的「嚴重未治療的焦慮症」，在七〇年代之際，所有的疾病都是用維他命治療，而他們威脅我，若再不停止為了閃避他人而躲在玩具盒裡的行為，就要把我送去跟祖母住。

七歲時，我意識到自己有問題，因為大多數的孩子被要求離開房子時，不會換氣過度，然後嘔吐。老媽說我是「古怪的人」；我的老師則說我是「神經質的人」。然而在心裡深處，我知道有個更適切的詞彙能形容我是誰：註定失敗的人。

我註定會失敗，因為每個聖誕節，我為了逃避被許多人包圍的全然恐慌感，最後都會躲在阿姨家廚房餐桌下。我註定會失敗，因為每次在課堂上演講，在同學的觀看下，我都會無法控制地發出歇斯底里的笑聲。我註定會失敗，因為我知道某種無名可怕的東西毫無疑問地必定會發生，而我完全無法阻止它。而且這不只是小孩子會擔心的那種普通可怕的東西，像是你爸用血淋淋的手偶叫你起床、核災大屠殺、一氧化碳中毒、或是離開房子，與不是你媽的其他人互動這類的事。它比較可能是我與生俱來的東西，我忍不住懷疑至少我的某部分社會焦慮能被追溯到一個單一事件。

我三年級時，老爸某晚突然跑進屋內，叫我們全部都出來，看看敞篷小貨車後車箱上的東西。我雖然還小，但我受過足夠的訓練知道這絕對沒有好事。

我妹與我都有同樣謹慎的表情，老媽則是從廚房窗戶戒慎地端詳老爸車上是否有任何在移動的大型東西。車上的確有。老媽對我們做出表情，老爸都將這個表情解讀成：「你們是幸運的女孩，因為你們有這麼具冒險犯難精神的爸爸」，但我總是解讀成：「你們兩人之中一個可能因為你爸的興趣而無法存活。最有可能是麗莎，因為她比較小，沒辦法跑得很快，但是她很擅長躲在很小的空間裡，所以到底是誰還很難說。」但最可能的應該是：「天呀，為什麼沒有人快點發明抗焦慮藥物？」

通常老爸要我們出去看貨車後車廂上的東西，只是因為在裡面的東西太血腥而且／或是太兇猛，讓他沒辦法帶進家裡，因此我們全都待在家裡相對安全的地方，然後詢問老爸一系列的問題，這些問題設計來標示老爸讓我們接近物品的危險等級。我們已經學會依照他的答案來做詮釋，由此發展出「老爸的危險同義詞辭典」。

精簡版

「你一定會喜歡這個。」＝「我一點都不知道孩子喜歡什麼。」

「穿上深色外套。」＝「你身上很可能會沾到血漬。」

「它不會傷害你。」＝「我希望你會喜歡消炎止痛劑。」

「它很興奮。」＝「它有狂犬病。」

「欸，不可以太喜歡。」＝「我免費得到這隻猴子是因為它身上有病毒。」

「它喜歡你！」＝「你現在得為這隻野豬負責。」

「欸，這實在很有趣。」＝「即使到三十歲，你仍會為此作噩夢。」

「不要大叫，不然你會嚇到它。」＝「你現在真的應該要逃跑。」
「它想要親你。」＝「它可能會吃掉你的臉。」

老爸對於我們對他缺乏信任一直感到很失望，但是我提醒他，上個禮拜，他給祖母一個盒子，裡面裝著他在去她家路上發現的一隻活生生且憤怒的蛇。他試著為自己辯護，但是老爸把盒子放在庭院前面，並叫祖母出來看「一個驚喜」的時候，我妹跟我都在場。然後他用腳踢開盒子，蛇就這麼跳出來，而我祖母和我往屋裡跑。麗莎則往反方向跑，試著跳上貨車的後車廂，這動作實在很短視近利，因為貨車裡堆滿無法辨認且剝好皮的動物屍體，老爸計畫把這些屍體煮透，好研究它們的骨頭架構。老爸貨車的後車廂就像但丁「煉獄」裡會出現的東西，如果但丁曾經來過德州鄉村的話。

每當老爸催促我們往外頭寒冷黑暗的地方走去，通常是為了展示他捕獲、射殺，或是輾過的恐怖戰利品，不論那是什麼，都會在我們的腦海裡刻下鮮明的記憶。我妹與我躊躇不前，而老媽則是深呼吸做好準備，不安地往前湊過身子，直視那一打活生生又醜陋的鳥的眼睛，牠們看起來像是被載著穿越地獄後歸來。有一些鳥憤怒地嘎嘎叫，大部分的鳥則看起來有些遲鈍，擠在角落縮成一團，因一路上被風狂吹，外加被迫跟數種動物屍體共處在後車廂而驚嚇過度，這些屍體是老爸撿來製作動物標本的。我想對於這些鳥來說，這肯定很像搭上陌生人的便車，卻發現貨車後座有幾具被殺害並且被做成燈罩的登山客屍體。

老爸解釋這些鳥是有禮貌的威斯康斯巨型鵪鶉（Wisconsin Jumbo Quail），老媽不同意，認為這些鳥是吵鬧的火雞。老爸說這些鳥是他用幾個月前帶回家的生鏽十字弓交換來的。嚴格來說，這些鳥比十字弓有價值得多，於是老媽只好搖頭，轉身回去打掃。老媽是個知道孰輕孰重的人，她明白對全家人而言，被誤認是鵪鶉的火雞比較不危險。

這些火雞熱切瘋狂地愛著老爸。牠們跟著老爸到處走，對他肅然起敬，我想這是某種「斯德哥爾摩症候群」，而且因看到老爸每幾天就搬著動物死屍進屋子而加強。老爸似乎是牠們唯一能容忍的人。數個月過去，火雞越長越大，越來越吵，也越來越粗魯野蠻；牠們棲息在較低的樹枝上，老媽每次離開房子，牠們就對著她憤怒地咯咯叫。老爸堅持這些鵪鶉只是有點古怪，認為那樣的叫聲只是鳥兒歡唱的聲音，是我們誤解了牠們。老爸還暗指，我們對這些鵪鶉的反應只是我們內心罪惡感的一種投射，老媽則認為老爸可能需要被叉子刺幾下大腿，雖然她通常是用眼神示意，而不是用嘴說，但不管哪一種表達方式，老爸都很少注意到。

隨著這些鳥越長越大，越來越兇惡，我很慶幸好在鄰居住得不夠近，不會看到火雞的行為。我長期受到不安全感和害羞所困擾，而令人感到困窘的憤怒火雞攻擊，對我已經很低落的自信心一點幫助都沒有。我妹和我試著忽略這整件事，但實在是很難，因為老爸堅持幫火雞們取名字，而且把牠們當成寵物來看待。這些寵物會憤怒地全力攻擊你，咬你的小腳踝，讓你一邊繞著庭院奔逃打轉，邊大叫求人打開大門讓你進去。

麗莎試著說服老爸這些鳥（由一隻性情陰晴不定，名叫詹金斯〔Jenkins〕的火雞帶頭）意圖吃掉我們，但老爸安慰說「鵪鶉沒有牙齒，即使牠們真的殺了你們，也無法吃掉你們。」我想他真的覺得自己很會安慰人。

「那火雞有牙齒嗎？」我妹用調皮的口吻問他。

老爸本想教訓她應該要懂得尊敬長者，但他正忙著讓詹金斯冷靜下來。因為詹金斯爬到郵差車子的引擎蓋上，猛烈攻擊雨刷，同時還對著困惑不已的郵差咯咯叫。

我們住在鄉間小徑上，郵差很習慣被流浪狗包圍，但他完全沒有準備要面對一隻暴怒火雞的攻擊，只能憤慨大喊：「你們如果不能控制那些火雞，就把那些該死的傢伙關起來。」

老爸費了些力氣才將這隻大鳥從引擎蓋上抓起來，並把牠夾在手臂和身體之間，然後說（對一位手臂夾著火雞的男人而言，他帶著程度驚人的自尊）：「先生，這隻鳥是鶴鶉。他的名字叫詹金斯。」我對老爸優雅和泰若自然的模樣感到驚訝，特別是因為詹金斯此時正一邊對著郵差氣哼哼地噴氣，一邊用嘴將雨刷刮片的膠條部位像皮鞭一樣甩來甩去。隔天我們發現郵差在信箱裡留了字條，我對此一點都不感到驚訝，字條上告知我們不能再用二十五分硬幣貼在信封上取代郵票，還有以後包裹都會放在郵箱裡，無法送到門口。老媽很生氣，因為她不想開車到鎮上買郵票，還有因為郵差所謂的將包裹放在信箱，其實比較像是他不踩煞車然後直接把包裹往我家的方向丟。火雞很快就做出應變，牠們會將丟在庭院的郵件收集起來，如果牠們能像狗一樣把郵件送到家裡，這樣的舉動就很有幫助，但牠們只是驕傲地把郵件拿著到處走，好像這些是很重要的火雞文件，而老媽試圖偷走它們。老媽想說服我妹和我，每天從火雞群裡拿回信件會是很好玩的遊戲，但我們拒絕了，表明好玩的遊戲不該是以流血的腳踝和遭受禽流感的威脅收場。

對我們的社會地位和身體健康來說，遠離火雞群安全多了。於是我妹與我開始擬定保護我們不被鳥襲擊的防禦策略。《閃舞》（*Fleshdance*）當時才剛上演，我試著說服老媽買腿套給我（為了幫助我融入學校的酷孩子群，同時也保護我的腿，防止火雞攻擊），但她拒絕了，並說在德州夏天穿腳套完全是浪費錢。最後，我只能用羨慕的眼光看著其他人穿腳套，我想這些人家裡甚至可能沒有火雞。麗莎與我試圖用兩邊都打開的空湯罐，打造保護腳踝的盔甲，但我腳太大穿不下，而麗莎的腳則是太小，因此當她跑步時，錫罐子會發出很大的叮噹聲，反而引起凶暴火雞群的注意。她基本上就像是一個紮著辮子的小餐鈴。我考慮要告訴她腳踝盔甲一點都幫不上忙，但那就等同於提醒斑馬同伴說他整身沾滿牛排醬，就在你們兩個都要越過滿是獅子的停車場之前。自我保護是自戀的同伴，我對自己的行為並不感到驕傲，但我安慰自己，確信如果麗莎真的成為凶暴鳥群的犧牲品，我至少會等一個禮拜——出自於尊敬——才會把她的玩具占為己有。

麗莎聽說火雞很笨，笨到下雨天時，會抬頭去看是什麼落在牠們身上，因此被落入鼻孔裡的雨水淹死。為此，我們開始祈禱下雨，但降臨的卻是嚴重的乾旱。可能是因為你不該要求上天殺害你的寵物。我們時常談論用水管把水灑在火雞身上來淘汰比較笨的，但我們總是下不了手，因為這有點殘忍（即使是出於自我防衛），也因為老爸可能會覺得火雞群全死於一場奇怪的暴雨是件很可疑的事，而且暴雨顯然只發生在花園的水管旁。

偶爾火雞會以殺氣騰騰之姿跟著我們走四分之一英哩的路到學校，像是藏身在我們背後看起來不太可靠的幫派份子，或是有羽毛的小強姦犯。即使只有九歲，我卻感到痛苦地侷促不安，也意識到失常的寵物火雞並不會被認為「很酷」，於是我總是盡可能地低頭快速走進教室，假裝什麼都不知道，還煞有其事地問同學為什麼總是有巨型鵪鶉在操場上。同學會回答說牠們是火雞，而我則聳聳肩一副不感興趣的樣子說道：「喔，是喔？嗯，我都不知道這個耶。」接著就趴在桌上，避免接觸到其他人目光，直到火雞失去興致，晃回家裡對老媽吵著要吃早餐為止。

這一切都運作完美，直到有一天早上，我太慢走進學校大廳，而詹金斯高興地跟著我進來，並發出咯咯叫聲，看起來恍神又有點嚇人。還有兩隻火雞也跟在牠身後。我很快跑進教室，而火雞則漫無目的地晃進圖書館。我鬆了口氣，還好沒有人注意到火雞的探險之旅。直到一個小時後，尖叫聲和咯咯叫聲此起彼落，原來是校長和圖書館館員發現火雞，牠們跑到學校的自助餐廳，還成功到處噴屎，這其實有點厲害，但也可怕的令人想吐。校長之前有看過火雞跟著我們來學校（我的同學大多也都看過，只是他們都不好意思告訴我，我其實一直以來都像吸引火雞的磁鐵），所以他打電話給老爸，要求他到學校收拾火雞搞出來的爛攤子。老爸跟校長解釋，說他一定是誤會了，因為他養的是巨型鶴鶉，但是校長完全不買單。

半小時後，我們班排隊上體育課時，我看到老爸跪在地上，清理大廳的火雞糞便。他試著用噓聲趕走火雞，但是失敗了，只能溫柔卻有力地喊叫：「回家吧，詹金斯。」我瞬間凍結，試圖融入壁紙中，但太遲了。詹金斯立刻認出我，咯咯叫地朝我走來，好像興奮地意識到：「天呀，這太棒了！這些是你的朋友嗎？」我第一次沒有從牠身邊尖叫跑開。我只是嘆了口氣，無力地揮揮手，沮喪地咕噥：「嘿，詹金斯。」我的同學們驚訝地盯著我看，不過不是好的驚訝。像是你的叔叔是麥可・傑克森（Michael Jackson）與約翰・史坦摩斯（John Stamos），有一天他們開著大型豪華轎車出現在學校，邀請你去跟他們住，但你之前從未對別人提起過他們，因為你不想炫耀，為此其他人覺得很糟，因為他們錯失邀請你去睡衣派對的良機。我同學們的驚訝比較像是種糟糕的驚訝。像是你在全校面前，被一隻名叫詹金斯、過度興奮的火雞騷擾，而你爸全身都是火雞糞還邊罵著這隻火雞，跟這件事比起來，你就會知道沒有腿套其實是件小事。我想，我就是在這一刻明白自己註定無法成為班上最受歡迎的孩子。於是我對詹金斯與老爸點點頭（兩者都沒有意識到他們對我的聲譽造成的損害），然後把頭抬的高高地走向樓下大廳，並試著不要滑倒而沾到火雞排泄物。

之後我一直等著別人來嘲笑我，但卻沒有。也許是因為沒人知道該從哪裡開始。或者是他們受到詹金斯的威脅，我有聽到牠被強行趕出學校時，對幼稚園兒童發出威脅的叫聲。我妹設法表現出司空見慣的樣子，假裝這些事情是稀鬆平常的。她拒絕讓這件事影響她的社會地位，而它的確沒有受到影響。數年後當她在操場被一隻豬攻擊時，這樣的自信心派上用場（這故事會放在下一本書。你現在可以開始存買書的錢）。

另一方面，我完全放棄再度嘗試融入群體。

當其他女孩在操場上玩下午茶派對時，我則拿出二手的通靈板試圖招喚亡靈。我同學寫的讀書報告是《柳林風聲》（*The Wind in the Willows*）和《夏綠蒂的網》（*Charlotte's Web*），我則跟祖母借來殘破不堪的史蒂芬・金小說，並以此做為我的讀書報告。我閱讀有關喪屍和吸血鬼的書，而不是《甜甜谷高中》（*Sweet Valley High*）。最後，我三年級的老師叫老媽來學校，跟老媽說她越來越擔心我的行為，但老媽說她看不出問題在哪裡。強生太太把我最近的《禁入墳場》（*Pet Sematary*）讀書報告給她看，老媽皺起額頭，有點擔心和不贊同。「喔，我知道了」，她有點失望地轉頭跟我說：「你把『墳場』（cemetery）拼錯了。」我解釋史蒂芬・金是故意把它拼錯的，於是她點頭說：「啊，好吧。我能接受。」我的老師似乎有些苦惱困惑，但最後校長提醒她這就是造成「一九八三年火雞到處噴屎事件」的那家人，老師顯然立刻明白她的介入只是徒勞無功，因為顯然沒有任何方法能將我變成「正常」的三年級生，因此她放棄的話也不會有愧疚感。我感覺到她鬆了口氣。

說真的，我也鬆了口氣。因為這是我有生以來第一次允許自己做自己。我雖然仍是笨笨的、不太自在，害怕人群，但基本上詹金斯讓我從必須要試著融入人群的束縛裡解放。我小小年紀就有這樣的領悟，應該要感到開心，但是這樣的領悟卻來自於一樁火雞攻擊事件，而目睹此事件的群眾剛好就是要跟我一起讀書完高中的那群人。

不久之後，詹金斯與其他的火雞從我們的生活裡消失了，但從牠們學到的教訓仍留著：火雞是可怕的寵物，你不該相信你爸分辨家禽的能力，還有你應該要接受自己，接受缺點以及所有其他的一切，因為當你試著違逆本性，火雞將會在你建造的虛假表象上到處噴屎，所以你還是省省力氣，好好享受你的喪屍書籍吧。因此，就某方面來說，我欠詹金斯一聲謝謝，因為（即使完全不是故意的）牠是位很棒的老師。

還有呢？**非常美味**。

如果你需要手臂保護套，這可能就是重新審視你人生選擇的時候

替代標題：高中是生命空前低潮，以此評判接下來的人生

我是一所小型農業高中唯一一位走歌德風的女孩。學生偶爾會開著牽引機上學。我們的課程大多都是在農業穀倉裡進行，就像《豪門新人類》（*The Beverly Hillbillies*）裡的傑思洛（Jethro）出現在怪人樂團的音樂錄影帶一樣，不過剛好是相反的狀況。

我刻意選擇歌德造型是為了讓人們不敢靠近我——因為我很害羞——我下課時間和午餐時間都會拿著書躲在廁所裡，直到我畢業為止。這真的很不舒服。

全文完。

更新：我的編輯說這章很糟糕，而且

她「甚至不知道農業穀倉是什麼鬼東西。」這實在很奇怪。我是說她。「農業穀倉」其實就是「農業活動用穀倉」的簡稱。就是教授如何除去棉子象鼻蟲課程的穀倉。我真希望我是在開玩笑，但我真的不是。你也能上焊接課、動物養殖課和鑑定與栽植棉花課程，還有一門我記不住名字的課程，但我們在那堂課上學習如何製造板凳和柵欄。我很確定該課程叫「板凳和柵欄初階製作」。這一切都不是唬爛的。

再次更新：我的編輯說這章還是很糟糕，我必須更加充實內容。我想她所謂「更加充實內容」指的是重拾一些我花很多時間壓抑的尷尬回憶。好吧。我的農業課老師曾告訴我們，幾年前有個學生在將棉花檢定的布條掛在農業穀倉的牆上時，從梯子上摔了下來，跌坐在一根掃把上，而掃把就這麼插進他的直腸。老師想必記憶非常深刻，因為他總是警告我們，爬上樓梯之前，注意任何在該區域亂放的掃把。直至今日，我看到梯子就一定會先確定附近沒有任何的掃把。這大概就是我高中學到唯一一件有用的事。喔，我還學會如何用滴管幫母牛人工授精（但對我和母牛來說，那是較不「實用」而且會「造成精神創傷的」）。取代地理課，這就是我們上課的內容。這也是為什麼我玩《棋盤問答》都拿不到藍色派。[1]

再再次更新：我的編輯討厭我，而且顯然與我的心理治療師合作，因為他們兩人都堅持我必須要更加深入高中生活的回憶。好吧。接下來整章的可怕內容，來自於這兩人的堅持。請注意當你在閱讀以下內容時，腦中可能會閃現過去高中生活裡可怕的回憶。你可以將心理治療費用的帳單寄給我的編輯。

我們重頭再來一次……

幾乎所有人都討厭高中生活。我認為它是測量人性的方法。如果你享受高中生活，你可能是個精神病患者或是啦啦隊隊員。或是兩者都是，這兩者並不衝突。我試著不去回想高中生活，但即使你努力想忽略它，它卻總是緊緊跟隨著你，就像是個不討喜的搭便車的人。或是像皰疹。我覺得啦。

那些目睹過我奇特童年的孩子，跟我上同一所高中。因此，我早已放棄成為活躍又受歡迎的人，而是用歌德式衣著、黑色的唇膏和一種「不要靠近我」的神情，重新打造自己的形象。我有黑暗、可怕的祕密。

不幸地，我試圖打造的神祕形象卻遭遇某種困惑（和些許憐憫）的懷疑，因為跟我同班的同學都知道我黑暗、可怕的祕密。這算哪門子的祕密？這些同學就是目睹「一九八三年火雞噴屎事件」的同一群人，他們也清楚記得四年級的感恩節派對上，我身上塗滿土著顏料，披上血腥的水牛獸皮，而非其他同學在美術課上用色紙折成的傳統清教徒帽。這些同學也是

這個造型醒目標明「我知道如何變身成姊妹老婆（a sister wife）」

1 譯註：該遊戲需要玩家回答各種知識性問題，而將問題分成六種顏色，藍色代表地理問答題。

同一群擁有校園年刊，裡面有老媽十幾年以來熱衷手工鄉村風長洋裝和太陽帽的證據，這般著迷的熱忱導致我妹和我在八〇年代早起看起來像是羅蘭・英格斯與霍莉・霍比（Holly Hobbie）兩位女同志伴侶養出來的孩子。我想瑪麗蓮・曼森（Marilyn Manson）可能也有類似的經驗，看起來「黑暗且預言不祥之事即將到來」，只要看過他二年級時扮成「小小鄉村小姐」（Little Miss Hee Haw）的樣子你就懂我在說什麼。

我的同學拒絕認真看待我，於是我決定用釣魚勾穿鼻環，但實在太痛了，以至於沒有穿透，然後鼻環洞受到感染。因此，我只好在鼻子上戴上夾式耳環。然後去學校。耳環比我的鼻孔還大，導致我差點窒息。儘管如此，這依舊是我高中生涯裡第一個戴上的鼻環。我帶著鼻環，以反叛的驕傲神情從校長面前走過，以為校長會馬上把自己關在辦公室，想辦法阻止因我的鼻環所引發的怪奇姊妹暴亂與混亂狀態。校長的確注意到我的鼻環，一開始比較像是搞不清楚狀況，而不是擔心，後來他對著餐廳阿姨指著我的鼻環時，則是看起來極力忍住不要笑出來，餐廳阿姨則是一臉困惑。

而餐廳阿姨剛好就是老媽。

而我的鼻環就是她的耳環。

老媽暗自嘆氣，搖搖頭，回去繼續切果凍。

我們兩個都沒有再提起這件事（或是再戴那個耳環）。

老媽是學校餐廳阿姨這件事其實有好有壞，有時我心情不好，她會讓我躲進食品貯藏室裡，但每當我經過餐廳，她總用以為旁人聽不到的低語說：「甜心，不要一副無精打采的樣子。你這樣看起來很憂鬱」，而其他的孩子就會一臉尷尬樣。

所以，對啦，高中生活真的很酷。

許多人都跟我說，每個人的高中生活都

一九九〇年：我的打扮依舊很荒謬，但這次我是照著自己的想法裝扮。（專業建議：如果你把 Swatch 手錶拿掉，這張在墓園拍攝的偽維多莉亞情緒搖滾派的自拍照會看起稍微自然些。）

有恐怖的經歷。這時候我就會說：「真的？所以你高中生涯的高點是把手臂伸進去母牛的陰道嗎？」然後他們就不跟我說話了。通常是永遠。

我妹麗莎似乎沒有融入的問題，她也盡量遠離我，但同時間也試著說服我像其他人一樣參加學校活動。麗莎參加田徑、籃球和獨幕劇，最近還被選為扮演學校吉祥物大鳥威利。我們都以她為榮，因為競爭很激烈，而她非常認真看待她的新角色，全副武裝在客廳練習鳥類攻擊的動作。我會在一旁觀看，並且給予技術指導。「試著更用力搖晃你的屁股毛」我提供有用的建議。

「尾翼。」她澄清。因為穿戴著大鳥頭，她的聲音有點悶哼模糊。「這些叫尾翼。如果我們要給彼此建議，也許你應該不要再穿黑色衣服，如何？大家都覺得你很怪。」

「其他人因為我穿黑色衣服而覺得我很怪？」我問道。「你穿家禽的服裝欸。」

麗莎不感興趣的聳聳肩。「對，但我是被推選出來穿家禽服裝。明天我穿這套服裝走下大廳，大家都會對我微笑，跟我擊掌。換作是你，大家只會吐口水，避免與你四目相接，以防你對他們下巫毒咒。」

「好吧，首先，你不能真正跟人擊掌，因為你沒有手。第二，我必須要有那個人的頭髮或指甲才能對他下巫毒咒。」

「你就是這樣！」麗莎大叫，停止做鳥類練習動作，充滿挫折感的把雙翅交叉。「你不該知道怎樣下巫毒咒的。這太怪了。要你正常一點是會死喔？」

「喔，我很抱歉……最後那幾句你能再說一次嗎？」我問道。「透過你那巨大該死的鳥頭再說一遍，我根本聽不到你在說什麼。」

麗莎生氣地把鳥頭拿下來，看起來像是準備要對我曉以大義，但我真的受不了一個穿鳥裝的人叫我要更專注於融入人群，於是我把自己鎖在浴室裡。幾分鐘後，麗莎不大情願地在浴室門外道歉，大概是因為她發現自己雙手仍在厚實的鳥羽毛裝下，而她想上廁所的話，我就是家裡唯一一個可以幫她把拉鍊拉下來的人。沒錯，這聽起來很殘酷，但當你選擇人氣而非拇指時，這就是你將面臨的風險。也許這就是為什麼大鳥先生總是對人非常好的原因。當你困在戲服裡時，你必須要對人好，因為你要上廁所休息就要靠附近有拇指的人幫忙。老實說，如果拘束衣不夠用，我們可以讓瘋子穿上吉祥物的衣服。再者，如果他們從精神治療機構逃出來時，他們不僅跟穿拘束衣的人一樣受到限制，而且比較不嚇人。他們不再是對著在公車站嚇壞的孩子大吼的人，而是看起來可愛卻髒兮兮的布偶，他們迷路了，需要好好洗個澡。大家都是贏家。還有，我好像正好解決了無家可歸者的問題。**（編輯註解：沒有。還差得遠了。）**

即便如此，第二天在學校時，我妹的話仍在我耳邊回盪，我決定努力融入群體。這就是穿著鳥裝的妹妹給的同儕壓力，導致我手臂卡在母牛陰道的緣由。這就是為什麼同儕壓力是很糟糕的東西。

關於高中時我讓母牛受精一事，最怪的地方是我甚至沒有選那堂課。**（編輯註解：不。跟讓母牛懷孕一事相比，這一點都不算是最怪的事。）**我的必修課大都在高中的前兩年修完了，所以最後兩年我都只修輕鬆的選修課。我喜歡藝術課，但我已經把學校提供的三門藝術課都修完了，所以教藝術的老師讓我自己發想一門課。我選擇「中世紀服裝設計」，但上了六週後，我覺得很無聊，於是改上「亮片！最閃亮的鈕扣！」結果藝術課老師表明校方並沒有購買亮片的預算，而且在我以為亮片是鈕扣的狀況下，我是無法上進階的亮片課程，所以我就沒再去上課了。結果我被指派當辦公室助手，中午時段會到威廉森太太的櫃台值班，她是隔壁國中部的臨時接待員，而她中午時段都會躲在車內喝酒。威廉森太太是個精神緊張、離婚的女人，她總是在桌子上方抽屜裡放著極度色情的小說，有次她還跟我說家貓會在主人死後一個小時之內會吃掉他們的屍體。我才值班不到一個月，她就消失了（我猜她可能被炒魷魚了，也有可能是被自己的貓吃了），她的職位被一台答錄機取代，因此沒有人在意我出現與否。於是中午時段，我會躲在威廉森太太的廢棄桌子底下，沉浸於閱讀她留下的色情書籍，我前天才讀完她留下的最後一本書（一本由V. C. 安德魯斯寫的小說，有些生動場景被畫上底線）；或是在農業穀倉裡慢慢收拾重型機床和電焊機，不用急著進國中部的辦公室。

農業課老師注意到我有些散漫，問我要不要在他的動物養殖課上幫忙，這個班要到當地家畜畜養所上課，是個都是男生的小班級，每個人都穿著緊身藍哥牛仔褲和牛仔靴。我深深吸了口氣，接著（違背自己的心意）說：「好啊。」然後爬上小巴士。我看起來像金屬製品樂團（Metallica）[2]的演唱會管理員，卻被抓上威利・尼爾森（Willie Nelson）[3]的巡迴巴士。但是，這些男孩盡他們所能讓我感覺自在些，他們顯然很佩服我自願跟來校外之旅這件事。到達家畜畜養所後，我才知道我們要學習幫助母牛人工授

2 編註：美國重金屬樂團。
3 編註：美國鄉村音樂樂手。

精。因為我的手臂比較小，「母牛會感到比較舒服」，所以老師才問我要不要幫忙。我不太確定「幫忙」的內容是什麼，直到老師用及肩的橡膠手套將我的手臂套起來才明白。他把一個儲存精液的瓶子隨意塞到我手中，接著用滴管吸取精液。

這時候我應該就要跑走才對，但老師盯著我看的方式讓我停在原地。他的表情像是一副準備看好戲，等著我尖叫逃開；也像是正想著要怎麼跟餐廳阿姨解釋，他之所以把那罐精子給她的女兒，是因為她是在場唯一手臂能放進去手臂保護套的人。這很難說。無論如何，他似乎都期待我逃跑，但我並不想被一個帶著精液儲存瓶的男人看扁。

這就是我為什麼我會在一群青少年注目下，把手伸到及肩深的母牛陰道裡，擠出滴管的精液。這是我離色情產業最近的一次體驗。突然，母牛的陰道無預期的緊縮，我感覺到我的手卡在裡面。我不由自主地叫出了聲。老師恐慌起來，以為突然收縮代表母牛很快就要坐到地上去，於是叫我輕輕地把手抽出來，因為一旦母牛往下蹲坐，我的手可能會被弄斷。這讓人焦慮不安，因為聽起來很痛，也因為你並不會想要跟別人解釋為什麼「我的手臂斷在母牛的陰道裡」。我把手抽出來，母牛轉過身厭惡的看了我一眼，這時我才發現手上的滴管不見了。

這一刻，我很想用布魯斯・威利在電影裡的堅定決心咬牙說：「我再進去拿。」雖然我不記得那部電影的名字了，但內容是關於世界末日。（**編輯註解：是嗎？那部片名就叫《世界末日》吧。**）我並沒有這樣做，而是深深吸了一口氣，驕傲地抬著頭慢慢把手套脫下來，然後走掉。沒人叫我回來，大概是因為沒有人能找到優雅的方式說：「你把滴管留在母牛的陰道裡。」或是有可能因為第一個說話的人就會被選為取代我位置的人。我猜有人再進去母牛的陰道拿回滴管（至少是為了母牛好），但我不確定，因為我沒留在現場看。我走出去，然後在外面等整班的人出現。我已經準備好面對嘲笑，但是沒有人笑我。男生們看起來有點蒼白、發抖，但他們邊講著母牛的笑話，一邊對彼此笑著，而在回程的路上，老師則是拍拍我的背安慰我。

回到學校的時候，誓師大會的練習剛結束，而我妹正從體育館出來。她仍然穿著威利鳥的服裝，正神氣十足地揮動她的尾翼。她看到我，便放慢腳步走在我旁邊，一同往學校方向前進。我們沉默地走著，看起來真的是很奇怪的組合。「怎麼了？」她小心地問。「你看起來怪怪的。」

「我接受你的建議，關於融入大家的事。」我用比我想像中還冷靜的聲音說道。

「然後呢？」她問。

「然後我的手臂就卡在母牛陰道裡。」我盯著遠方回答著。

麗莎停頓了一下，用我覺得是失望的表情盯著我，或者可能是驚訝。我很難分辨，因為她仍戴著鳥頭。然後，她在我旁邊繼續往前走，淡然地盯著周圍的棉花田看，好似可以從中得到解答。「好吧，」她說，停頓一下尋找正確的詞彙，「有時候就是會發生這樣的事。」她用一種靜謐莊重的語氣說著，好似充滿智慧的小摩根・費里曼跟她一起在大鳥裝裡，教她說話。

「我差點失去一隻手臂。」我補充說道，聲音裡透露出些許歇斯底里的跡象。「我差點失去一隻手臂，在母牛的陰道裡。」這有點誇大，但在那刻我幾乎是在激

我沒有我手臂卡在母牛陰道時的照片，但我爸媽有很多我妹打扮成家禽的照片。誰在我家最受寵愛不需要我明說了吧。

她，希望她多問一些，因為我開始認為這有部分是她的錯。

她小心翼翼地點點頭，鳥嘴上上下下地移動，顯然決意保持平常交談的語氣。「在母牛的陰道裡，這樣呀？嗯，那……那實在是很令人驚奇。」她說，用談論天氣要轉涼，或是馬兒缺乏嘔吐的能力的口氣說話。「那麼，」她停了一下——「你可能誤解我的建議了。」我瞪著她。「但是啊，這將會是高中回憶的一部分，是吧？」她把翅膀抬起來，做出我認為是她能做出的最佳版爵士手勢（jazz hands）[4]。「替回憶歡呼一下？」她帶著些許歉意，弱弱地說。

我捶了她一下。

好吧，我只是想像我捶了她一下，畢竟若是我的一天從手臂卡在母牛的陰道開始，最後由重擊穿著鳥裝的人來結束，即便是我，也覺得這太荒唐了。

但就某方面來說，她說的對……你應該要好好享受並珍惜高中生涯，因為你將帶著高中回憶過完餘生。像是在獄中，或是在槍口下被威脅搶劫，你都能對自己說：「好

4　一種舞蹈動作，表演者雙手手掌和手指張開對著觀眾觀眾。通常用在音樂劇、啦啦隊和合唱表演上。

吧，至少我不是在高中。」高中生涯是生命空前低潮，以此評判接下來的人生。我會知道是因為不論生活過得多糟，我總能回顧並說道：「至少我沒把手臂卡在母牛的陰道裡。」事實上，這有點變成我人生的座右銘。當這也是我跟失去祖父母而悲傷的人們見面，找不到話題時會說的話。「至少我沒把手臂卡在母牛的陰道裡。」我邊說邊拍著對方的背安慰著他。它很實用，因為它是真的，但也因為它給人帶來一種不是很舒服的畫面，人們會因而停止哭泣。也可能因為他們意識到這是人生不言而喻的偉大真理之一。又或者因為人們通常不會在喪禮上提起手臂卡在母牛陰道裡的事。我真的搞不清楚。我受邀參加喪禮的機會並不多。

附錄：我一開始書寫這章時，我意識到人們很難相信這是真的，於是我查了一下之前高中的校長，並寄給他這封（節錄版）電子郵件，結果這只證明了我真的不該在喝酒之後使用電子郵件。

……我想要書寫人工母牛授精一事，但問題是我的記憶力不好，記不起所有的細節。可能是我不去想它，或是因為我大學時嗑藥的關係。

這是我所記得的：及肩的手套與滴管，進入母牛的陰道。我本來確定這是我們進行的方式，但是我知道現在偏好的方法是從直腸陰道進入。難道是我記錯了嗎？我非常確定當時我的手臂伸進去母牛的直腸裡。當然啦，我需要問高中校長關於讓母牛懷孕的細節這事，顯然代表我的記憶也不是全然可靠。

還有任何相關的照片嗎？我想這大概是以前的學生對你提出最怪的請求吧，我為此向你道歉。

我也為寄了封裡面有「直腸陰道」一詞在裡面的電子郵件給你感到抱歉。說真的，我也沒料到它會出現。

給你擁抱，

珍妮

把郵件寄出之後，我立刻發現這封信非常不得體，於是我打電話給麗莎：「我可能寄了封裡面有『直腸陰道』這個字眼的信給高中校長。」她回道：「哪位？」我回她：「不，真的。那。剛剛。發生了。」在她停止用頭撞桌子之後，她表明我一點都沒有從她的建議學到東西。她贊成我應該打電話給校長的祕書，在校長打開信之前，請她將那封信從校長的信箱裡刪除。但一切都太遲了，因為他立馬就讀信，並且回覆我，顯然非常泰然自若。他也跟我保證在九〇年代早期沒有人從直腸陰道進行人工授精，在許多層面上，他所說的都是正確的。他也試著找尋照片，但沒有找到，也許是因為沒有人想過要替手臂伸入母牛陰道的未成年女孩照相。最可能是因為那些照片應該最後會落到檔案櫃裡，而不是關於黃金童年回憶的書籍裡。

幫我畫一隻該死的狗

免責聲明：我的經紀人與編輯不喜歡這章，因為這跟我（不太會）嗑藥的事有關，它跟書裡其他的內容都不合，但我說吸毒者讀到一定會心有戚戚焉，非吸毒者讀到則會對於自己的人生選擇沾沾自喜，所以基本上我觸及到所有的讀者群。但是他們又說內容太雜亂無章、令人困惑，沒辦法成為真正的章節。他們說的可能也有道理。這也是為什麼這個章節一點都不像真正的章節。這是額外的故事，你可以跳過，這樣你就會感覺今天讀完更多部分。或者你能夠將某些內容劃底線，然後在空白處寫上筆記，那麼地鐵上的人不是認為你很聰明，就是有錢到能拿精裝書當成便利貼。我不允許你評論這章，因為這不是真正的章節。然而，當作便利貼筆記的話，這章的內容還真是令人難忘。

特別給我有天可能會有的青少年孩子：嗑藥的人都是笨蛋。不要嗑藥。毒品會要你的命，也會讓你的奶掉下來。你的阿姨瑞貝卡就是這樣，這也是你為什麼從來都沒有聽過她的消息：但我們把她的乳房保存在盒子裡，為了記取可怕的教訓。如果我在你身上聞到大麻味，我會在你睡覺的時候，把阿姨的胸部放到你身上，你一起床就會發現死掉女人的胸部在你的額頭上。現在，跳到下一章去，因為我要開始寫跟你爸有性行為的內容。

前言：這不是真的前言。我只是試試看在正式開始章節前到底可以塞下多少段落。

前言免責聲明：四。答案是四。

我十八歲時第一次吸食迷幻藥。既酷又恐怖。而且我有點白癡，因為我設法不經意地等到我成年，能被指控持有毒品後的一個禮拜才吸食。

我朋友金從十五歲就開始吸食迷幻藥，我深深被他的強效迷幻藥（LSD）故事所擄獲，包括最近因為藥物引起的頓悟，這頓悟就是能讓人類對彼此友好的原因是我們都有乳頭。「我的意思是……我們都有乳頭，不是嗎？」他用狂熱的語氣詢問我。「除非乳頭是無可否定的指標，告訴我們男人與女人都在我們稱為宇宙的巨大星球濃湯裡，不然有什麼可能的原因讓男人有這樣無用的身體部位？男人與女人……我們都是一樣的！一切都是相對的！」他稱這個頓悟為「相對論」，直到有人說這名詞早就有了，因此他只能勉強把它改成「金的相對論」。我那時覺得這太棒了，但那時我也是喝醉了。

有個世界只有迷幻藥吸食者才知道，這想法讓我既害怕又著迷。而金自然而然脫口而出的毒品術語也極度吸引我。我想要與毒品交易「有連結」。我想唯一能讓我真誠說這句話的情境是我跟藥師上床或是遇到某個偶爾賣安非他命的人。後者顯然簡單多了，也比較不會最後染上性病。還有我也不認識任何藥師就是了。

金有次提到他在家裡等他的朋友來接他，然後一起吸迷幻藥。但他決定先開吸，而他媽在別的房間看電視，他共吸了三劑。不幸地，他的朋友也決定早一點開吸迷幻藥，在很嗨的狀態下才開車到金的家。這其實極度愚蠢而且危險，但他們其實是坐在桌子前，然後想像他們在車裡面，所以比較不危險，只是真的很蠢罷了。接下來的四個小時裡，他們都待在桌子前，因為沒有人想離開車子，也因為沒有人知道剎車在哪。這趟車程基本上是世界上車距最長，但卻跟車子一點都沒關係的旅程。同時間，在房間的金開始在電話簿上亂畫畫。他剛畫了一個線條小人，而這個小人活了過來並說：「畫一隻狗給我。」

金這時就意識到藥物開始發揮效力。金的媽媽稍後進來時，一隻巨大的老鷹飛過她身旁，降落在金的床上。金告訴我線條小人開始尖叫，但金不理它，因為金感覺正嗨，但也沒嗨到不知道跟電話簿上的一張圖說話可能看起來很可疑。

金注意到他媽正小心翼翼地盯著他看，但這時他已經嗨到記不得他到底是問了她問題，而她沒回答，還是她問了他問題，而他沒回答。但他覺得不論他問了她什麼，再接續提起問題更怪，特別是因為他根本不記得一開始問了她什麼問題。所以基本上他們就坐在哪裡，進行著很怪的瞪眼比賽。然而線條小人說，如果老鷹不是幻覺，他媽就會知道他嗑藥，因為有哪個人會說：「喔，這裡有老鷹是再正常不過的啊？」金緊張地笑了，試著裝給他媽看，他希望他說的像是：「哇。這世界真怪，老鷹可能會、也可能不會降落在你的床上，對吧？」

但事實上他可能說了比較接近像是「天哪，我真的很嗨」，因為隔天金的媽媽就把他送到當地的心理治療／康復機構，該地方幫助金找到神並且將麻醉藥品介紹給金，而麻醉藥品跟任何金能在街上找到的毒品比起來，令人上癮程度更是無可比擬。金回來後，滿嘴說的都是跟鋰和神有關的事。我提到我真的很想試試強效迷幻藥時，他對我翻白眼，好似他是某種品酒行家，而我問了打開一瓶草莓酒的最佳方式為何。令人驚訝地，但吸毒者可是很容易對人妄加評論的。當你剛見到有人在另一個人的屁股上注射馬用鎮定劑，而同一個人卻因為你不夠酷而看不起你，這大概是唯一會發生這種事的社交圈子。除非也許有某種狂戀替馬灌腸的社交圈，我不確定是否存在就是了。等等，讓我上網查看看。

喔，天哪。你們千萬不要上網查。

幸運的是，當你跟毒品群眾廝混在一起，你最終會遇到最完美的藥頭。對我來說，崔維斯就是最完美的藥頭。他是個快三十歲留著金色長髮，還跟爸媽住在一起的男人。他似乎總是知道誰有毒品，但很少自己吸食，因此他並不算是真正的藥頭。不論我朋友和我何時需要大麻，我們就會打電話給他，因為他是我們認識的人裡面最近似藥頭的人。他比較像是保護我們遠離「真正藥頭」的中間人，我們想像中的藥頭是長得很高大、穿耳洞、隨身帶著呼叫器的憤怒黑人，而且他們很可能會拿我們開玩笑。到死。在我心裡，這些憤怒黑人都是狠角色，隨身都帶著名叫「查理爆竹」的彈簧刀。（我那時其實不認識任何黑人，根據這個段落，我其實是不用作出澄清。）

一位在城鎮郊區有房子的人為我們這群沒有吸食過迷幻藥的人舉辦一場小型的強效迷幻藥派對。於是我們打電話給崔維斯，要他當晚帶足夠六個人吸食的迷幻藥過來。崔維斯到了，告訴我們藥還在路上。約十五分鐘後，一台披薩外送車停在門口。送貨員來到門口，帶著一個蘑菇披薩和一整片未裁的迷幻藥。送貨員員看起來將近二十歲，約比我矮兩吋，而且非常非常的白，但他有穿耳洞，身上也帶著呼叫器（這令人印象深刻，因為當時是九〇年代早期，雖然那個呼叫器很可能是用來接收披薩訂單的）。他的名字叫雅各。崔維斯之後跟我說，任何打電話給披薩店，知道使用「暗號」的人都能向雅各買迷幻藥。那時的我以為暗號可能很神祕，像是「一個臘腸披薩，留著餡皮」或是「一大塊起司麵包，還有午夜飛鳥」。但事實上，暗語可能只是「告訴雅各帶一些迷幻藥來」，因為老實說他們兩個都沒什麼想像力。

雅各以一劑四塊美金的價格把迷幻藥賣給崔維斯，然後崔維斯轉個身，以一劑五塊美金賣給我們，這好怪，而且利潤很差。我們每個人都吸了一劑，接著崔維斯說再給他十塊錢，他會待在這裡照顧我們，免得我們把自己的手砍掉。我一開始沒有擔心此事，直到他提起，但現在這個想法深植在我們的腦海，我開始相信他一走，我們就會把自己的手砍掉，於是我給了他十塊錢。崔維斯警告我們，如果我們覺得隔壁的貓對我們發出威脅訊息，其實牠們並沒有。他還警告我們，叫我們不要盯著太陽看，因為會瞎掉（這建議其實很重要，只不過當時是晚上十點鐘）。「駕馭怪獸……不要讓怪獸駕馭你」，我們的智者建議我們。

私底下，我擔心迷幻藥可能一點都無法影響我。我之前吸過大麻，但我從沒有感受到如同《嗨翻天》（*High Times*）雜誌說的滿足暈眩的喜悅。我感受到所有的副作用，益處卻很少。當我朋友四肢癱軟在居家椅上，對於沒有什麼詞彙能跟「Orange」配對押韻感到不知所措[1]，我則是吃完整盒威化餅，並開始懷疑隔壁鄰居正打電話報警。

「Schmorange!」我大喊，同時衝動地噴灑空氣芳香劑讓大麻的味道淡一點。

「Schmorange 能跟 orange 押韻耶！現在有沒有人可以幫我把門前該死的冰箱推開？」

沒有人幫我。

我無法變得飄飄然可能是因為我沒辦法把煙留在肺部的關係。有很多人說邊吸大麻邊咳嗽能讓你更嗨，因為這樣你會吸進去更多煙，但這些人是騙子。我想要吸一口迷幻藥的煙，但那口煙就像熾熱的火杵，我開始咳得像得了肺氣腫的挖碳礦工。同時得了肺結核的人。還有……我不確定……禽流感之類的。還有什麼比肺結核更糟的病？不論那是什麼，我聽起來就像有那種病。我也常常把零散的種子吸進煙管裡，而我的朋友們沒一個夠清醒，都不能唸出「Heimlich」（哈姆立克急救法）這個字，所以每一次吸食就像在玩俄羅斯輪盤。我每吸一次，接下來就是數分鐘痙攣性的狂咳嗽，我確定我把部分肺葉撕裂，噴射到每個人的身上。我確定是史上最不性感的吸毒者。

「你還好嗎，霍利德醫師（Doc Holiday）[2]？」某人問道。

「咳成那樣會讓你更嗨！」我說謊了，我的聲音聽起來像是吞了碎石泥巴。「你應該用力咳嗽，咳到你覺得快要吐了。我從《滾石》（*Rolling Stone*）雜誌上讀到的。」到那時候，大家都嗨到覺得我說的是真的，於是他們開始故意咳嗽，整個車子充滿了飛濺的口水泡沫，最後甚至有人差點吐了。然後我們就笑了，因為當你有點嗨，整身都是別人的口水泡沫時，幾乎要吐出來就有點好笑了。

即使我顯然幾乎對大麻無感，但我仍然沒有拒絕過任何吸食大麻的機會，因為這讓我的手在社交場合裡有事可以做。我仍是非常害羞，我寧可參加演出墨西哥提華納的驢子秀（Tijuana donkey show）[3]，也不要跟半熟的陌生人聊天。大麻美妙之處在於它能立即讓人們拉近彼此的距離。兩分鐘之前，你正與一群陌生人站立著聊天，突然一陣尷尬的沉默，因為你剛提到假陰莖，而某人小聲說女主人的哥哥就是死於一場假陰莖的意外。你因為提起如此敏感的話題而覺得糟透了，但同時也很好奇，怎麼會有人死於假陰莖的意外？也許是一盒假陰莖掉到他的頭上？但你不敢問，你才因為提起不知甚麼原因

1 譯註：英文裡找不到任何一個字能跟 orange 押韻，爾後人們造出 schmorange，能跟 orange 押韻，但本身並沒有特別的意思。

2 編註：一八五一～一八八七年，美國舊西部時代著名牙醫、賭徒與神槍手，三十六歲時死於肺結核。

3 譯註：在墨西哥的提華納，當地的紅燈區以女人與驢子性交的成人秀聞名。

殺了人的假陰莖話題而覺得很糟，你暗地裡對自己說，你完全不該在派對上提起假陰莖，但你知道自己不會記取教訓，因為下次若又發生談話停頓空白的狀況，你知道自己將會爆料，說你知道有個女孩的哥哥死於假陰莖意外。然後你就會想起那個女孩正是與你交談的女孩。正當氣氛糟糕到非常不舒服，你開始考慮要不要行刺某人的膝蓋，好分散大家的注意力，你就能逃跑，就在這時候有人拿出一袋大麻煙——突然之間，一切都好了。你們彼肩而站，看著如同儀式般的捲菸活動，有人提供捲菸小祕訣，有人回想起有香味的捲菸紙，並伸出手提供珍藏的 Zippo 打火機。（註解：是「伸出手提供」〔proffer〕，不只是「供給」〔offer〕或「偏好」〔prefer〕，而是兩者的綜合。這是個你能用在拼字遊戲真實存在的詞彙。你現在可以跟人家說，你正在閱讀一本具教育性不錯的書籍，而不是一本只跟假陰莖殺害無辜民眾有關的書。謝謝你。）幾分鐘之前，有人鄙視地在女主人馬桶座鋪上一層防護的衛生紙，現在卻開心地吸著沾上一打陌生人唾液而濡濕的大麻煙捲，然後說著各自一團亂的割禮經過，好似我們都是戰場上的弟兄一樣。

為了真實性，我應該要說明我有一次真的覺得很嗨。我跟我朋友漢娜一起吸墨西哥大麻，漢娜很吸引我因為我們都有穿著娃娃裝的嗜好，還故意加上破破爛爛的褲襪以及軍靴。我們兩個完全看不起城裡人們盲從群眾心態，這些人害怕像我們一樣成為獨一無二、具個人風格的人——兩個穿著幾乎一模一樣的哥德風女孩。

漢娜還小的時候，她有一個走到哪都會帶著的貝茜威茜（Betsy Wetsy）娃娃。你得用奶瓶餵她，然後她就會尿尿。但漢娜總是只把她的頭扭開，用花園水管把水灌滿到娃娃的頸部。她也決定省略尿布這東西，僅是壓擠貝茜隆起的腹部，接著半加侖的人工尿液從貝茜簡陋的塑膠尿道噴灑到鄰居的樹叢上。「她跟她爸很像，」漢娜解釋道，「直接穿過她身體出來。」最後貝茜的頭被拔出來太多次，脖子的洞因此變鬆，身體就不見了，而漢娜只好留下貝茜的頭，可能用來提醒她不該生孩子。後來漢娜長大，然後我們一起經歷用每種可能的東西做成煙斗的階段：可樂罐、燈泡和甜瓜。有天晚上，我們用娃娃的頭當作煙斗。（我很確定這裡是這句話唯一一次用在回憶錄裡。有人可能會希望我能上網查一下，但老實說，狂戀替馬灌腸的東西把我嚇死了，因此我連查一下都不要。）我們在貝茜的頭上打了幾個洞，用細鐵網蓋住它，然後點燃大麻，接著我們從貝茜玫瑰色的嘴唇吸取煙霧。吸了幾劑之後，我意識到自己在傻笑，有點暈眩，外加想吐……但非常嗨。漢娜很得意地宣稱這麼嗨是因為不同凡響的墨西哥大麻，但我猜想應該是貝茜塑膠柔軟部位燒焦產生的有毒煙霧造成的。

縱使伴隨著罹患癌症的風險，但這一切都值得，因為這是我有史以來第一次真的覺得很嗨。我一點都不想從漢娜手中拿走任何東西，因為老實說這是製作煙斗技藝的高峰，我想這就有點像是第一次見到李奧納多・達文西的畫作《蒙娜麗莎》，然後說道：「為什麼這幅畫這麼小？」這完完全全就是那晚我吸了來自披薩男孩之手的迷幻藥時心裡所想的。

哇。這真是曲折離奇的故事。都是毒品害的。

不論如何，我等迷幻藥發揮藥效等了兩小時之後，只感覺到有點暈眩，我開始不得不接受唯一能讓我變嗨的東西可能只有貝茜燒焦的頭顱。然後事情感覺不太一樣。我的身體開始覺得痛、變得緊繃，我想我不是快開始有幻覺就是我得流感了。我詢問崔維斯，他說這很正常，是由番木鼈鹼（strychnine）引起的。而我說：「嗯……番木鼈鹼？像是……在老鼠藥裡的東西？」而崔維斯輕描淡寫地說：「是啊。他們加了一點番木鼈鹼為了讓迷幻藥能與紙結合，它會讓你感到些許的噁心感，但不足以致死，所以放輕鬆吧。」然後我則是：「**我非常確定你不該告訴吸食強效迷幻藥的人，他們感覺噁心是因為老鼠藥的關係，崔維斯。**」但我沒有大聲說出來，因為我突然害怕我大聲喊叫只會往舌頭裡面去，而不是越過舌頭，然後我的舌頭會腫起來，而我將因此窒息死亡。這時我才意識到我可能嗨茫了。

接著，我因為鈴響的聲音而分心，我一直叫別人安靜，才能搞清楚聲音到底從哪來，但大家都忙著舔牆壁，因為他們說牆壁的質地舔起來就像大塊硬糖果一樣。我考慮要指出舔牆壁就像是舔由鉛作為基底的油漆做成的硬糖果一樣，但我想到我們全部才剛吞下老鼠藥，傷害在那時就造成了，如果我們撐過去，它就只會讓我們變得更強壯。

然後我再次聽到響聲，於是我跪著走，躡手躡腳地在房子裡搜查，因為我覺得這樣可能可以躲過受毒品影響友人的聲波，他們正因為「真實人生裡沒人可以看到自己的臉由於『鏡子不可靠』」這件事而驚慌失措。我在想崔維斯是否在我們開始之前就已經把廚房刀子藏好了。我正想問他時，響聲又開始。崔維斯正奮力掰開一個女孩的手，把開罐器搶回來，並且大叫：「有沒有人能接一下該死的電話!?」這時我就知道聲響到底由哪裡來。

這也是我忽然發現正在響的電話是多麼美好，但現在我知道清醒的世界裡是不欣賞這樣的聲音。甚至電話這個概念不知為何顯得更為重要。「電話的另一頭可能是任何人，」我心想，「有可能是T先生或是霹靂貓的其中一員。」這樣的可能性令人抵擋不了，於是我拿起話筒，聽著遠端線路空白安靜的聲音。

「嗯……哈囉？崔維斯嗎？」電話另一端的男人問道。

我：「不，這不是崔維斯。請問是霹靂貓的一員？」

「誰呀？」男人問，顯然非常不耐煩。

「我想我們兩個都打錯電話號碼了。」我說完準備掛上電話，然後那位不是霹靂貓的老兄開始大吼，但我實在不懂他在說什麼，我想他可能突然沮喪地明白自己永遠不可能是霹靂貓的一員而感到生氣。然而我也意識到很有可能我根本沒跟任何人說話，也許這一切只是幻覺。可能我甚至沒有講電話。可能我只是站在這裡跟一顆蘋果說話。或是隻沙鼠。然後我想到如果真有隻沙鼠，牠可能很快就會在我耳朵裡挖洞，吃掉我的耳蝸，因此我把話筒丟在地上，轉身走掉。而崔維斯則說：「誰打電話來？」我說：「對方不是霹靂貓。它可能是隻沙鼠。我的耳朵看起來還好嗎？」

崔維斯這時就應該開起答錄機，但我想可能他也吸了一劑迷幻藥，因為他看起來很可憐，在我的經驗裡，大部分清醒的人不會做那樣的事。接著我就開始吐了。我說：「哇。我想我可能要吐了。」崔維斯說：「不對，你只是想你快要吐了。」然後我說：「天呀，真鬆了一口氣。」然後我就吐了。在崔維斯的腳上。崔維斯給了我一個幾乎是空的 SunChips 脆片餅乾袋，讓我吐在裡面。於是我就坐在一間暗暗的房間裡吐——很多，多到我懷疑我吐的東西是我從沒吃下去過的。崔維斯放了一首門戶樂團（the Doors）的單曲，曲名叫「L. A. 女子」（L. A. Woman）他說因為音樂能夠幫助我們。儘管整個房子看起來好像要溶化，裡面鬧鬼，而且還都是毛茸茸的精靈，但它的確幫上了忙。再者，我也非常確定所有的櫥櫃裡都有小堆火苗在裡面慢慢逐漸增強。每當門戶樂團的錄音帶播到尾聲，我就再次開始吐，然後崔維斯聽到了，就會倒帶，從頭再播。

基本上接下來的四小時裡，這樣的情況每五分鐘發生一次。

在我踩熄幻想中的櫥櫃火苗和最後我真的睡著之間，我的確有某些清醒、靈光乍現的時刻。我會知道是因為起床後，我身旁有一袋弄髒的脆片餅乾，還看到有人在牆上寫下一段罕見批評藍色小精靈的文字，而且是我的筆跡。我發現藍色小精靈事實上是和平的雙性戀共產主義者，還在牆上寫了好幾次我的名字指向那段文字，顯然不想要別人佔去我的發現。這時我明白毒品不好，我再也不要吸食了[4]。於是我離開那個圈子，決定交新朋友，但首先我擦掉在牆上的名字，然後用「崔維斯」代替。我猜他可能會試著把它歸咎在我頭上，因此我在他的名字上點上愛心，因為大家都知道我不是那種會在字母「i」上面點上愛心的人。但技術上而言，崔維斯也不會。我也許那時還有點嗨。

不論如何，我的重點是吸毒是壞主意，除非你用它們讓其他人分心，不去注意令人困窘的假陰莖故事。再來，除了嘔吐、疑神疑鬼和讓自己出洋相，雖然當時一點都不覺的，但回想起來吸毒其實還蠻酷的。很像人生。你也許希望霹靂貓裡的獅貓（Lion-O）會打給你，但你卻花了很多不必要的時間擔心沙鼠躲在你身體裡。這也是人生的一種隱喻。真的、真的很糟糕的一種。

4 除了還有幾次。有一次我還意外吸食了古柯鹼。我也再次吸了迷幻藥幾次，但我再也沒有晚上吸食它，因此我相當確定那不算數。你知道嗎？沒關係，算了。

尼爾・派翠克・哈里斯是史上最成功的連續殺人犯的原因

滿二十一歲之後的那個禮拜，我做了一系列很棒的決定。我還沒喝醉（因為一旦喝酒變成合法，我就對它失去了興趣），我整個人都專注在厭食症上，這是史上最棒的心理疾病，因為你一邊餓死自己，但看起來很性感。除了你的頭髮看起來很糟，因為頭髮會一大撮一大撮的掉落，還有你發現自己半夜醒著，想著屁股的骨頭太突出，如果用起司刨絲器挫平它會有多痛。等一下，我剛是說「很棒的決定」嗎？我們重新再來一遍。

滿二十一歲之後的那個禮拜，我覺得很無聊，人很清醒，但體重過輕到危險等級，輕到人們以為是因為吸食海洛因，或是因為癌症瀕臨死亡的樣子。有一天晚上九點，我覺得我需要離開家裡，於是穿上外套，然後開車到附近鎮上唯一一家開到深夜的書店。童年時期對於恐怖小說的熱愛分散到巫術的短暫歡樂時光。（這時間的長度剛好讓我明白所有我曾施法的魔法和咒語都沒有效。當咒語提到「用白色燭火掃過剛敲碎的種子」，我聳聳肩，用老爸的手電筒掃過一罐花生醬。我最後斥責巫術是完全沒用的東西，但平心而論，這一切可能比較跟我是個爛廚師有關，而跟魔法的效力比較沒關係。再加上那罐花生醬裡面已經摻有果凍，這樣做其實是很省時，但這可能跟巫術祭司心裡想的不大一樣。）

我走回書店的新時代區，難得一次，我不是自己一個人，那裡有個跟我年紀差不多的男子正不停盯著我看。對了，他看起來跟《天才小醫生》裡的道格拉斯醫生（Doogie Howser, M.D.）幾乎一模一樣。**（特別註解：給一九九〇年之後出生，正在閱讀此書的人：（1）我有點討厭你們。你們穿短褲超好看，但拜託不要再穿了。（2）《天才小醫生》是尼爾・派翠克・哈里斯（Neil Patrick Harris）演出的第一個節目。這是在他走紅前。那時並沒有人喜愛他。他出櫃後，變得超性感，而世上每個女生都想和他上床。這就是女生思維運作的方式。我們也無法解釋。）**　這位肖似道格拉斯醫生的人穿著單寧背心，我非常確定他是同志，但那時是九〇年代，因此說不準。他不停盯著我看，我每從書架上抽出一本書，他都不經意的說：「喔，我有那本書。」這實在極度令人討厭，我發現自己希望這區會有跟衛生棉條相關的書，我就可以擺脫他，但這是家小鎮的書店，即使真的有「衛生棉條—巫術」的書，這書店也不會有庫存。然後道格拉斯笑了，順手拿起一本星座書，問我是哪個星座。他發誓他從來都沒這樣做過，但這就是發生了。這整段時間裡，我都在想「這個男的可能是跟蹤狂。」而他則是在想「我要娶這個女孩。」主要是因為他夢到他將娶的女孩會穿某種外套，我走進書店時正穿著跟他夢裡女孩一樣的外套。（我應該提一下，我十五歲時就有這件外套了，當時老媽在醫院裡進行疝氣手術，她因為藥物的關係變得超嗨，一直喊著：「珍妮需要一件新外套」，因為我們從來都沒有新外套，老爸應該要知道這是因為藥物引起的胡言亂語。但他還是帶我出去，買給我一件新外套，我又說：「我也需要一頂新帽子。」當我們回到醫院病房時，老媽仍打著嗎啡，她還說：「嘿，帽子很好看耶！」兩天之後，她清醒了，則說：「見鬼了？我才昏迷一天，怎麼大家突然對帽子這麼著迷!?」）

道格拉斯醫生從我進書店那刻就注意到我的外套，對於找出我是誰一事變得十分執著。我拒絕告訴他姓氏或給他我的電話，並且我還非常清楚的告訴他說：「我有男朋友」，因為我不想讓他跟蹤我。道格拉斯介紹自己叫維克多，還告訴我花錢買這些書是浪費錢的行為，因為這些書他都有，而且他願意借給我。我說我其實沒有錢，只打算用偷的。後半部是謊話，但他為此暗自偷笑，他的笑聲不同於大部分男人令人感到不舒服的笑聲，對我來說是種清新的改變。他拿走我手上的書，並把書放回架上。「你太可愛了，進不了監獄。來我的宿舍吧，你可以從我那偷走這些書。」

於是我就這麼做了。顯然因為我沒看過任何一部笨女大生被連續殺人魔支解的電影。也因為沒有人會懷疑尼爾・派翠克・哈里斯會謀殺人。因為他讓我不由自主地笑了出來。因為我總想要一個會教我戴假睫毛和口交的男同志摯友。其實我比較想要後者。

令人驚訝的是維克多一點都沒有要支解我的意思，而他也的確擁有他在書店時聲稱擁有的書。他是我見過收藏最多背心的男人（三件）。他只比我大幾個月，但行為卻比同年齡的人成熟、穩重的多，我們很快成為朋友。他是我遇過最忠誠的共和黨黨員之一，但他並不遵照任何我試圖放置在他身上的刻板印象，讓我感到很驚訝。他這個人是混合了引用《星際大戰》對話的怪咖、身上刺青的功夫老師，還有富二代電腦駭客。

他也是我見過的第一個房間有網路的人（**特別註解：給同樣那批出生於一九九〇年之後的人：我知道，請閉上嘴。**），我立刻用網路查看死人的照片，因為我覺得在他面前用網路下載A片很怪。出人意料之外，他似乎很迷戀我，跟看著車禍受害者的方式一樣。我假定他最後會了解，他保守的父母不會希望他跟我走太近，但他很固執，拒絕被我丟的變化問題球所困擾。

我們兩個都就讀聖安吉洛（San Angelo）鄰近鎮上的小型大學。我在他的宿舍度過漫長的午餐時光，我們在那談論人生、夢想和童年時光。什麼都沒有發生，因為我不是那樣女孩。直到他親了我。然後，他說服我說，他不是同志；他知道我把同志和背心畫上等號的事後，覺得很擔心。「不是壞的方面，」我指出，「我只是假定只有同志可以接受酸洗背心。」（數年後，我的同志朋友指出，單就這個句子即證明我對於當時的同志了解不多，而我明顯把「開洞皮套褲」〔assless chaps〕與「酸洗」〔acid-washed〕搞混了。但我說我從來都沒有把兩者搞混過，因為前者比後者有冷風颼颼感。於是我們都笑了出來，再點一輪酒來喝，並舉杯慶祝擁有有趣的男同志朋友是多麼棒的一件事。祕訣：這真的很讚。趕快去找些男同志朋友。同志就像你跟我一樣，但更棒就是了。除了那些本身很無趣，或是本身是混蛋的。請避掉這樣的人。）

遇到維克多之後的幾個禮拜，他告訴我說：「我決定要當個ＤＪ」，我回他：「恩，你當然可以是個ＤＪ。我則決定要當個牛仔女孩兼芭蕾舞女伶。」隔天他就被四郡裡最大的搖滾廣播電台錄取為ＤＪ。這讓我感到很不安，主要是因為他用同樣有自信的口氣漫不經心地說：「有天我一定要娶你。」我翻了翻白眼，哼了一聲，因為這絕對不可能會發生。

維克多富有，也很有野心，並且還是青年共和黨員的成員之一，跟我傾心的類型完全相反。還有，他還是穿著背心。所以我嘲笑他的小笑話，但他並沒有回敬嘲弄我。在我腦袋裡，我有點擔心他說的是對的。儘管我們沒什麼共同點，我發覺自己深深愛上他，而他幾乎每天都不經意地叫我嫁給他，而我則每天笑著對他說不，因為他很危險。當然不是指身體方面的危險。雖然有次他的確打我鼻子一拳。我指的是，基本上來說那不是他的錯，因為他只是正在做他的功夫動作，而我那時站在他的宿舍房間裡，想著功夫實在很無趣，然後看到地板上有某個東西，我說：「有薯片！」我彎下腰的同時，維克多正轉身變換動作，然後他就一拳打在我的鼻子上。我感覺很糟，因為他為了幾乎意外把我打昏這件事情而生氣，也因為在一陣混亂之中，我們有人踩到薯片。

喔，還有一次，他給了我一次性愛腦震盪。我實在無法透漏太多細節，因為老媽可能會讀到這內容，但基本上事情是這樣：他在宿舍裡有張雙層鋪床（因為他是獨子，而獨子總是基於某種原因對雙層鋪床有種迷戀），我們那時在下鋪，而我把頭髮往後甩，自以為像是A片明星的動作，只是我們頭上雙層鋪的木頭樑柱太低，因此我的頭很猛烈地撞到木板。自己撞昏——這大概是你能做出的最不性感的動作。當然，如果我無法控制我的腸子的話，事情會更糟，但也差不多啦。我醒來後，維克多說：「性愛腦震盪，你這厲害的傢伙！」聽起來像是值得驕傲的事。基本上，這就有點像窒息式性愛，只不過你沒有窒息，而是被二乘四吋的木板巴頭。你沒有性高潮，而是失去控制肌肉的能力，然後尿失禁。我當然沒有這樣做，那太噁了。我幾乎沒有尿失禁過。

但以上那些事情，都跟我所說的他很危險沒有關係。我指的是他心理上很危險。首先，他很富有。我說的是，其他人可能不會說他很富有，但他是我第一個見過擁有自己晚禮服的男人。在漫長的暑假期間，他都跟祖父母在鄉村度過，因此他覺得我們沒什麼不同，但當我跟他說我爸媽不相信空調這回事，他看著我，眼神散發出好似我是某個需要籌措募款的飢餓痲瘋病患。我們之間的差異甚至在外出吃午餐時都十分顯而易見。他點了一份大牛排，而我則是點了某種鄉村肉湯，因為我拒絕讓他替我買任何東西（也因為厭食症的關係。當你窮到沒辦法買固體食物時，有厭食症其實還蠻方便的）。

他很危險因為他很不同，比我聰明，而他想要我成為一名大人。老媽決定在我溜回去跟貧窮、心理不穩定的藝術家交往的模式之前，必須要嫁給維克多。我跟維克多交往六個月後，我回到家發現老媽已經把我的東西打包好，並告訴我應該要搬去跟維克多住，因為我「顯然已經跟他睡了。」這時我跟維克多都保持安靜，我在想什麼時候老媽變成瘋狂母親，因為我還沒有準備好面對父母兩人都變得精神不穩定。後來我意識到，整齣戲其實跟老媽精神不穩定比較沒有關係，而是她要從我的手中拯救我。我非常確定老媽對維克多可能是我未來的老公一事如此著迷，是因為她十分羨慕「擁有自己的晚禮服」這件事。我考慮是否要告訴她，他只是租了禮服然後換了地址，就沒有拿去還，但在我開口抗議之前，維克多將他的手臂環住我的腰，低頭對我微笑，並說：「完全同意。你一定要搬來跟我住。」我猜他跟老媽策劃了這場戲，因為我一點都不想搬去跟他住，但他後來承認他完全沒預期到這個，即使他的確想要我搬過去跟他住，但除了同意老媽，他不敢做其他任何的動作，因為他猜我爸會射殺他，在某種只要牛奶不要牛的情況之下。這情況下我就是那頭牛，顯而易見。我跟維克多說，他的想法太荒唐了，即使老爸確實有幾個裝滿槍枝的槍櫃，但他唯一使用過的武器是弓箭，因為這「比較有運動家精神」。我想起來老爸的確提到上週正在挑選一把新的十字弓，但我決定還是先別提這件事。維克多皺起眉頭說大部分的人不會有專門給武器的家具，我開始懷疑維克多不是從德州來的。然後我們開始盯著對方瞧，像是我們不懂對方到底出了什麼問題。這應該就是第一個與我未來命運有關的警告。

當時維克多與我都是窮大學生，於是我們在鎮上最糟糕的區域租了一間小小的、只有一張床的房間，然而一切卻很棒。只不過隔壁房間住著精神有點問題、不曾離開過房間的隱士，他會從房間窗戶對我揮手偶爾會穿著褲子。我不太確定上個句子的逗點要擺哪，因為「偶爾」同時修飾「揮手」和「褲子」。如同像是他偶爾對我揮揮手，並且（在他對我揮手的情況下）他偶爾會穿著褲子。但他這樣做不像是驚世駭俗的「看看我的老二」舉動，比較像是悲哀的「我精神不穩定到我不知道褲子該怎麼穿」。

一對友善但睡眼惺忪的夫妻住在我們對面，似乎從事製作和銷售杯子蛋糕的事業，生意興旺的樣子。只不過把「杯子蛋糕」改成「冰毒」。「杯子蛋糕」比較好聽。除非你真的很喜歡冰毒。那麼我想你應該對於杯子蛋糕沒有興趣。除非他們是冰毒杯子蛋糕。那聽起來很糟糕，但賣相應該像厚煎鬆餅。這名字很適合冰毒杯子蛋糕，如果真有那種東西的話。喔，天呀，這商業計畫自己跑了出來，幫我找個創業投資者。

老媽第一次來新公寓拜訪我們時，她看起來有點擔心，想著催促我搬出去的決定是不是錯了，但我跟她保證我們很開心，以上（就某方面來說）是種非傳統的鄰區守望計畫，因為技術上來說，冰毒製造夫妻和閉門不出者總是在家，能幫我們簽收包裹，還能幫忙注意鄰區內闖空門者（我們都懷疑是住在樓下公寓的人）。這是個令人感到不太舒服、滿是魯莽行為的社區，但我們當時都很年輕，還不知道被槍打到有多痛，因此我們對於危險不予理睬，而我們也開始學習怎麼跟絕對注重細節、有點強迫症（呃哼……維克多）的人；以及與總是不停意外地用熱熔槍把自己與地毯黏在一起、精神狀況不是很穩定，但「至少我還記得怎麼穿褲子」（咳嗽……那就是我）的人過生活的過程。維克多說把我自己跟隔壁裸身隱者相比，實在不是很強力的精神健康指標，特別是我也常不穿褲子。對於他貌似誘人的評論，我挑眉看著他，直到我明白他指的是有次他看到我半裸，因為我把牛仔褲用熱熔槍黏在地毯上的事。

但儘管如此，維克多仍以很奇怪、詭異的方式愛著我，最明顯的證據就是他對我求婚的那天。但那是在下個章節。

（不用以章節數來決定這本書的價格，你不覺得開心嗎？這個章節一定會讓你覺得被敲竹槓，因為它就像《神鬼奇航2：加勒比海盜》（*Pirates of the Caribbean II*）一樣吊你胃口。我絕對不會這樣對你們。再者，你知道在俄羅斯某些地方，你上廁所必須要付錢嗎？雖然說這有點離題，但老實講，這是搞什麼鬼？我絕對不會為了上廁所而付費。那就像你付錢給別人，只是讓你將自己的垃圾丟在小垃圾桶裡。如果我去俄羅斯，我一定要不停尿在地上。）

從來沒有人教過我沙發禮儀

在維克多告訴他爸媽我們已經同居之前，他堅持我必須親自去數小時車程之外的德州密德蘭與他們見面。密德蘭是個大石油鎮，在我心中，住在那裡的人都是百萬富翁。維克多向我保證他們家並不富裕，但他一直教我怎麼分辨吃魚叉和點心叉。當我走進他父母的家，我注意到桌上有個巨大、豪華的插花以及天窗，這時我開始有點換氣過度。維克多的繼父剛好遠行，而他媽相當文雅，讓我覺得我應該要戴上小小白色手套才來見她。

維克多的媽波妮邀我坐在沙發上，於是我就這麼做了。但當我的背擦過沙發靠枕，維克多突然嚇到並睜大著眼瞪著我，好像我剛刺傷家裡狗的耳朵。他對著我清了清喉嚨，我很快地坐正，他則偷偷地把靠枕弄平整，然後對我低聲說：「那些靠枕只是用來裝飾的。」這也是我第一次學到有錢人的規則。他們從來不用靠枕，這問題很大，因為靠枕就是讓人依靠的。

波妮說失陪一下，她要去替我們弄些混合飲料。我想她應該是要打電話給她老公，說兒子帶來低級的流浪女。「你會喜歡這個，」我能在腦中聽到她這樣說，「她甚至不知道怎樣正確使用靠枕。我猜她可能是個無業遊民。」

我緊張地拉著維克多的手臂，告訴他在我造成更多傷害之前，我們應該要先開溜。他看著我，好像我瘋了。「我們留一張紙條，」我解釋著，「我們留一張紙條說我們看到外面有隻猴子，我們要抓牠。」

「你正在嗨嗎？」他懷疑地看著我的瞳孔。「拜託，冷靜下來。她會喜歡你的。只要不要坐在沙發靠墊上。」

我困惑地看著他，他則是拍拍我的手，一邊不太自然地笑著，一邊要我放輕鬆。我嘆了口氣，聽從他的話，整個人垮了下來，盤腿坐在地板上。盤腿坐沒關係是因為我穿著牛仔褲，老實說我在地上感覺比較自在。維克多低聲說：「你在搞什麼鬼？」我回他：「老兄，我真的做不到。我遭受你家該死的靠枕威脅。這段關係顯然行不通。」

在他媽進來房間前，他急著把我拉起來，但我一點都不擔心，因為做混合飲料需要很久的時間。「你不能坐在地上。你是什麼？七歲小孩嗎？」

「老兄，你剛才說，叫我不要坐在靠枕上。」

「是裝飾靠枕，」他試著解釋，一邊猛拉著我坐回到他身旁沙發的位置，「你當然能坐在靠枕上。這就是靠枕的功用。」

「你為什麼不教我沙發禮儀？」

我想我可能有點大聲，因為維克多的媽拿著飲料進房間時，用奇怪的眼神看了我一眼。我覺得好緊張根本沒辦法思考，於是我很快地喝下可能是世上最難喝的混合飲料，（在一陣咳嗽之後）我才明白「混合飲料」其實指的是某種加蘇打水的酒，並不是真的混合而成的飲料。確定我不會死之後，波妮為了填滿尷尬的無聲時刻，拿出維克多穿著晚禮服與許多不同女孩在一起的照片給我看，照片裡的女孩頭髮都非常有型，穿著正式洋裝，很可能從來都沒聽過麵包袋鞋。當他媽滔滔不絕地說著維克多與這些女孩一起出席的初次社交舞會，維克多翻了翻白眼，而我則是點點頭，試著看起來有禮貌且有興趣聽她說。然後，她問我什麼時候「出來」（came out），我回說：「喔，我不是同性戀。我正跟你兒子約會。」我想這一開始就很清楚了。維克多開始大聲咳嗽，而波妮看起來一臉困惑。但後來她分心了，因為維克多的咳嗽聲聽起來像是吞了自己的舌頭，之後維克多立刻說我們該走了。

在回家的路上，維克多解釋「出來」指的是女生成年時初次進入社交舞會。我說他的解釋很像衛生棉條的廣告，他於是翻了白眼。我對他大吼，因為他花了那麼多時間教我怎麼正確使用叉子，但我們根本就沒有留下來吃晚餐。而他則回我：「你甚至不會正確使用該死的靠枕！」他說的有道理，於是我安靜地坐著，因為當你活到現在都用錯誤的方法使用靠枕，你很難有自信地與對方爭論什麼。

在回家的路上，我們去了冰雪皇后（Dairy Queen），這讓人感到放鬆，因為它們只會給你一套餐具，除非你點的是花生核果冰炫風，那他們就會給你另一隻較長的塑膠湯匙，你能用它舀起杯底的奶油軟糖。而在湯匙手把尾端還有冰淇淋甜筒的圖案，以防你搞混它的用途為何。這時我開始發表冰雪皇后比高級餐廳還好的原因，維克多盯著我看，整個人很入迷，好似以前都沒有人這樣想過，或是他在想我到底是怎麼了。這個神情會在我們在一起的最後一年臻至完美。

我深呼吸，身體向前傾嚴肅地看著他。「瞧，這就是我們。我是冰雪皇后冰淇淋湯匙，而你就是蝸牛湯匙。這就是為什麼我們之間行不通的原因。」

維克多停頓了一下，身子越過桌子靠向我，低聲說：「叉子（fork）。」我回說：「我不懂……這是有錢人說髒話（fuck）的方式嗎？」他憋著嘴笑，好像努力不要笑出來，並說：「不是啦，你用叉子吃蝸牛，不是湯匙。」我大聲說：「沒錯，這就是我要說的。」而維克多笑著說：「我不在乎你不知道蝸牛叉子是什麼。我覺得你不知道這件事很可愛。你以後就會知道所有東西。或是你

我跟維克多在他爸媽家沙發上的真實照片。請注意到維克多一靠近沙發靠枕就會表現出不舒服的樣子。他好像擺好姿勢準備離開靠枕。在這時，我仍覺得我是瘋狂的一方。

不會知道。其實一點都沒關係，因為我碰巧就是喜歡冰雪皇后湯匙。」我有點遲疑地笑了，因為他自信滿滿的樣子，很難不讓人相信他說的。雖然我的確猜測他只是在示好，因為他不想在冰雪皇后的店裡被一個不知道正確使用沙發的女孩分手。這大概是被分手最糟糕的方式吧。

只是一般的訂婚故事

中學時期，我讀了很多丹妮爾・斯蒂爾（Danielle Steele）的作品。我總想著訂婚的那天，我會脫光光，然後全身覆蓋玫瑰花瓣，然後與綁架我的男人的兄弟上床。

他也會是名公爵。

也可能會是我沒有血緣關係的兄弟。

我們之中有一個會被碎威士忌瓶子刺傷，並且／或是被強暴。

最後我只有猜對一個部分：我們之中有一個會被刺傷。

那時是一九九六年，維克多跟我都還是大學生。他晚上當DJ，而我則當十名情色電話女郎從事電話行銷。當時我們已經同居了一年，維克多認為是時候該結婚了，於是（為了像搖滾明星一樣的浪漫）他決定在廣播上求婚。唯一的問題是，如果他在廣播上，他就沒辦法在我身邊讓我說好，於是他決定當晚休息，弄了一段錄音，像是他打電話進電台節目與替他代班的傢伙說話。他計畫讓我聽到廣播上的求婚錄音，然後單膝下跪，伸手遞戒指給我，但他不知道該怎樣確保我守在廣播前，於是提議開車去兜風，就能在車上聽代班ＤＪ的廣播節目。因此我們就這樣做了。整整該死的六小時。

晚上六點：我們已在車裡待了半小時。我餓了。

晚上六點半：我餓了，但維克多拒絕停到路邊找東西吃。

晚上七點：維克多表現出一副很奇怪、緊張不安的樣子。我開始懷疑他要殺了我。我知道這聽起來很跳 tone，沒有什麼邏輯，因為這個男人就是為了洋芋片，打了我鼻子一拳，然後大哭的人，但我總是懷疑維克多人好到不像真的。我覺得相較於相信他要娶我，我比較容易相信他要謀殺我。

晚上七點半：我假裝如果他再不帶我去吃東西，我就要昏倒的樣子。維克多相信我一離開車子，代班ＤＪ就會播放那段錄音，於是他堅持我們去塔可鐘的得來速。

晚上八點：我們在點墨西哥餅時，維克多拒絕關掉廣播。我猜他想要蓋掉我的聲音，以免我要收銀員打電話報警。

晚上八點半至十點半：維克多開車繞圈圈。我想要尿尿。維克多不讓我離開車子。他滿頭大汗。我暗自在想他會把我的屍體丟到哪。

晚上十點半至十一點半：想要上廁所的衝動遠比想要逃跑的衝動更加急迫。我開始猜想維克多打算讓我因膀胱爆掉而死。他緊張地笑了，而我則在想我是否會讓自己尿失禁。

晚上十一點四十：沒有，但也不是沒有嘗試。

晚上十一點四十五：離代班ＤＪ下班的時間還剩十五分鐘。維克多瀕臨崩潰邊緣。我則在即將尿失禁的邊緣，就像當你想吐，然後覺得吐出來的同時尿也會跟著噴出來。我開始考慮跳出正在移動的車，因為即使我尿在自己身上，驗屍官也不會評斷我，因為當把自己拋出移動的車時，誰不會尿失禁啊？大家都會，就是這樣。

午夜：維克多嘆氣，然後把車子轉進我們公寓前的停車場，然後呆呆地盯著車前的大垃圾桶瞧，看起來十分挫敗、沮喪，這時我替他感到非常、非常難過。我把手放在他的手臂上，他接著悶悶不樂地嘆了口氣，像是一事無成。我想要鼓勵他，但鼓勵一個可能因為沒有確切殺掉你而鬱悶的人感覺有點怪。這時我突然想到：「當你想要讓想殺你的人比較容易殺掉你，這一定就是愛。」這時我才覺得我實在太愛他，即使這會傷害我自己。我可能也需要心理治療。

這時我也注意到他突然緊張起來，因為他的聲音出現在廣播裡。然後我想我確實要被殺死了，因為這就是完美的不在場證明。當他們發現我的屍體時，這讓他聽起來像在廣播電台。但我注意到他正盯著我看，嘴角上揚微笑著，我聽到維克多與ＤＪ在廣播裡談到一個他遇到並且愛上的女孩，以及每次節目最後他都會播放史汀的《當我們共舞》（When We Dance）當作結尾，也當作對這位女孩說的無聲「我愛你」。他說他對她的愛已滿溢，想跟她求婚。在該死的廣播節目上。

然後我轉身，維克多靜靜地打開我的車門，跪下來，手中拿著鑽石戒指，戒指小小的，因此我知道的確是他自己買的。於是我說願意，部分是因為我愛他，有部分是鬆了口氣，因為知道自己不會被殺害，還有部分是因為我知道除非我答應嫁給他，不然他絕對不會讓我離開車子去尿尿。我接著親吻他，而他仍是維持跪姿，堵住我的出路。我問他我是否能去廁所，他對我露出一臉痛苦的表情，我想是不是我搞砸了他的浪漫時刻，但後來他直起身子，我注意到他意外跪在一堆碎玻璃上，這好讚，因為沒有什麼比得上求婚記以需要去打破傷風作為結局還來得浪漫。

如果當時我不是急著要尿尿，我可能會告訴他，我們應該再等一下，因為老實說，我知道我內心支離破碎的情況有點嚴重到不適合嫁給任何一個人。但等到我從廁所出來，他已經告訴我們認識的每個人我說「我願意」。

我好幾次試圖說服維克多，跟我求婚是非常糟糕的錯誤，我堅持他跟任何一位初次進入社交舞會的舊識在一起都比跟我在一起好，他駁斥這是缺乏自信。甚至當我跟他保證我有點瘋狂，他只覺得我誇大其辭而不予理會，因為他見識過我稍微驚慌失措以及偶爾崩潰的樣子。他以為最壞就是那樣。

在我們訂婚之後的某天早晨，維克多伸手越過我拿東西，他突然停了下，慢慢地坐起來。他用小心謹慎的語氣說：「親愛的……？你是不是……你是不是尿床了？」

我說：「什麼！？我當然沒有尿床！」然後我想：「啊！我真的尿床了嗎？」我摸了一下旁邊，沒有感覺到任何東西，然後我看到一大灘水慢慢從羽絨被上面漏到我和維克多中間的凹陷處。然後我大叫：「我的老天，是貓尿啦！」我把羽毛被從身上丟開，而貓尿就灑向四處。

維克多跳下床，一邊乾嘔，一邊咒罵我跟貓，接著我想到——儘管他想到我尿在他身上就覺得噁心——他仍努力保持冷靜、體諒的樣子，顯然因為他認為我只是瘋狂到會任意尿在他身上。這時我想也許我們真的有機會能在一起。

我仍舊對維克多感到抱歉，因為他真的知道我心裡有點問題，但他也認為我天生就很瘦，因此他有點期待「瘋狂」，但我想他期待的是熱情、性感的瘋狂。接著維克多堅持我得去看學校裡的精神科醫生，他開導我遠離厭食症，而我立刻胖了三十磅，這很健康，但一點都不性感。同時，我突然開始吃固體食物，因此我花的錢遠比維克多一開始預期的還多很多。基本上，他得到一筆很爛的交易。

而我遠比我透露出的還瘋狂。

這不是燉湯

我總覺得自己只有一點時間能討好即將成為我姻親的公婆，而維克多在結婚前卻有一年的時間能慢慢騙取我爸媽的心，這好不公平。

因為這對我們兩個來說都不容易。有一次他到我們家吃晚餐，老媽跟我坐在客廳沙發上，從我們的位置可以看到老爸踮著腳尖進入客廳。他把手指放到嘴唇上示意我們不要讓維克多知道他在身後，而一隻活的山貓夾在他右手臂和身體之間。如果我有足夠的想像力，能想到老爸把一隻活生生的山貓丟在我想要留下深刻印象的男孩身上，這可能就會是我把男生帶回家裡見我爸媽時最糟的惡夢。我假設老爸意外將一隻山貓留在屋裡，然後睡著了，當他醒來才想到自己鑄下大錯，然後就聽到維克多的聲音，因此他現在偷偷摸摸地想從後門溜出去，那麼維克多就不會覺得我們是那種會把活生生的山貓養在家裡的家庭。不幸的是，那一點都不是老爸的意圖。當老爸靠近維克多，用他宏亮、快活的聲音大喊：「哈囉，維克多！」同時把活生生的山貓丟向他，我的眼睛因恐懼而睜大。

讀到這裡，大多數的人會認為這是老爸讓未來追求者害怕他的方式，這樣他們就會對他的女兒好，但這一點都不是他擔心的事。把山貓丟在我或老媽身上，他會一樣的開心，但我們對老爸試圖保持安靜時製造出來的恐怖聲音已有超人般的警覺。老爸會反駁說，這是小型的山貓，而不是在後院裡的那些成年山貓，他正在照護這隻小山貓，好讓牠恢復健康才能放回野外。老爸那時有養幾隻大山貓，但牠們很少進屋子。如果老媽發現有山貓跑進房子裡，她就會發出噓聲，用掃把趕牠回去屋外的山貓籠。我有次問老媽倒底為什麼爸會養山貓，她說因為「他要收集山貓尿。」因為，對啦，誰的老爸沒有某種收藏？（對了，給那些不在山貓國的人，山貓就像小型、容易被低估的老虎。如果可以，牠們會避免正面衝突，但太過逼迫牠們，牠們會高興地把你的臉啃爛。牠們就像小型投藥不足的獾，最好避開牠們。）

即使我曾想過，如果一個大鬍子男子把一隻活生生的山貓丟到維克多的身上，他會如何反應這事，我不認為我能夠預知他真實的反應。維克多的下巴緊縮，身體僵硬，因為驚嚇，兩眼睜大盯著山貓看，然而他仍舊保持完全靜止不動。然後（令人佩服地避免任何突然的動作）他困惑地抬起頭看著我爸。也許維克多期待看到我爸尷尬的表情，因為他一定是不小心把山貓拋向他，或是因為他認為我爸看到山貓在他大腿上，會表現出一樣的害怕驚訝，然後叫他保持不動，等他拿鎮靜槍來。相反地，老爸笑開懷，伸出手來跟維克多握手，好似意外出現的山貓並不在維克多的椅子上一般。（我可能得說那是一隻看起來也嚇壞了，同時也很生氣自己被放在這麼奇怪的社交情境裡的山貓。）維克多謹慎地盯著山貓（正發出嚇人的聲音，一般山貓發出這種聲音是要讓你們清楚了解牠們不是家貓，也不喜歡你們依偎著牠們）然後維克多看了我一眼，好像在決定我是否值得。他深吸了一口氣，然後在座椅上以慢動作的方式轉身，跟老爸握手。「亨利。」他點點頭打招呼，簡短地說，但他的聲音只透露出些許的恐懼。接著他轉回身面對老媽繼續聊天，好像沒有什麼比這更自然的事。這很厲害，我想這刻他贏得我們所有人的尊敬。甚至那隻山貓似乎也知道，牠待在維克多的身邊比待在總是把牠丟到別人身上的魁梧男子身邊來的安全，然後牠依偎在維克多的身邊，忿忿不平地看著我們其他人。

維克多之後告訴我，他當時嚇壞了，不過在他小時候，他爸有隻叫索尼的美洲獅，所以他了解有些人就是喜歡異國寵物。我們有共同的事情能讓彼此更靠近也不錯，但不同的地方是他爸擁有直升機、保時捷以及美洲獅寵物，因為他有錢又招搖，而老爸養野生山貓是為了牠們的尿。我沒有點出這些相異之處，因為我們正處於親近彼此的時刻。也因為我自己無法完全解釋尿液的事，雖然之後有人告訴我這僅是某些人用來嚇走庭院裡有害動物的天然方法。但如果你要嚇走的有害動物是山貓，那麼你就是搞笑了。

免責聲明：這些不是維克多最好看的照片，山貓也是。

為了某些原因，維克多非常在意我爸媽對他的看法，於是他致力於贏得他們的認同。維克多幫老媽重建一台老舊的肌肉車（muscle car），立馬獲得她的認可，但老爸總是待他像是我沒說就邀請我的會計師來吃晚餐一般。如果我們曾有位會計師，就是這樣。維克多試圖成為有男子氣魄的人來贏得老爸的贊同，他的做法就是請老爸教他製作動物標本。他們兩個對這件事情都不太樂意，但都為了我裝作很開心去做，儘管我已經告訴他們，這個主意很糟糕。維克多首次（也是唯一一次）從事標本剝皮製作結束時，他看起來身體不太舒服，而老爸則一臉困惑。

「發生什麼事了？」在老爸走去躺下休息時，我小聲詢問維克多。「你吐了嗎？幾乎每個人第一次製作標本時都會吐，」我安慰他，「我相當確定這很正常。」「沒有。」維克多回答，他的手臂遮住眼睛好像嘗試擋掉影像一樣。「沒有，你爸已經弄好標本了。我只需要稍微修飾它。是頭黑山豬，你爸要我幫它嘴的內部塗上顏色，因為那是好玩又快的新手工作。」事實上，是我建議老爸給維克多某些簡單又不複雜的工作做。

「然後呢？」我問。

「我花了六個小時上色。六個小時。用噴槍。」

「哇。這真是……這真是花好久的時間替野豬嘴上色。最後結果如何？」

「它看起來像……」他停頓了一下，有點憂傷地盯著天花板。「你知道，就有點像弗萊德・弗林史東（Fred Flintstone）打扮成女生的樣子？」

「喔。」我咬著下唇，故作嚴肅，因為我知道嘲笑只會增加汙辱。我拍拍他的手臂安慰他。「那老爸怎麼說？」我謹慎地詢問。

「他什麼都沒說。他只是沉默地看著野豬，然後帶我離開它。我從沒聽過他這麼安靜。然後他要我替他將狩獵弓上弦。我做到快得疝氣了。我到外圍去試射弓，差點射到自己的腿。真的。我幾乎要射到自己。在腿上。我猜你爸期待我意外把自己射死，然後他就能告訴你有悲慘的意外發生了，然後你只能繼續過你的日子，然後找個不會把野豬畫成廉價男妓的人在一起。」

我試著說服維克多，老爸很喜歡他，但我記起兩個禮拜前，老爸試著教維克多燧石打製（美洲原住民用石頭做出弓箭頭的技藝），而維克多做得出人意料地好，一直到他割傷自己，血流之多，多到我們猜想他會不會是割到動脈了。「你確定要嫁給一名血友病患者？」老爸一邊找東西當止血帶用，一邊低聲跟我說。「這是個遺傳特徵，你知道的。」老爸有可能正試著要殺掉他。

情急之下，維克多決定要用北美郊狼的臉、死掉的烏龜加上編製的皮手環，為老爸做一個正統美國印地安藥袋當作禮物。他完成恐怖的手工案子時，得意洋洋地拿給我看。我盯著沒有眼珠的郊狼臉看了好一會兒，然後就回頭讀我的書了。「這很厲害吧？」他強調著（有點焦躁不安），我有點漫不經心地聳聳肩，承認這的確看起來像老爸會喜愛的東西，畢竟老爸的確莫名地喜愛撿拾在馬路上被撞死的有趣動物，然後用多餘的動物身體部位創造出神祕的標本生物。我沒有跟維克多一樣的熱忱，他因此生氣了，於是他不耐煩又輕蔑地對我揮手，說我是「女生」，無法了解用男人味的禮物贏得未來新娘爸爸的心是多麼具男子氣概的嘗試。

「你可能是對的，」我承認道，「我很難理解男人替另一位男人做錢包這件事所包含的全然男子氣概。」他接著澄清（相當大聲）它是藥袋，而我回答：「喔，我不懂這些事，我從未擁有過郊狼臉錢包，因為我從來都搞不懂要拿它配哪雙鞋。」維克多怒瞪了我一眼，說我不懂，而我也同意，同時把這件事怪罪於我的陰道，因為這看起來就是我們兩個當時在做的事情。然後，維克多挫敗地嘆氣，親吻我額頭，以不是讓人很信服的方式跟我說他很抱歉。我猜他會這樣做比較跟他意識到自己是名性別歧視者沒關係，而是因為他害怕跟我的陰道爭執。這是很聰明的作法，因為我的陰道詭計多端。

最後揭曉，老爸很愛他的動物臉錢包，並且把它掛在壁爐上最醒目的位置，直到今天都還放在那。維克多贏得老爸的尊重，用的就是死掉動物做成的包包。我在想是否有種我能嘗試的祕密組合，讓維克多的爸媽樂意接納我。他們也不是不喜歡我，而是他們在我旁邊時感覺不太自在。他們很有禮貌、和善，但看起來有點困惑。就好像他們的兒子意外出現，脖子還有著讀起來是「做義大利麵給我」的刺青。他們顯然目瞪口呆、困惑，甚至可能感到有點受傷，但他們顯然明瞭現在要做任何改變都太遲了，於是他們有點遲疑地讚美他脖子上難以理解的刺青，而且他們的兒子還打算娶它做老婆。

這樣的情況在我們婚禮前一天發生的事情上最清晰可見。當天維克多帶著他媽與繼父來我爸媽家，讓雙方父母在婚禮前先見面。老媽與我說服老爸留在屋外的標本剝皮製作店裡，直到我有機會讓他們喝一杯小酒安撫他們，並在帶老爸進來之前，再次保證我們其實相當正常。不幸的是，當維克多開車載著他爸媽來到我家時，老爸聽到了，揮手示意他們前往標本店後面的空地，老爸在那裡升起一堆大火。火堆中央架著一個巨大的金屬鍋子，裡面的液體正滾沸翻騰，他一邊拿著掃帚攪動著鍋子，而上升的水蒸氣讓他灰色的頭髮飄動。維克多這時就該揮手，假裝他們聽不到老爸在說什麼，然後很快帶著他爸媽進來我家；但他卻緊張地笑著，協助他媽，因為他媽左右揮手趕走到處走的雞隻的同時，她優雅的高跟鞋則深陷在泥巴裡。老爸過人的身高對於維克多與他的爸媽有相當大的壓迫感，但他仍一邊持續攪拌沸騰的鍋子，一邊用宏亮的嗓子熱切地歡迎他們。我未來的婆婆揚起眉毛看著奇怪、冒泡的鍋子，試著寒暄，於是有點顫抖地詢問：「那麼，你在煮什麼？」她試著微笑，有點遲疑地向前探。「這是……燉菜嗎？」

老爸溫和地輕笑出聲，和善地微笑，像對小孩子一樣回答：「不是。只是滾燙的頭骨。」他接著用掃帚戳起一塊上面仍有肉的牛頭給她看。然後牛眼珠就從牛頭掉出來，朝他們滾去，停在我未來婆婆的設計師高跟鞋旁，好像試著偷看她的裙底風光。於是我未來的公婆跌跌撞撞地走回車上，很快離開了。我要到婚禮當天才看得到他們了。

儘管如此，他們的確咬著牙，一邊勇敢地試著接受我成為家裡的一份子，一邊以極度的惶恐不安和慢動作，有點遲疑地歡迎我進入他們的生活。他們尊敬我的同時，也帶著同等的不安感，好似我隨身帶來一種危險的不安定感，會威脅到他們的生命。

婚禮那天，當我步上紅毯時，我確切記起、也認出維克多爸媽的眼神，我頓了一下，認出在很久之前我也在維克多的臉上看過同樣的眼神。那時我才意識到，我已經變成房間裡意外出現的山貓。而我完全明白那隻該死的山貓到底有多害怕了。

七月四日結婚日

維克多與我在七月四日結婚。這很像《七月四日誕生》（*Born on the Fourth of July*）那部電影，除了輪椅比較少和湯姆・克魯斯不在那。再者，我從來沒有看過《七月四日誕生》，因為它看起來有點陰鬱。但平心而論，我對我自己的婚禮記得的部分很少，所以很可能湯姆・克魯斯有去，而我只是忘了。下一次（或是第一次）遇到湯姆・克魯斯時可能會很尷尬。

婚禮當天，維克多與我都有疑慮。

我有疑慮因為我才二十二歲，不太成熟，也不懂怎樣當人家的老婆，更重要的是因為我當時穿著的禮服（參見「二十二歲和不成熟」）。命運奇怪的安排之下，維克多在一間即將結束營業的禮服出租店買了我的新娘禮服。它是很怪的雪白色、以珠子裝飾外加有個蝴蝶結的禮服，看起來就像黛安娜王妃與郝思嘉（Sarlett O'Hara）都會覺得「徹底太超過」。每個鼓起的澎澎袖都比我的頭還大，看起來裡面還塞滿報紙（我猜是紐約時報周日版），而環圈裙將數碼長的白色皺褶往外撐，規定我身旁半徑五英尺的範圍需保持淨空，因為只要有任何東西壓到環圈的底部，禮服的另一邊就會突然抬起來，打到我的頭。這件禮服實在很華麗、純白無瑕而且需要精心維護。而我絕對不會替自己選這件禮服，但維克多強調這件禮服「好適合我」，他這樣說應該不是在汙辱我，而是他預見我未來某天可能變成的樣子。他在很多方面都錯了，多到我算不出來。

不是只有我有疑慮。維克多有疑慮是因為兩個禮拜前我們發生我稱作是「非常糟糕的約會」。維克多仍稱它為「你幾乎要殺死我的那次」。（**旁註：現在他稱之為「第一次你幾乎要殺死我」**。）然而維克多不是寫書的人，主要因為他是個很糟的過度反應者。真相是這樣的，有次我們在太陽下山後開在荒涼的鄉村小路，因為維克多在找蛇。刻意地。去年一整年，他開始迷上蛇，而且還開始賣蛇兼職賺錢：他在入夜之後，尋找在空盪、有熱氣路上取暖的蛇，抓到之後，馴化牠們，然後賣給同是喜愛蛇的同好。他非常擅長辨認出無害、易於馴化的蛇，也聽從我的警告，不要打擾有毒、又具攻擊性的蛇，直到我們開車遇到一隻看起來似乎被車輾過的巨大響尾蛇。維克多把貨車停下來，我叫他不要出去，但他說他看得出蛇已經被撞爛，叫我把聚光燈拿高，他才能確定蛇已經死了，不是仍在受苦。我建議再把牠輾過幾回，但維克多看著我好似我說了什麼荒謬的話，接著他慢慢走出車外。我有點猶豫地開了我的車門，但拒絕走出車外，而是站在貨車地板的邊緣，整個人探出靠近引擎蓋，我確定其他響尾蛇可能躺著等待著，計劃團體攻擊我們。維克多挫敗地回頭看著我。「過來，並把聚光燈拿來。你離的太遠了。」

「喔，我很好，謝謝。請你趕快回來貨車上。」

他一邊搖頭，一邊怒瞪我。「你有點信心，可以嗎？」

他蹲在響尾蛇的旁邊。「這是牠的頭。看起來牠的頭已經被壓爛了。」

「很好。現在快點回來貨車裡。」

維克多不理我，繼續戴上手套，彎腰撿起五英尺長響尾蛇的尾巴。「我們應該把這隻蛇帶回家給你爸。他可能會——喔老天爺啊！」

就在這時，「死掉的」響尾蛇突然開始很生氣地攻擊維克多的腿。不巧的是，我也是同一時間低頭躲回貨車裡，順便把探照燈帶回車上，只留維克多一人在漆黑的廢棄道路上，而他手上憤怒的響尾蛇試著要謀殺他。

「**把燈拿回來！**」他大叫。

「**我叫你不要去哪裡！**」我生氣地喊叫，同時也快速地把門鎖上（為了某種原因）並把所有的窗子都搖上。我很擔心也想幫他，但我忍不住認為他是自找的。

「**把燈拿回來，不然我會把這隻該死的蛇丟到車上跟你在一起。**」他令人驚訝的大叫，因為就一個要死於蛇吻的人來說，他聽起來生氣勃勃，也因為他錯以為我沒自動地把所有門都鎖上。他太不了解我了，我暗自想著。

我深吸一口氣，提醒我自己，雖然他是個白癡大男人，但他是我的白癡大男人，因此我把窗子搖下，搖到夠我手以及探照燈穿過的寬度，然後維克多仍舊看起來生龍活虎，但顯然很生氣。原來那條蛇還活著，也會攻擊人，但牠咬人的下顎被壓碎了，所以牠沒辦法咬穿維克多的皮膚。維克多用嚇壞的眼睛怒瞪我，接著用鏟子送這隻蛇上西天，然後才走回貨車。

他緩了緩呼吸，用略為克制的聲音：「你留我一個人。在黑暗裡。與一隻活生生的響尾蛇在一起。」

「不是。是你留我一個人。在車子裡。為了一隻活生生的響尾蛇。」我反駁他。「我想我們扯平了。」他盯著我停頓了許久。「但我原諒你了？」我說。

「**你幾乎要殺死我了！**」他大聲說。

「不是的，」我指出，「是一隻響尾蛇幾乎要殺了你。我只是個非自願的目擊者。我想要把車掉頭，然後試著把蛇輾過只為了救你，但你拿走鑰匙。再者，我不會開手排車。因此基本上我最後也會死掉，除了飢餓和曝曬而死是非常痛苦而且緩慢無比。假如有什麼的話，我應該會對你生氣。」

直到我開始為自己辯駁，我才開始感到生氣，然後我意識到其實我講得有道理。假如有什麼的話，我幾乎讓我們兩個都死掉，但維克多太短視近利以至於看不到那麼遠。

「你留我一個人。在黑暗裡。與一隻活生生的響尾蛇。」維克多重複低語。

「好吧，我對你有信心。」我甜甜地說。這是我在爭執時最喜歡用的一句話，因為對方很難反駁。我很常用這句話。事實上，這話很好聽，好聽到我會再說一遍。「我知道你能處理那隻蛇。有時候你只能有信心。」

我在婚禮前一個禮拜就是試著要有信心。就我個人而言，我害怕成為其他人關注的焦點，我只想要私奔到拉斯維加斯，穿著網球鞋在貓王艾維斯的模仿者面前證婚；但維克多是家裡的獨子，他的家人急著想要一個真正的婚禮，於是我只能放棄，然後進行結婚儀式。我從來不是個想要盛大婚禮的女孩，所以我從沒想過合燭（unity candle）和婚禮彩排晚宴。老媽跟我用熱溶膠、濾網和有花紋的頭帶做了一頂面紗，並且從地方生鮮超市買了蛋糕。

這是我們正式的婚禮照片。如果你不認識我們，你幾乎能想像我們在點滿蠟燭的舞廳裡翩翩起舞，而不是站在購物商場裡「希爾斯人像工作室」（Sears Portrait Studio）的背景幕前。商場的廣播裡仍舊播著萊諾・李奇（Lionel Richie）的歌曲。正是《在天花板上跳舞》（Dancing on the Ceiling）這張專輯。好像連購物商場都在嘲弄我們。

維克多與我對宗教不是很虔誠，因此我的祖父母賄賂了他們的教會，讓我們使用側邊的小禮拜堂。整個婚禮花了十二分鐘，因為我們請牧師把提到耶穌的部分幾乎都刪掉了。（「耶穌一定在邀請名單裡，」我們解釋給牧師聽，「我們只是不希望祂的致詞太長。」）接著我們在地下室進行二十分鐘的宴會，場地看起來就是地下室的樣子，只是更加沉悶。

當我們在教堂的小禮拜堂裡說「願意」時，以上的一切都不重要了。重要的是我們彼此相愛。當家人走向教堂階梯準備對我們丟撒鳥食，我們則躲在空盪的教堂聖堂裡，我要維克多保證永遠愛我。「對我有點信心。」他帶著驕傲的微笑說著。回想起來，我應該要求更重大的東西，像是「答應我你會永遠清理走廊上的貓嘔吐物。」或是「答應我你絕不會在完全理性的爭論之中，詢問我是否現在是『這個月的那個時間』，其實當下你需要做的只是道歉和停止當個混蛋而已。」

但是我沒有，因為當時我很年輕、不懂世事，希望有愛，而我試著有信心，並認為這就夠了。

有時，你只能相信。

還是家裡好

我們結婚後，我開始在人力資源處工作。維克多則是在電腦業工作。我們在聖安吉洛買了一間七〇年代的小房子，聖安吉洛位在沃爾鎮外，也是我們一起上大學的地方。這房子很快就充滿回憶。我確信「千禧年基本上是世界末日」的這件事也是發生在這個房子裡，因此在一九九九年新年的前夕，我把浴缸注滿水，當水龍頭的水變成血，我們還有東西能喝，但我的貓沒有注意到浴缸是滿的，於是掉了進去，汙染了浴缸的水。維克多嘲笑我的擔憂，這讓我很生氣，因為拜託，我可是為了我們兩個才這樣做的。然後他在離午夜前十五分鐘拋棄我，跑去檢查工作的電腦。

他開車離開前還不願意幫我把防暴槍上膛。數小時後他回來了，我為了擋住掠奪者而用沙發擋住門，但我太累了沒辦法搬動所有家具，所以我告訴他，因為千禧年的關係，門都壞了，他最好去車子下面睡覺。最後他說服我並沒有掠奪者，於是我開了窗戶讓他爬進來。

這些是我所擁有的開心回憶，因為一個月後維克多接受在休士頓的工作，把我留在這裡，並賣掉我們的房子。他替我們找了個新地方住，希望我一、兩個禮拜之內過去休士頓跟他住，但一旦有機會離開我總是想逃離的小鎮，我突然發現我有多麼不想離開。我想到要住在大城市裡就很害怕，於是做了所有可能阻止房子賣出去的事情。我把車子直接停在「屋主自售」的牌子上面，這牌子是維克多離開前放置的，並且告訴數位前來拜訪的人（因為看到維克多在報紙上刊登的廣告），我們會賣房子是因為「我受不了住在曾發生可怕謀殺的房子裡」。

等了六個月，維克多開始懷疑我在拖延，於是回來把我帶去休士頓，並說我們就讓房子空著直到賣出。就在他回來的那天，他氣沖沖地從我車子的水箱罩上把「出售」的牌子橇下來（我把這一切怪罪在不存在的幫派歹徒，這些就是我跟潛在買家說半夜在街上遊蕩，尋找偷跑的寵物來吃的人），然後把牌子插回屋子前。兩個小時後，門鈴響了，維克多就把房子賣給剛路過的人。這個人計劃把房子給他女兒與女婿，而他說為了「增加屋外美觀」要安裝木製許願井，因此他開始丈量前院的草皮大小。我覺得對不起我們的家，也對不起我替自己做的一切。

待在休士頓幾個月之後，我了解這兩個地方並沒有太多不同，只有交通的改變，以及我父母沒先說就開著後車廂有死掉動物出現的次數變少。但令人驚訝的是，我發現自己很想念這兩件事。維克多試著說服我，這是段充滿壽司、博物館、文化以及嚇人的咖啡館的全新冒險，然而（就如同我對沃爾的感受一般）我咬著牙，忍受一切，因為確定我們很快就會離開休斯頓，回到西德州的家。然後，十年就這麼過去了。

每次回西德州，它都有些改變。棉花田被住宅區取代。牽引機升級並且變新。我開車在舊鎮區繞時，發現以前工作的冰沙店小屋已經被停車場取代。滑輪場廢棄、關閉了，它的牌子上滿是空鳥巢。我遇見維克多的那間書店現在不見了，而我祖父母的家在他們過世後很快就賣掉了。每過一年，老爸標本剝皮店似乎就成長一些，一直到它成為真正的事業，而我家旁邊的停車場總是客滿。有次我回家探訪，發現我的小學已經變成給懷孕青少女的替代學校，覺得很驚訝。每年暑假我都會待的遊樂場也被拆掉了。我跟妹妹一起散步走過遊樂場的殘骸，我撿了一小片瓦礫以茲紀念。現在，每當路過學校我都會別過頭，因為我只想記得它過去的樣子，那個有著危險的金屬蹺蹺板和最後在美國各地都消失的旋轉木馬的地方。今日剩下的只剩記憶中我最喜愛的盪鞦韆那令人安心的生鏽嘎吱作響聲，一遍又一遍，來來回回地在我腦海裡迴響著。

維克多與我前往休士頓後的數年，某個周末我們回到我爸媽家住，老媽驕傲地宣布聖安吉洛現在有人人都在談論的「一些新咖啡店」。我們開車過去看，以為會看到鄉村牛仔咖啡店，但卻看到一間星巴克佔著角落，就座落在我小時後就有的商店旁，看起來好像擺錯位置、很不協調。

「喔，謝天謝地。」維克多說。「文明終於來到西德州！」他這樣表示。

我覺得很煩。不是因為維克多把焦糖瑪奇朵跟文明畫上等號，而是因為我明白我總是期待回歸的小鎮已經不存在，至少跟以前不一樣。

那天稍晚我坐在門廊前，盯著我十歲時就開始仰望的星空，當時的我渴望前往只存在我心裡的地方旅行，像是埃及或法國，但那是孩子心中的埃及和法國，充滿了朦朧的幻象，包括完美金字塔、溫暖沙子和艾菲爾鐵塔，還有人們稱作「紅酒」的東西。它們都是這些地點的幻象，並不真實，那是遠早於我發現地圖上這些浪漫地點不只是漂亮圖片而已，也包含我想像不到的東西，像是政治紛爭、痢疾和宿醉。

那晚我盯著同樣的星空，但我並不想要那些東西。我不想要埃及或是法國，或是飛行航程遙遠的目的地。我只想回到童年生活，去拜訪它、去觸摸它，並說服我自己：對的，它曾是真實的。維克多看得出我在難過，但我沒辦法找到不荒謬的方式描述它。「沒什麼。」我說。「只是……你是否曾想念一個已經不再存在的地方？只存在你心中的某個地方？」

在前廊上他陪著我靜默地坐在搖椅上輕搖，不知怎麼回答，最後他把手臂環繞著我，告訴我所有事情都會好轉，然後就進去睡覺了。隔天一早他發現我仍在外面，在同一個搖椅上，擔心地看著我。他輕聲問：「你今天早上準備好回家了嗎？」

我沉默地輕搖，第一次意識到「家」不再是這個地方。家就是維克多在的地方。這是個既令人害怕又有啟發性的想法。於是我深呼吸，小心思考後才回答。

「是的。我準備回家了。」

這就像同時說哈囉和再見，維克多遠望著曾是棉花田的棒球場。他靜靜地說（好像是對著自己）我們曾經去過的地方的回憶，回想起來總是暈染上金黃色，比我們看到時都更加金黃。我訝異地點點頭，因為他知道的比他透露出來的還多。他說的沒錯，但我不知道這讓事情更好還是更糟。想念一個曾是家的時期，但現在卻只存在心中……或是想念一個從來都不存在的地方，不知道哪個比較糟？我無法回答，因此我走回屋內打包。為了回家。

我這禮拜留在家裡各處，一系列給我老公的有用便利貼

親愛的維克多：這條浴巾是濕的，而且你把它放在地上，而這是屋內最後一條乾淨的浴巾。我相當確定這是肺結核傳播的方式。我把這都寫在我的部落格上，避免我因為你的粗心而喪命。

親愛的維克多：這堆套裝是要拿去乾洗店的，但已經放在櫃子裡五個月了。你在家工作嗎？搞什麼鬼，維克多？

親愛的維克多：為什麼清理貓的嘔吐物都是我的工作？當我們在從工作分配罐抽籤時，我不也在這裡？到底有沒有工作分配罐？因為我想要重抽。我有注意到你

總是得清理貓砂盆，但那是因為我的子宮環隨時可能失效，而我會意外懷孕，然後被貓屎感染疾病，那麼我們的寶寶就會沒有手臂或腳。這是你想要的嗎，維克多？讓我們的寶寶沒有手臂？你好自私喔。

親愛的維克多：你讓我覺得噁心。看在老天的份上，為什麼你吃完披薩不會把空盒子一併丟掉呢？你的手臂是斷了嗎？你是有某種我不知道的病，讓你看不到空披薩盒的病嗎？

親愛的維克多：好吧，我剛記起來是我吃掉最後一片披薩的，所以我猜是我把盒子放著的。我仍把這張便利貼留著，那你就可以從中學習。壞壞維克多。

親愛的維克多：我不欣賞你在我用過的便利貼上留下消極抵抗的附註。事實上，它們一點幫助都沒有。它們都是酸言酸語。

親愛的維克多：如果你再把濕毛巾放在地上，我會殺了你。

親愛的維克多：你從乾衣機裡拿衣服出來時，要告訴我一聲，而不是把它們堆成一堆倒在床上。我看到衣服堆時，衣服已經冷卻了，然後我就得要把它們放回乾衣機裡，外加一杯水，然後再轉動乾衣機，這樣衣服的皺褶才會消失，然後我從乾衣機裡一次一件小心拿出來，然後再掛起來。這叫做「方法」，維克多。不要再評斷我。

親愛的維克多：事實上，不，我不懂怎麼使用熨斗。因為我們沒有熨斗。你之前怎麼都沒有注意到!?乾衣機就是我們的熨斗，維克多。再來，如果你能直接跟我說，而不是在便利貼上吼我，我會非常感謝。這些便利貼有教育功能。不是用來畫指著我，看起來很有威脅性的手指這樣的下流插畫。而且，你應該要用食指指著人。這是基本的指人的禮儀。

親愛的維克多：我已經在冰箱裡的某樣東西裡下毒了。祝你好運。

親愛的維克多：我很抱歉。我想我應該是有經前症候群。我不知道我是怎麼了。

親愛的維克多：那是我的道歉，你這討厭鬼！現在冰箱裡有兩樣東西被下毒了。因為你不知道如何接受人家的道歉。

親愛的維克多：我非常抱歉你覺得不舒服。我發誓我說在冰箱下毒的屁話只是開玩笑而已。我的意思是我的確把優格放在冰箱外，大概半天吧，但那真的是意外，因為地上的濕毛巾讓我分心。如果真有什麼，你自找的。再一次，我向你道歉。

親愛的維克多：我愛你，但我因為飢餓覺得有點虛弱。我知道你說你沒有對任何東西下毒，但我每吃一口東西，你就不懷好意地看著我，還很詭異地笑著，然後我就得要把東西吐掉。我只能認為這可能就是甘地不准吃東西時的感覺。

親愛的維克多：好吧，首先，你不知道甘地故意絕食抗議。我們所知道的是他也在避免食物中毒。歷史是存活下來的人書寫的，維克多。不是那些死於飢餓的人，因飢餓而死是由於他們的老公可能已經或沒有把房子裡所有食物下毒。除了，你猜是什麼？所有的一切都會在我的部落格上出現，我會記錄下一切，以防人們之後發現我骨瘦如柴的屍體，要為我伸張正義。將會有場快速、殘暴的清算大會。

親愛的維克多：棒極了。現下我們的便利貼已經用完了。我把這寫在今早你留在地上的毛巾上，因為我們顯然不再對毛巾有任何的尊敬。我要去便利商店買更多的便利貼，而且我要在那裏直接從盒子裡吃沒被下毒的全麥纖維脆餅，然後我就會恢復精神、重新充滿活力。還有，在走廊上的貓嘔吐物，我沒有清理。我受夠了，維克多。貓也是。我想你對牠下毒了。

親愛的維克多：我跟貓都將離開你。狗留給你。還有，我也決定不再買便利貼了，因為我不再需要跟你說話，因此我把這段話寫在你的擦手巾上。你再也不會聽到我的隻字片語。

親愛的維克多：我跟狗說牠得要跟你住時，牠哀哀叫，於是我也要帶走牠了。

親愛的維克多：沒錯，事實上我跟狗說牠得要跟你住時，我手上拿了包狗點心，但我不覺得這跟牠的反應有任何關係。對了，我們的擦碗巾也要沒了，所以這就是我給你最後的訊息。

親愛的維克多：好吧。就這樣。狗給你。我試著把牠放到車裡，牠卻尿在我身上。你們兩個是絕配。我把這訊息寫在狗的身上，因為剛好適合。對了，我找不到用來包裝酒的防護泡泡粒，於是我就把酒乾了。當我醒過來夠清醒能開車離開時，你就知道你會有多想我了。

親愛的維克多：哇。那……真失控。我把這隻貓當作謝罪禮。我原諒你在牆上寫關於我妹的內容，我也會忽略你寫關於我「大屁股」的內容（接下來把貓轉身）因為我愛你，而你也需要我。誰會愛你愛到把便條內容寫在貓上給你呢？當然沒有任何人。我還把一張我們婚禮的照片釘在貓的左腿上。我們看起來不是很開心嗎？我們能再一次那樣。你就停止把毛巾放在地上。這就是我所要求的。那樣說來，我是很隨和的人。還有，這隻貓需要減肥。貓身上不該能讓我寫這麼多字，而且還有空間剩下來。

後記：維克多原諒我了，而我們繼續幸福快樂的過日子，除了那隻貓，牠的腳截肢了，但那跟感染比較無關，而是因為牠太胖了，跟血液循環不好比較有關係。牠也是有點自找的。但牠現在比較瘦了。大概瘦了一整隻腿的重量。

免責聲明：這章大部分的內容都是誇大的，除了維克多在地板上留下一條濕毛巾這件事之外。那爛事的確發生過。我仍然試著克服它。

人力資源部不想讓你知道的黑暗、令人不安的祕密

將近十五年的時間，我在數個不同公司裡的人力資源部門工作，包括一個宗教型組織，而我的職責就是教導人們怎樣做才算適當和專業。是的，我的確看得出其中諷刺之處。

人資部門就是人們無法忍受時，前來抱怨並且／或是射殺人的地方。選擇在人資部門工作就像選擇在地獄的客訴部門工作一樣，只是更加令人感到挫折，因為在地獄至少你能同意撒旦真的是個大爛人而不需要服從公司的規定。人資部門就是人們順路拜訪，為了說：「這真是爛透了。」而人資職員會若有所思、專業地點頭，同時暗自心想：「哇。這真是爛透了。我好

希望這個人離開，我就能把這件事告訴辦公室裡的每一個人。」

當我在人資部門時，如果有人因著一個真的爛透的問題來找我，我會先行失陪，然後帶一位同事來做紀錄，而雇員就會放鬆一點，心想：「這裡終於有人認真看我了。」但通常我們會這樣做只是為了在你離開之後，能對整個對話瘋狂的程度有第二意見。「這爛事是不是跟我想的一樣瘋狂？」我之後會這樣詢問。事情總是如此。悲哀的是在一個組織裡，人資部門擁有的權力很小，除非實際的行政主管去休假了，那麼注意了，因為很多討厭鬼要被開除了。

有三種人會選擇進入人資這行：在學校時是告密者的有虐待狂傾向的討厭鬼、認為能改變他人生命具同理心（並且很快就不抱幻想）的理想主義者，還有像我們這些留在此地是因為公司其他部門裡最具娛樂性的災難事件，我們能看得最清楚。

不在人資這行的人總認為從事人資的人都是最正經和惹人厭的人，因為人資就是錶面上（ostensibly）[1]要確定每個人都遵照規定，但人們都沒想到人資是唯一得看A片才能領薪的部門。真的，這是偽裝成「檢視所有網路瀏覽歷史，為了確定其他人沒有在看A片」，但人們總是在看色情片，因此我們必須也得看，然後才能把內容列印出來作為調查用。這也是為什麼人資部門總是有彩色印表機，還有為什麼其他人都不准用這些印表機的原因。因為我們會把剛印出的A片內容忘在印表機裡。這是人資部門不想讓你知道的祕密之一，而在分享這些祕密之後，我可能會被人資聯盟排斥，人資聯盟就像魔術師聯盟（我也不屬於這個聯盟，因為我從沒被邀請加入任何俱樂部，還有我也不太確定這兩個聯盟是否存在）。儘管如此，一進入人資這行之後，我立刻開始寫日記記下荒誕不經、光怪陸離的故事，這些事情是不在人資這行的人絕不會相信的。以下是其中的一些故事。

上個月開始我們決定要把丟過來的求職信中最可怕的一些信存檔，這樣一來當我們工作煩燥時，就有東西能讓我們笑一笑。現在「絕對不要錄取這些人，除非我們下週都要被解雇」檔案裡，求職信的數量是「這些人有錄取工作的資格」檔案裡的兩倍之多。某些事情一開始做是為了樂趣，最後結果卻令人沮喪，你知道有哪個詞彙能代表以上意

1 你知道「錶面上」（ostensively）其實是錯字嗎？因為我不知道，而且顯然到目前為止我都在使用這錯字。「正確」的字顯然應該是「表面上」（ostensibly）。錶面上（ostensively）。

思嗎？請將該詞彙寫在此處。

・・・

今天有位女士前來重新申請工作。她寫道，她上個月才辭職，但現在想回來工作。在「離職理由」上她寫著：「這工作糟透了。再者，我的上司是個爛人。」她申請的是同樣的工作職位。於是我重新雇用她，並把她再次分配到之前的上司底下，因為我完全同意她的說法。那個傢伙的確是個爛人。

・・・

前兩個月，六位不同的男性在求職信的「性別」（sex）欄位，填上的內容有些許差異但意思都是「端看誰提出的」。有兩位回答：「好的，麻煩了。」而另一位則填入：「不用，謝謝。」我錄用了最後一位，因為他似乎有禮貌。

・・・

這天下午，有位應徵者寫道，她上一份在加油站的工作，因為她睡在一隻貓上（cat）而被解雇。辦公室裡的每個人都讀過這份求職信，但對於她到底在說什麼鬼的事情上面一直沒有共識，於是我們請她來面試。我問到她睡在一隻貓上面的事，她看著我，義憤填膺地回答：「什麼鬼？我從沒這樣寫。」我接著把求職信給她看，於是她說：「是車子（car）啦。我老闆發現我睡在車上。哦，為什麼我老闆要在意我睡在一隻貓身上？」

「嗯……為什麼你老闆要在意你睡在一台車上？」我問。

「因為我是唯一一位當班的人。但如果有任何車子開過來，我一定會聽到。我是個淺眠的人。我不是那種沒有計畫的人。」

這個故事的教訓就是，有時候你能前來面試，是為了幫助判定打賭的輸贏。

• • •

今天我面試了一個人，他的求職信上說他之前在「幫忙打手槍」（Helping Hand-Jobs）公司工作。我一讀到就被口水嗆到，一直咳嗽停不下來。我之後把這份求職信給隔壁辦公室的面試人員看。她告訴我說，她弟也曾在那裏工作，但之後辭職了，因為那裡的勞動工作讓他中暑。我聽到之後再次咳嗽，她意識到我的困惑，然後解釋這家公司的名稱應該是「幫手工作」（Helping-Hand Jobs）公司，提供雜工服務。各位，請不要小看標點符號的力量。

・・・

今天我必須跟一位把自己陰莖照片寄給同部門女同事的男職員談話。我知道那是他的陰莖因為郵件的主題寫著：「這是我的陰莖。」還有，他的名牌夾在皮帶上，照片上明顯可見。我一遍又一遍地在我的辦公室練習說著：「這是你的陰莖嗎？」直到我能說這句話而不笑場為止，我請他和他的上司進來辦公室。

「這是你的陰莖嗎？」我一邊把印出來的電子郵件推向他，一邊問。

我想我期待他冒冷汗，或是因為困窘而破窗而逃，但顯然我忘記這個男人與那位認為在辦公室廁所對自己的陰莖照相，然後把他寄給受到驚嚇的同事這動作是完全沒問題的男子是同一人的事實。相反地，他雄赳赳地（並不是雙關語）露齒笑並說：「我想比較好的問題應該是你到底怎麼拿到有我陰莖的照片？」

「它被電子郵件過濾器挑出來。我指的是照片。不是你的陰莖。事實上，如果這是你的陰莖的話。」我有點緊張，於是鎮定地深呼吸後，試著再次掌控整個情況。「你是不是寄了張有你陰莖的照片？」

他揚起一邊的眉毛。「如果我說我是寄別人陰莖的照片，這樣會比較好嗎？」

我想這個問題想了十五年了，仍舊沒有好的答案。我說：「並沒有。給同事一張有陰莖的照片一般是不被允許的。這有列在員工手冊裡。某種程度上來說有在其中。藏在字裡行間。」

「在員工手冊裡，是否有人資雇員給你一張有陰莖的照片，然後問是不是你的，有這樣的內容嗎？」

我想不到怎麼回答，因此我告訴他，他被解雇了，然後我記下我們需要更新雇員手冊，增加更多跟陰莖有關的管理命令。

・・・

到今天為止，我問過五個不同的男子：「這是你的陰莖嗎？」這是在他們的照片被電子郵件過濾器挑出來之後。（旁註：當我讀這段內容給不是從事人資的人聽，他們都會叫我停下來，然後說：「真的假的？真的有人會在工作時寄自己陰莖的照片給別人？」我解釋說是的，這種事發生的頻率約是每十五分鐘發生一次。如果我讀給同是從事人資工作的人聽的話，他們總會說：「真的假的？你在人資行業工作了十五年，然後你只問過五個男人有關他們陰莖的問題？」我解釋說不是的，我寫的這些都是發生在我從事人資行業頭幾年，接下來一段還有另一個案例。）但在那之後，這種事變得經常發生，因此我就不在日記上寫這類的事。我最終到了我能問說：「這是你的陰莖嗎？」而不會臉紅或是傻笑的程度。這就是我練習非常多次處理奇怪男子對自己的生殖器照相，然後為了辨認是否是他們的生殖器而詢問他們的經驗得來的。我從來沒有一次處理陰道相關的案例。可能是因為女性比較擅長讓防火牆抓不到她們的電子郵件，也因為她們不會使用像是「看看我的陰莖」的郵件主題。還有，陰道跟陰莖比起來似乎比較不帶有個人特色。因此「這是你的陰道嗎？」這樣的問題可能有點難回答。如果有人要我從一排陰道大頭照片裡挑出自己的陰道，我可能會很無助。也可能擔心我的陰道到底做了什麼事，需要照它的大頭照。

「這些是你的陰莖們嗎？」

這是個我從來都沒想過會提出的問題，因為我從來都沒有遇過有人有超過一根陰莖，但在這個例子中，有兩個男人都對他們的陰莖照了照片，上班時一起照。他們不是被過濾器抓到，而是因為使用辦公室的印表機列印照片，又意外沒取走列印的紙。其中一名男子安靜地點點頭，但另外一位則是仔細地看著照片，然後才指著照片左方的陰莖。「只有這一根。」他說。我很感謝他的澄清，因為我不知道該說些什麼。他的朋友看著他，驚呆中，但我想這可能對他來說是學到該選擇有素質的人跟他的陰莖一起照相的教訓。男人們，標準很重要。

・・・

上週我回絕了一位求職者，因為她在求職信裡拼錯字或是把求職資料的欄位內容留白。她昨天再來應徵，帶著幾乎是一樣的求職信，只是上面填寫的名字不同。我再次回絕她。今天她又再來，交了另一封求職信，上面卻又是另一個名字。我問她，她的名字是否就是前一封求職信裡的那個名字。她說那是她姐的名字。我告訴她，除非她的名字跟社會安全卡上的名字是一樣的，不然我就不能錄用她。她要回剛才交給我的求職信，然後把上面的名字改回一開始最初的名字。我再次回絕她，並告訴她，每個人都會在求職信的內容裡說點小謊，但通常不是在他們的名字上。她要離開時說：「好吧。明天見。」我非常確定她不是在開玩笑。

・・・

今天早上，人資主任說我們需要聘用客運司機來載運員工到不同的地點，因此要求委員會提出一些標準面試問題供部門使用。我問我們是否要測試看看，他們是否相信他們會因「被提」（the rapture）而得救，如果他們相信，這代表巴士可能會突然無人駕駛而失控轉圈，司機會故意將乘客的生命處於危險狀態。其他人露出奇怪的表情，於是我進一步解釋，因為我們基本上是在一個宗教型機構工作，所以問這個問題是很可以的。

他們不允許我加入該委員會，因此我估計他們一定會雇用許多會拋下乘客、讓車子沒人駕駛的客運司機。我敢打賭那些司機一定知道他們將乘客的生命致於險境，但他們完全不在意，而這（根據我從電視上得知的宗教訊息）算是一種罪。無論如何，我們的乘客會有相信「被提」的司機，但對那些司機而言，這會是相當糟糕的驚喜。[2]

・・・

我工作過的每個人資部門都有其他人不知道的祕密代碼。我們使用這樣的代碼是為了用來談論還在辦公室裡的你。以下是我上一份工作的祕密代碼：把頭髮塞到耳後代表「這婊子瘋了」；把頭髮塞到兩耳後代表「真的徹底瘋了」；漫不經心地摸眉毛代表「我很抱歉。難道我看起來像額頭寫著『蠢蛋』二字嗎？」；挖鼻孔代表「某人快去叫保全」；抓褲襠代表「偷上三壘」。祕密代碼運作良好，直到我們新雇用了一個女孩，她一緊張就會抽搐，於是祕密代碼就變得讓人越看越困惑了。

・・・

2　編註：「被提」為聖經中的用詞，意指末日降臨時，虔誠的基督徒會被送到天上與基督相會。本書作者「擔心」的是，若公司雇用的司機是虔誠的基督徒，那麼若車開到一半時突然末日降臨，司機就會拋下乘客自己升天，將乘客置於車無人駕駛的險境；但也因為司機可能會害死無辜的乘客，邏輯上他就是犯了大罪的基督徒，最終無法升天。

去年他們在我們的辦公桌下安裝了緊急按鈕，因此如果出現有暴力傾向、具威脅性的人，我們就能通知保全。我們本來應該每個月都要測試緊急按鈕，但保全總是很慢才出現關掉警報。昨天頂頭上司不在，於是我們決定按下所有的緊急按鈕。過了十五分鐘還是沒有回應，於是我們決定全體躺在地上，在胸口上放標語，上面寫著「我頭部中槍」和「我們現在都死了，謝謝」。我的標語是「我還活著。我才剛進來，然後因為地上都是血而滑倒了，而我現在陷入昏迷，有腦震盪。我真的不能睡了」。我真的很投入這個角色，因此當保全於十五分鐘後出現時，我真的睡著了。保全他們不覺得好笑，並說我們對著整棟大樓裡唯一需要帶著上膛槍枝工作的人做出這麼惡毒的事，並不是聰明的舉動。隔天上司對著我們大吼，因為「如果潛在的求職者從辦公室的玻璃看到你們都躺在地上，可能會被嚇跑」。我說發現地板上有屍體，卻不幫忙是他們沒通過的面試測試，因此我們基本上是在節省時間。老闆聽了一點都不覺得好笑。

・・・

在我其中一份工作中，我曾進行過從我們所在的大樓裡偷抱走嬰兒到底有多容易的演習。一位員工（通常是新進人員，才不容易被認出來）手上抱一名嬰兒，而大樓裡其他人必須阻止這個人偷溜出去。這棟樓是公共大樓，因此我們的顧客沒有人知道我們正在進行超祕密的偷渡寶寶演習，因為這看起來有點不專業，因此讓難度更高。我們通常用假人嬰兒，但你絕不會知道到底是否用的是從家裡帶來的真人嬰兒。今天我們進行演習，我在大廳上擋下一個人，過了十五分鐘我還是沒讓他離開，直到保全前來關切，因為我確定他手上的就是假嬰兒，但他的確不是。

・・・

今天早上我們工作時一起跟主教祈禱（這是合法的，因為這是個宗教型的組織，但奇怪的是我仍搞不懂為什麼我會被錄用，我想我們的背景調查需要更加強）。當時約有一百人在大廳裡，在主教說——以非常大聲、戲劇化的方式——「喔，天父，請聆聽我們的祈禱！」的同時，從工程部門的對講機裡傳來某個男子大聲說著：「進來吧，寶貝！」我得暫離禱告的現場，因為我忍不住噗哧一聲，引起所有人的注意。當時我滿腦子都是「上帝聽禱告聽到一半，然後說：『搞什麼鬼？這主教剛才叫我寶貝嗎？』」這時我明白我可能上不了天堂，除非上帝很有幽默感，但這很有可能欸，因為祂讓我在宗教型組織工作。我的意思是，祂並沒有強迫我在那邊工作，但我聽說祂似乎掌握所有的事物，因此基本上這件事就要怪祂了。不論有什麼原因，他們應該要怪罪上帝為什麼讓我在禱告中噗哧一聲。當我被解雇時，要記得跟主教說這個。

・・・

我老闆上週叫我重寫一份二十頁有關參與度基準化分析法的提案。我繳給他之後，他在提案的封面上放了一張便條紙，上面寫：「不，不。這個不行。」我不懂他要什麼，於是我只好把提案放一邊。他今早進辦公室時，跟我說他半個小時後需要提案的最終版本，於是我把之前一樣的提案列印出來，但這次用比較漂亮的紙。這天下午，他招集整個團隊，告訴大家我是能聽進具建設性批評的最完美例子。

・・・

走廊的盡頭有個非常卑鄙的女孩，她一直試著要讓我被解雇。我不擅長處理衝突，於是每當我大聲對她說：「祝你有美好的一天。」其實我頭腦裡是說：「要善待我，不然我會用叉子刺你的臉。」我每小時都祝她有美好的一天至少一次。她開始變得疑神疑鬼，對我的行為直跳腳，但其實她一點辦法也沒有，因為她抱怨我祝她有美好的一天這件事，會讓她聽起來像精神失常。這就是為什麼你不該招惹避免衝突的人，因為他們太不穩定以至於你無法揣測他們意欲為何。也因為他們就是那種會突然裡智斷線，然後把叉子插進你臉上的人。

．．．

上個月總經理進辦公室，帶著他一貫的抱怨說人事錄用部門並沒有做到份內的事，因為他的部門仍舊長期缺乏足夠人力。我們告訴他，我們進度落後，然後給他「絕對不要錄取這些人，除非我們下週都要被解雇」的檔案夾，並告訴他，讓我們知道他想找哪個前來辦公室面試。他隔天就把檔案夾還回來，從此不再抱怨。

．．．

今天午餐的時候，我的同事（傑森）告訴我他看了一部紀錄片，影片裡的女子上半身很小，但從腰部以下，所有的東西都很大。於是我說：「我的天呀。我猜她的陰唇一定很大。」這時傑森把叉子放下，並說他再也不要跟我一起吃午餐了。但我指出，就科學上而言，她的陰唇很大是合理的。如果我是她，我會用長尾夾把陰唇捲起來夾住。或是海綿髮捲。然後在特別的場合時，她就把髮捲鬆開，於是請看：螺絲捲髮。準備好去畢業舞會了。

「嗨，」傑森邊說，邊諷刺地在我面前揮揮手，「我正在吃鮪魚沙拉。」

「但想想你能夠用它做什麼。如果你遭受攻擊，你能把它丟到對方身上將對方打退，或者你能用它接住從著火大樓裡跳下來的孩童。我猜它跟薄餅一樣平，因為它被她的腿壓扁了。你能拿一個燈籠放在它後面，然後開始玩皮影布偶。這是從來都沒有人能運用的天賦，只不過我絕對會好好運用我巨大的陰唇。我會用它來娛樂整個世界。因為我就是這種人。像聖人一樣。如果我有巨大的陰唇，我會用它來改變世界。」

傑森把鮪魚沙拉丟進垃圾桶。「所以唯一阻擋你的原因是……你的陰唇小到不行？」

「嗯，但沒有缺陷。」我反駁。「我的意思是我的還算過得去。」傑森沉默不語。

「我會說它挺寬的，但又小巧密實。像一個氣球幔或像一台本田雅哥車。」

傑森突然性情大變，大聲說：「你不該跟我說你的陰道長得像一台本田雅哥車！我們一起工作耶！」而我則說：「你先提起的欸！」我看起來有悔意，而傑森看起來很嚴肅，於是我們兩之間瀰漫著古怪的沉默。但基本上我只是在想著巨大的陰唇能夠在寒冷的夜晚裡當成很棒的膝毯來用，而傑森可能在想氣球幔到底是什麼。於是我接著說：「它看起來像小窗簾。」傑森則說：「什麼鬼!?」我回：「喔，沒什麼。」

・・・

今天一位求職者將無法通過打字測驗的事怪罪於我給她「一個惡作劇鍵盤，因為上面的按鍵並非以字母順序排列」。我試著解釋所有的鍵盤都是以同樣的方式排列，但她說我是騙子。我道歉並跟她說，如果她想另外帶一個以字母順序排列的鍵盤，我會很樂意替她接上電腦，再讓她重新測驗，但她說：「我才不要花錢幫你們換掉劣質的設備。」於是我請她到對街的電腦行，找到一個以字母順序排列的鍵盤，然後請店家記在我們的帳上。一個小時後電腦行打電話來，叫我們不要再送瘋子去那裡。

・・・

我的同事柯萊特是位甜美的溫室花朵，今天下午她叫我進辦公室。「你知道截肢系色情片這類東西嗎？它真的存在。截肢系色情照片。」她看起來像是嚇到要休克了，而我考慮找條毛巾來包裹她。「這傢伙的上司在印表機裡發現色情片的資料，所以要求我查看他的硬碟，裡面都是截肢系色情照片。」

我顯然看起來不夠驚嚇，因為她看著我，然後一邊把小拳頭往桌上重捶，一邊大叫：「截肢系色情片。」她顯然需要他人的介入，因為她陷入色情照片迴圈裡了。

我拿起其中一張照片，是一位沒有腿的裸女。「好吧，你看？這甚至不是截肢系色情片。它只是……糟糕的修圖軟體。你能分辨出來，因為這裡還有陰影，那是她的腿被噴槍修飾之前留下的。我的意思是，它仍舊是色情照片。只是不是真的截肢系色情照片。」

柯萊特用哀傷、死氣沉沉的眼神看著我，她的純真永遠受創了：「那麼這個呢？」

她邊問邊放大一張穿著比基尼的獨腳女孩照片。「這是色情照片嗎？或者不是呢？因為我現在甚至分不出來了。我的意思是，它必定是色情照片，因為它是在他的色情照片資料夾裡，但我真的不知道。這是一個獨腳女孩，而她正在滑水。難道這會讓人感到獨立自主有自信嗎？還是它是色情照片呢？我連這都不知道了。」

我沒辦法給她答案。當你無法分辨某樣東西是色情照片或不是時，這時你就知道是該回家的時候了。或者辭職的時候。也可能兩者都是。

・・・

用一個段落描述我如何失去分辨情色世界和真實人生的能力而結束人資職涯，以此作為這章的結尾是特別適合（容易）的一件事，但這是謊話。我的確辭職了，但是因為我想要給自己一年，試試能否成為一位作家。我告訴我的老闆我腦袋裡有本書，即使得從陰道擠出來，我都還是要把它弄出來。因為這世界正需要它。一本從我陰道裡擠出來的書。

但這是很值得的打賭，因為你現在手上握著就是那本書。除非現在是二〇五七年，你是位站在孤獨老女人屍體上方的警探，手上正拿著沾滿汙點、未完成的手稿，而她家的貓吃掉了她部份的屍體。而這章節以手寫的便條作為結束，上面寫著「給自己的註解：找個更快樂的方式結束這章，因為被貓吃掉實在太陰鬱了，書裡有這樣恐怖的主題也是。還有，記得買貓食以及付氣墊車的保險費。」如果真的是這樣，我得為公寓的環境跟大家道歉。請記得我並沒有期待會有人來，我通常不會把髒碗盤留在水槽裡，或是留著被吃掉部分的屍體在地上。我能跟你保證，這天對我來說是全然異常的情況。

如果你看到我的肝，代表你跑太遠了

*有雷慎入：斑比的媽媽沒有撐過來。

好，做好準備，因為這一章有點令人沮喪，並且和死去的寶寶有關。唉呦，我懂，但是他們沒有全死光，而且最後的結局一切很好。大部份是如此。如果你將那些死去的嬰兒都忘了，又或者你把他們稱為「胎兒」。將他們稱為胎兒感覺較客觀、較不難過，儘管我確信我可以隨意稱呼他們。因為他們都是我已死去的寶貝。我稱他們是「胎兒」，而非「寶寶」，並沒有任何政治上的原因，因為事實上我完全贊成墮胎。你可以對你自己的身體做任何決定，但別再轉移這章的焦點了，混帳，這是我的故事。老天，你一定有問題。還有，我的編輯也都一副「你在搞什麼東西？

如果你在第一段就透漏一整章的重點，那要如何製造故事的懸疑？難道你不知道戲劇的六個基本要素嗎？」但我知道當我去看一部令人難過的電影時，我會希望有人在難過的橋段出現之前跳出來說：「好，斑比的媽媽即將要咬他，但最後真的都會沒事的，別驚慌。」而我就是這麼做的。別客氣。我的編輯指出，對於那些還沒看過斑比的人而言，我正好把故事給毀了。去你的小鹿斑比！如果你還沒看過斑比，那完全不是我的錯。它已經發行好些年了。嘿，你有聽過一個新玩意叫「一塊三明治」嗎？那相當了不起。我的編輯說我一直很蠢。我不明白那是什麼意思，但是那聽起來很糟。因此，我要在故事的開始，提醒大家有劇透。我就像個該死的聖人。

所以，你該如何將死去的寶寶寫得有趣？答案：你沒辦法。所以做好準備吧。

我總是想，當我懷孕了將是多美好，一切一定會順利。我會擺出黛咪・摩爾懷孕時拍藝術裸照的姿勢，並在屋子裡貼滿那些照片。我的脂肪將會變少，接著我會在銀行裡排隊等候的時候開始陣痛分娩，但別擔心，因為寶寶可能會卡在我的褲管裏，完全不會墜落地面。這要感謝有孕婦護墊的緊身牛仔褲，我說的沒錯吧？基本上，那正是我預期在我第一次懷孕時可能發生的事。雖然在真實生活中，在我發現懷孕後，立刻感到身體不適，幾乎無法移動，而且整天朝著辦公室的垃圾桶嘔吐。當時，我還在人資部門工作，教導人們如何在休士頓的非營利基督教組織裡表現的恰如其份。那聽起來像是個笑話，但我向你保證不是。事實上，我非常善於假裝表現的恰如其份（當我沒有在一群人面前嘔吐時），但在別人面前顯然我若不是懷孕就是快死了。因此，維克多和我決定將此事告訴別人。

大家都嚇了一跳，除了辦公室那位必須幫我清空垃圾桶的清潔女士。

我一直都想要成為一個母親。我並不真的喜歡別人的寶寶，但我從不認為那是工作，因為我假設我的寶寶會很厲害，或者很快就會長大變小孩了。在我還小的時候，我總是想要開個睡衣派對。但是我的父母太聰明了，他們從沒答應我開派對的事，所以我告訴自己，有一天當我年紀夠大有小孩時，就要每天晚上和她一起開睡衣派對。把這當作想要有小孩的理由看似可笑，但還有更糟糕的。儘管，在我內心有一個無法言喻的需要。我想要成為家族偉業的一部分。我想給孩子那種我想要的迷人童年。我想見到自己和過往世代能夠些微地反映在新面孔中，藉此得以再次重生。我希望能有人在拼字遊戲中被我擊敗。

維克多和我開始挑選名字、為寶寶買毛衣，並開始想像我們為人父母後的生活。我當時很緊張，但是因為太過不舒服而無暇擔憂。在第二個三個月的前幾周，維克多和我來照超音波。前一晚我並沒有睡好，因為我恐慌發作，最後只好在半夜裡打電話給我的姐妹，並歇斯底里地吶喊著：「我的老天啊，如果小孩是個共和黨該怎麼辦？」接著她就掛了我的電話，因為她喜歡不給予任何支持。或許她不爽我半夜打給她，只是因為我恐慌發作。我真的不知道。而我知道的，便是在那間檢查室裡鼓起勇氣聽取所有事情。

「這是雙胞胎。」

「這是三胞胎。」

「這是共和黨。」

「這是隻小熊。」

同意，最後一項看似不太可能，但我已有心理準備面對任何情況——除了醫生告訴我們的事實之外：小孩沒有心跳。小孩已經死了。這些事情最好就這樣發生了。我崩潰了。從外表看起來並不明顯。我沒有哭，沒有嘶吼。我麻木了，接著我明白這都是我的錯。如果我有去教堂，信奉對的神，這事就不會發生。檢查室的門號落在十二之後的不祥數字，我想要換另一間房號卻不好意思說明原因。倘若我堅持換另一間房，寶寶就能夠活下來了。為何這件事會發生的原因有一百萬個，而造成這些原因的都是我。

我麻木地隨著維克多走下大廳，這是我生命中第一次認真想要自殺。我懷疑是否能在維克多注意到我不見之前，很快地先溜走。我在想這棟樓是否夠高，如果我跳下去是否會死，還是在我醒來之後，身體如心靈般殘破不堪地躺在醫院的床上。我不知道還能做些什麼，才能不用面對這個問題。因為我知道，我無法堅定且完好無缺地從另一側走出來。維克多似乎察覺到我正計畫逃跑，又或許他只是逕自動作，因為他緊緊地抓住我的手臂，令我感到疼痛，無法逃脫。我們回到家中，在我等待引產的時候，我要求維克多打電話給每一個人，要他們千萬別再和我提起這件事。不要送我花，不要說「我真遺憾」，什麼都別做。因為我知道能讓我渡過此事的唯一方法，便是徹底將它從我的腦袋中移除。

要是我沒流產的話，忘了這件事情或許就容易多了。接下來的一個月我持續懷著寶寶，然後我徹底崩潰了。我仍然不確定是什麼所引起的，但我的同事們發現我在辦公室裏歇斯底里地哭。我認不出那個是人類的聲音，我記得我還在想那恐怖的聲音是什麼，直到我意識到是我自己，無法控制地慟哭，直到累壞了為止。維克多帶我回家，最後我的醫生覺得需要馬上了結此事，於是進行了手術。手術過程出現了併發症，當晚我以痛苦的大出血流產告終。一週後，我被診斷罹患創傷後壓力症候群，開始服用會讓我想自殺的抗憂鬱症藥物。最後發現這完全不該是抗憂鬱症藥物做的事。維克多發現我在網路上蒐羅自殺訊息版面，於是拔掉我的網路線，要我服用另一種有效的藥物。我的心理治療師一路陪伴我，直到我能出門而不會陷入崩潰狀態。然後他寄了封信給我，告訴我他突然要退休了，我十分確定這是「即使對我而言，你的狀況實在太糟糕了。我得要離開你」的代號。但那沒關係，因為我感覺比較好了、也比之前強壯，準備好再次嘗試。

接著我再次懷孕。

然後我再次失去胎兒。

我換了醫生，要求做書裡所說的各種檢驗。這時我發現我罹患了「抗磷脂質症候群」（antiphospholipid antibody syndrome），我幾乎拼不出來這個名稱。我回家上網查詢，結果基本上說：「你將要死了」，但我的醫生說這其實沒什麼太大的關係。這是種會引起血栓，然後在懷孕時症狀加劇的自體免疫性疾病。我告訴她，我十分確定我也罹患小兒麻痹症和睪丸癌，於是她不准我再上網路醫療網站。

我得要進行低劑量阿斯匹靈療法，我說：「你是認真的嗎？該死的低劑量阿斯匹靈？」但我的醫生向我保證這能阻止我的血液凝結，抑制流產。這時我又再次流產。巧合的是，當我大叫「去你的低劑量阿斯匹靈」的同時，我的醫生同意開了一種昂貴抗凝血劑的強效性療法，於是我說：「喔，好吧。」然後她說：「這裡是給你的大型注射器材提袋，你可以直接將藥物注射進血管裡。」到那時，想要退出已經太晚了，因為我已讀完所有網路上有關女子因血液疾病而中風的可怕故事，而我也想說抗凝血劑也許對於我自己診斷出來的小兒麻痺症也有幫助，所以我深呼吸，開始替自己打針。在肚子上。一天兩次。很酷吧。基本上這很像狂犬病的療法，只不過不是五針，你得要打七百針。

打了許多、許多個月的針之後，我發現自己又懷孕了。這次我的孕程進展得比之前都還要久。到第二個三個月孕期時，我的肚子已經變成上面都是瘀青的百衲被。當我拉起衣服進行檢查時，超音波技師都會嚇到倒抽一口氣，直到我很快地保證我的肚子沒有被連環搥打。他們仍以不贊同的眼光看著維克多，而這有助於分散我的注意力，因為每次進行超音波檢查，我都確定寶寶一定不見了，因而害怕到皺眉。但寶寶都在。

我持續約診，但固執地堅持約診日不可以是不幸運數字的日期。我開始喜歡稱呼數字「12-B」，像在說 11,12,12-B,14。人們覺得我瘋了，我是啊（現在還是）。但我不想冒任何的風險，對我來說，治療我的強迫症不如請貓給我好運來保佑寶寶存活的可能性來的重要。有次，維克多早上載我上班，我想到我忘記請貓給我們好運，於是要求他立刻調頭回去。他試著用邏輯的方式解釋，貓並沒有給我好運或壞運的能力，但那不重要。我知道貓並無法控制好運。這些貓會站在貓砂盆裡，然後一無所知地大便在側邊。牠們當然無法控制我的命運，我是自己控制自己的命運。我只是跟從由我挑選，所有讓生活持續進行的小小強迫症固定活動。它們當然都是小小奇特的固定活動，同時也讓我的生活無比複雜，但如果它能讓我的寶寶活下來（我們被告知是個女孩），我願意跟這樣的精神疾病共存。

懷孕七個月時，我的同事決定替我舉辦寶寶送禮派對。我強烈反對，因為我知道這會干擾我的祕密小儀式，但固執的他們堅持替我舉辦一個無法說不的驚喜派對。剛好在不幸數字的樓層舉辦。我走進電梯，預計前往預算會議，但我無法按下不幸數字的按鈕，於是我做了一直在做的事，就是搭著電梯，直到有人進來替我按下那不幸的按鈕。只不過沒有要去那樓的人進來電梯，因為他們都在會議室等著要給我驚喜。二十分鐘之後，有人前來找我，發現我無助地坐在電梯裡的角落。我告訴他們我有點頭暈於是坐著休息，但我想我可能很明顯地看起來有點精神疾病。

八個月時，我的肚子變得很大也很緊繃，沒辦法捏起任何額外脂肪層，讓我把注射針筒刺進去。我的醫生堅持，雖然針頭相當長，但它們沒有長到能真的接觸到寶寶，但我好怕我會把凝血劑注入她的頭，於是我大聲說：「快移動，寶寶。往你的左邊移動，不然你會被刺到。」然後維克多說大部分的胎兒不會說英文，但我已經跟她說了很多話，我確定她已經學會一些基本的片語。我的確很擔心她不懂哪個方向是「左邊」，於是我大喊：「我的左邊，不是你的左邊。除非你是正視我的肚臍。那它也是你的左邊。如果你看得到我的肝，你就跑太遠了。」維克多擔心地看著我，我說：「你知道的，你其實能幫忙。」然後他說：「我到底能做什麼？你顯然已經失去理智。」我怒瞪著他，直到最後他不得不嘆氣，走到我身旁，傾身向前，在我肚子的左邊大喊：「這個方向，寶貝。朝著我的聲音，往這個方向移動！」我對他感激地微笑，但在我打完針之後，維克多低聲說：「如果這行不通，我們養隻狗就好了。」其實這樣說有點瘋癲，因為我們已經有一隻狗了。很明顯的是維克多正失去理智中，現在只能由我來凝聚這個家。我與貓兒們，牠們能賜給我幸運，只有我特別要求幸運時，就是這樣。那麼，對啦……我肩負重任。

時間悄悄溜過，到了催生的時候。我們到醫院產科病房，維克多很快地打開電視，讓電視聲掩蓋走廊對面傳來的女子熱烈地大叫：「耶穌，殺了我吧！」的聲音。

「她正在禱告。」維克多無法令人信服地說著。

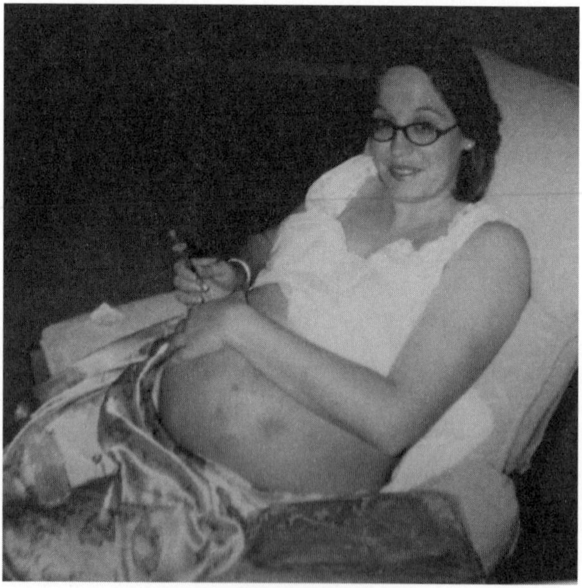

數百次打針的其中一次。啊，當媽實在很簡單。

在有點扭曲的幸運之下，電視螢幕嗡嗡開起，出現了各個產房應該都要禁播的電影異形當中的血腥腹部場景。維克多試圖轉頻道，但我阻止他，因為這顯然很符合主題。

護士進來病房，開始替我注射點滴，並說她為隔壁間女子的大喊大叫聲跟我們說抱歉，她已經請她小聲點。我在想如果那女子無法安靜下來，這位護士會做什麼。這名護士是位黑人，但你能感覺如果需要的話，她可以輕易地把一名大吼大叫的孕婦拖到大街上。我覺得你不會想要挑戰她。「因為她是黑人。」護士以實事求是的口吻解釋道。

「嗯……什麼？」我問道，確定我應該是聽錯了。

「在另一個房間大叫的女人。她是黑人。」護士繼續說。「黑人女人生產時總是叫的最大聲。通常大聲對耶穌喊著。白人女人安靜多了，直到嬰兒頭部到陰道口時，你就無法分別白人女人與黑人女人。亞洲女人通常都不出聲，安靜的跟教堂的老鼠一樣。我們必須更加小心注意她們，如果我們沒有持續檢查她們的小妹妹（hootchies），她們小孩生出來時，我們根本就不知道。」

「喔。」我咕噥著，同時發現自己說不出話來……不是因為種族的描述簡介，而是聽到一位醫學專業人士使用「小妹妹」這個字。主要是因為我十分確定她在找的字應該是「私處」（coochies）。她應該是注意到我擔心的表情，因為她拍拍我的手，說道：「沒關係的。我是黑人，所以我能大聲這樣說。這層其她的護士只能用想的。還有，」她驕傲地點點頭，「我已經成功轉移你的注意力，你甚至沒注意到我把所有的點滴都放進去了。」其實是亞洲私處讓我徹底分心。~~而且也不是第一次。~~

維克多知道我會害怕，但我其實不是這麼怕疼痛。我害怕是因為我有抗磷脂質症候群，死胎的風險變得高很多。我非常專注地要把我女兒從我身體生出來（我還是認為我的身體是不折不扣的死亡陷阱），因此幾乎沒注意到疼痛。維克多在我耳邊輕說著甜蜜、支持的話，但從他的嘴裡聽起來實在好不自然，所以我神經質地傻笑到停不下來，每個人都看著我好像我是瘋掉的人，於是我叫維克多不准再說了。然後再一次用力，接著一片寂靜。接著美妙的哭泣聲。是我在哭。然後是海莉在哭。我最甜美、美麗的女兒。這真是神奇。

直到那一刻，我才真的確信自己能成為某人的母親。我懷抱著她，維克多哭了，而我則充滿著驚嘆與敬畏，多到我胸部都要爆炸了。接著硬膜外麻醉開始消退，我記得那時我想著，我需要這嬰兒的媽過來把她帶走，我才能睡一下。然後我記起來我就是嬰兒的媽。這下我覺得對我們兩個來說，這一切有點可怕。

幾分鐘之後，海莉被醫護人員帶走，我催促維克多離開病房跟著她走，我確定醫生會把她跟其他嬰兒調換，而這個嬰兒長大會成為反社會人格者，因為我看了太多生活時光頻道。

這時我發現自己半裸，獨自一人，身體佈滿自己的血，以我能想到的最損形象的姿勢綁在產檯的放置架上，而我得在當天看過我陰部的一長列人員名單上，加上一位困惑外加嚇壞了的清潔人員。

但非常值得。

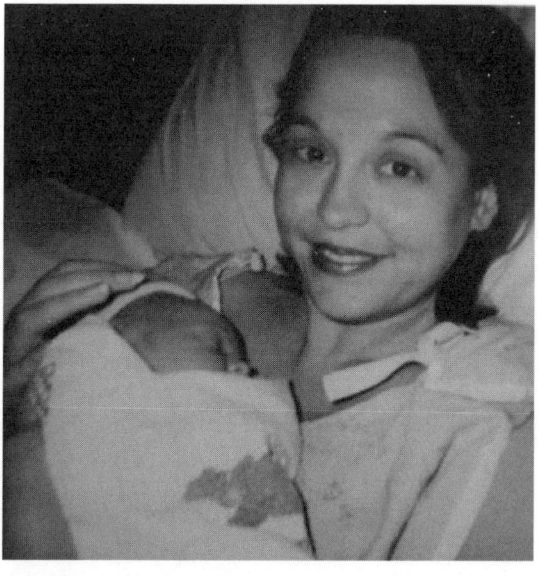

我和海莉——2004
那一刻，我跟海莉都需要來上一瓶酒。

我的陰道很好，感謝詢問

如果你不是爸爸或媽媽，你讀到這一章時，會以為這章跟便盆訓練有關（因為幾乎每本媽媽執筆的書，分娩章節之後接著的就是便盆訓練章節），然後你會開始想要乾嘔，想要跳過這章。但我建議你不要這樣做，因為這章將使你覺得控制生育和／或者不孕其實是非常高人一等的。

如果你是爸爸或媽媽，你可能會想略過這一章，因為你已經聽過裡面的內容。但我保證你一定還沒有。而且，正在閱讀但不是爸爸媽媽的人一定會讀這一章，然後對著你得意地笑，而你至少應該要做準備一下。我聆聽超級保守共和黨電台也是因著同樣的原因。因為我想要知道我的敵人心裡在想什麼。也是因為我住在德州，沒有很多替代選擇。除此之外，這章根本和便盆訓練無關。我不知道你從哪裡得到這樣的想法。便盆訓練回想起來並不是有趣的主題。它比較像是穿越鬧鬼森林的恐怖死亡行軍，裡面的樹都是由會讓你過敏的熊扮成的。你同時得要看著死者的照片。便盆訓練糟糕到你想要讓你的孩子餘生都住在外面，但你又不能這樣做，因為狗在外面。這就是為什麼我不寫便盆訓練，相反地，我要寫的是觀點。

有孩子之後的第一年對我來說感覺有點陌生，我在腦袋裡不停地想到它，很像是你認識的人死掉了，一個小時之後，你卻看著《鄉村嘻哈》（*Hee Haw*）[1]大笑，然後你暗自想：「喔，幹，我想起來祖父死了。」你再次變得感傷，但是你的腦袋不知神遊到哪，然後你說：「我在想為什麼你沒看過不同種族（biracial）的年長夫妻？」一分鐘之後，你在心裡大喊：「該死的。我又忘了祖父死掉的事。」於是你繼續哭泣，然後又分心，所以開始考慮應該直接關掉《鄉村嘻哈》，因為它顯然並無助益，但你心裡又想：

1 編註：以鄉村音樂為主的喜劇節目。

「祖父喜歡看《鄉村嘻哈》。」於是你說服自己，這是對祖父表達敬意的方式，即使其實是你想看《鄉村嘻哈》。它也可能是某種自我保護機制，幫助你處理悲傷，所以不要評斷我。

當媽媽就是這樣。你才要開始進行一天的活動，想著做些烤起司辣味玉米片會是多棒的事，然後你突然想起：「天哪，我有個寶寶。我應該要餵她或是做些什麼的。」於是你就做了，但半個小時後，你再次忘記，直到你聽到她在另一間房間傻笑的聲音，然後心想：「搞什麼鬼？那是誰的寶寶？」接著記起來：「喔，對耶。那是我的寶寶。好奇怪喔。」或是你想到一些很棒的點子，想把閒置的房間改成吧檯，你就可以跟喝你酒的朋友收費，反正他們總是會喝。接著你畫了草圖，請建造商來現場，然後才想到：「幹，等一下。這間房間沒有閒置，這是寶寶睡的房間。」對吧？

錯了。我跟你的想法都一樣，除了最後一項。如果你認同最後一項，那麼你需要把書放下，去找你的寶寶，因為她可能醉倒在外面某個樹枝上。你真是個糟糕的父母。

給那些沒有孩子，現在自鳴得意地笑著的人的特別註解：停止評斷吧。你很有可能不是真的沒有孩子，也許你已經忘了你有個孩子。因為那樣糟糕的事真的會發生。檢查看看你的陰道。它看起是不是有點裂掉？如果是這樣，你可能生過小孩。真的，生完孩子後的一年內，我的陰道看起來就像科學怪人系的陰道，直到後來才比較像樣能見人。但不是那種我會把它放到感恩節晚餐桌上的「像樣能見人」。即使它有天會崩壞，我也不會這樣做。我的意思並不是說這不值得，因為它的確是個好交易。現在一切都好了。很棒，其實。我的陰道很棒。甚至越來越瘦。謝謝你的詢問。海莉出生時，我的陰道真的是一團糟，但我當時真的不太在意，因為她還活著，我整個人都鬆了一口氣。所以我躺在醫院的產檯上，想著這大概是人生唯一覺得自己幸福開心到忘了注意有人正在縫合你的陰道的時候。

還有，我只想說當醫生正在縫合你的陰道（真的啦，沒孩子的人：縫合。你的。陰道），我不知道為什麼他們不能運用一些醫美技術，讓它看起來可愛點。像是，我的婦產科醫生告訴我，她可能要剪開我的陰道時，我說：「你真是個大變態。」而她說：「不是在說笑（沒說的是：笨蛋）。要讓寶寶出來。」於是我說：「喔，這樣啊，那你能否把它弄成厲害的形狀？像是，閃電的形狀如何？」她只是盯著我，於是我解釋說：「你知道的……像哈利波特的？」然後她繼續看著我，好像我在地上便溺的樣子。我想也許是因為句子的結構有點暗指我說的是「哈利波特的陰道」，於是我澄清：「像他額頭上的，但不是在我的額頭上。」她依然沒有回應，於是我指向下面並說：「在我的陰道上。」她搖搖頭，好似她一直都知道我指的不是哈利波特的陰道，然後說：「嗯，我們其實不那樣做。事實上，我們偏向讓你自然撕裂，因為癒合會比較快。」我回她：「不。會。吧。你是認真的嗎？」我有點懷疑她編造一切，因為她不想要我的陰道比她的陰道還要好看，可能是因為她從來都沒生過孩子，她的陰道可能很完美、歡欣無比，她可能不想要我的陰道有很酷的閃電造型，然後在她的臉上摩擦。誰說我會這樣做了？萊德醫生，我絕不會用我的陰道在任何人臉上摩擦，即使我有世上最棒的陰道。不論什麼時候，當我生理痛時，我都能假裝是佛地魔在附近。

生產的時候，我的確有撕裂傷，而且形狀完全不是閃電造型。我立刻後悔沒有做某種閃電造型的穿孔，我那時實在太胖了，胖到我甚至看不到自己的陰道。當我問維克多他能否畫一條閃電（加上一個小剪刀，表示「剪這裡」），他就走開了。我猜是因為他不想承認他不會畫剪刀，因為老實說他是個很糟的藝術家，但我隔天繼續糾纏他時，他信誓旦旦地說：「喔，我已經畫了。在你睡覺時。」這顯然很可疑，因為我是相當淺眠的人。但我用手持鏡仍看不到自己的陰道，因此我猜他是在耍我，好讓我放過他。如果他沒耍我，那他到底畫了什麼？可能是一支槍、一隻美洲獅或是很愚蠢的東西。再者，這也無法合理化撕裂傷會比剪開的傷口還好，因為如果這是真的，為什麼他們在拿出膽囊或是移除盲腸時，不先把人撕開？沒有其他種手術醫生會偏好讓你被撕裂，而不先剪開的，我認為這是因為婦產科醫生真的很懶惰。

真是胡說八道，看吧。還記得之前我還在說我祖父是怎麼死的，但我因《鄉村嘻哈》而分心的事嗎？同樣的事情也發生在這，我開始談論觀點時，被我的陰道分散注意力。我甚至沒有計畫要談這個。寫這本書對我來說就是這麼自然而然。就像我的頭腦下意識地照著主題走，儘管我的陰道一直在分散我的注意力。我真的會因為這本書得到普立茲獎的。

無論如何，生小孩是極佳的觀點練習。因為它教你擁抱生命的可怕和輕蔑。你只是沒有其他的選擇。

例如：你第一次帶你的孩子去公共游泳池。你不自在地想要在沒有孩子的瘦鄰居前表現出仍舊時尚的樣子，這位鄰居可能睡超過兩個小時，卻在這時發現孩子的屁股正在脹大。你意識到老公可能忘了幫孩子穿游泳用的尿布，於是現在真正的尿布正在吸收泳池的水，脹大成一個巨大的蘑菇雲，而你的孩子看著你像是說：「我的尿布到底發生什麼事了!?」你則說：「不要驚慌。慢慢走向浴室。」但孩子則是：「把我抱起來！我快被自己的尿布吃掉了！」於是你趕忙把孩子抱起來，但壓力讓尿布縫線爆掉，於是你整身佈滿從尿布裡噴出的膠狀物，看起來像是略帶藍色、透明的果凍。你同時覺得噁心又驚奇。你跑向浴室，但透明果凍物卻在你身後漏了一地，像是一條麵包屑小徑，而救生員則用非常不認同的眼光看著你。你到了浴室，尿布裡的膠狀物仍持續擴

我跟你保證，所有人都因此受到創傷。

張。你一把孩子的泳衣脫掉，尿布就因為內部壓力而爆開，啪嗒一聲掉在地上，尿布的膠狀物散落在所有。東西。上面。就在那刻，你又瘦又沒孩子的鄰居輕搖慢步地走進來，卻嚇到靠在牆壁上，因為她看到你在浴室中間彎著腰，全身濺滿藍色的尿布填充物，拼命用一綑又一綑起不了作用的褐色紙巾幫孩子清除身上那些（可能有罹癌風險的）尿布果凍物。你試著對她報以鎮定的微笑，好似這一切都是很常發生的事。你考慮一派輕鬆地站起來解釋，這其實都是你老公的錯，但在你能直起身子前，你的孩子注意到你巨大的乳房不太穩固地掛在泳衣邊緣，於是打了一下你的乳房，然後它就掉出泳衣外。這時你的鄰居安靜地退出浴室，好像她不小心闖入謀殺案現場，最後你在她身後大喊：「**你逃不出我的手掌心的！看著！這。就是。你的。未來。**」

準備好了。

這類的事總是在發生。

迷路了第八萬次之後，我跟老公的電話對話

我：哈囉？

維克多：你在哪裡？你已經出去一個小時了。

我：我迷路了。不要吼我。

維克多：你只是去買牛奶，小姐。你去過這家店一百次了吧。

我：是啊，但沒在晚上去過。每樣東西都看起來很陌生，而我又看不到標示。我猜我一定是走錯路了。我漫無目的地開車，希望看到熟悉的東西。

維克多：你怎麼每次出門都會迷路呢？

我：我甚至覺得我不是在德州了。

維克多：真的假——

我：不要吼我。

維克多：我不是在吼你。你就打開GPS，老兄，你只是去買牛奶。你去過這家店一百次了吧。

我：我把它留在家了。

維克多：你到底有什麼問題？

我：你說你不會吼我的。

維克多：那是在你把GPS留在家裡之前。我可是為了你買的，還請快遞送來。

我：你就不能跟我說怎麼回家嗎？

維克多：我該怎麼幫你回家，珍妮？我不知道你在哪。

我：好吧……有很多樹。還有樹叢。或是它們可能是馬。太黑了我分辨不出來。

維克多：喔，對啦。我知道你在哪裡了。

我：真的嗎？

維克多：不。你覺得告訴我你在的地方可能有或可能沒有樹叢，這有幫到忙嗎？

我：該死的。我該找個街道標誌。

維克多：你要記得把GPS放在車上。

我：不。我不要用它了。

維克多：為什麼不用？

我：因為它試著殺了我。

維克多：〔驚訝沈默〕

我：記得上週我要進城的時候，我用「尋找地圖」（MapQuest）取得開車路線，你卻逼我帶著GPS當備用。到半路時，GPS說：「現在往左轉。」而我說：「不。尋找地圖說直走。」它又說：「現在往左轉。」我回：「不要，婊子。」然後她像是感到挫折而對著我嘆氣，並持續以高高在上的方式說：「重新計算。」接著說：「現在左轉！」於是我嚇壞了，因此我照著她說的那樣左轉，然後她說：「重新計算。重新計算。」我則回：「**我照你說的去做了。你那語氣是怎麼一回事？婊子？**」

維克多：你不用GPS，因為你不喜歡機器的語氣？

我：不，那只是開始而已。因為接下來她叫我在衛斯特萊恩街（West Lion Street）轉彎，但是根本沒有衛斯特萊恩街，因此我接連違規大迴轉，最後我才知道她發音錯誤，把衛斯理安街（Wesley-Ann Street）說成衛斯特萊恩街。

維克多：是「衛斯理恩街」（Wesleyan Street）。你還是沒看到街道標誌嗎？

我：抱歉。我有點忘記我在開車了。

維克多：你忘記你在開車，而你一邊在開車？

我：我又沒有撞到牛之類的。我只是忘了我正在找街道標誌。

維克多：如果你真的回得了家，我一定把你的車鑰匙藏起來。

我：不管如何，我接著說：「好吧，我們其中一位把『衛斯理恩街』（West-Ann）說錯了，而其中一位則是迷路了。我想這兩位可能都是我吧。」這時我想到可能大概是世界史上最偉大的點子。

維克多：街道標誌。請找尋街道標誌。

我：沒有看到啦。感覺我像在高速公路上。快點問我，我的偉大點子是什麼。

維克多：不要。

我：GPS是給笨蛋用的。

維克多：〔靜默〕

我：我是認真的。因為我不擅長辨認方向，但我很會看地標，因此如果你叫我在主要道路上往北走，我就整個完了；但如果你說：「在去年燒毀的漢堡王前轉彎」，我就知道該怎麼做，所以我們應該建一個會那樣做的GPS系統。

維克多：〔嘆氣〕

我：聰明的部分在這：我們讓它能學習，因此它就能適應每個使用者。因此，如果我說：「啊！有個無家可歸的男子正在自慰。」它就會把這個放進資料庫裡，之後當我想要去某地，它不會隨意提供街道名字，它會說：「你知道無家可歸男子自慰的地方？我們就是要去那裡。在你喜歡的 Sonic 店前左轉。有次莎拉穿的像蕩婦，你帶著她去賣墨西哥捲餅的地方，在那裡右轉。在你給那個男生打手槍（a hand job）的地方停車讓道。」

維克多：你在說什麼鬼？

我：正是如此。看吧，這就是這系統糟糕的地方，因為其實我只是幫了一個男子的忙（gave a guy a hand），告訴他怎樣找到一份工作（get a job）。但機器沒辦法瞭解人類語言的細微精細之處，所以會出現學習曲線。我們需要將此放進手冊裡。像是一則免責聲明。

維克多：你要失蹤多久，我才能開始再約會？

我：我要說的是，這機器尚未到達完美，老兄。雖然很接近了。但為了以防萬一，你媽在車裡的話，我就不會用它。**喔，我的老天，我知道我在哪了**。

維克多：你在給那個男的打手槍的地方嗎？

我：不是。我在一棟像是大衛教派（Branch Davidians）所有的廢棄建築物前。

維克多：嗯。其他人稱呼那叫「達拉斯街」（Dallas Street）。那麼你現在可以回家了嗎？

我：我想可以。左邊有家看起來像是從史酷比（Scooby-Doo）出來的陰森酒吧，左手邊還有我們看到野豬變成一隻狗的那個地方，而且我曾在轉角那裡吐過。對吧？

維克多：你讓我頭都痛了。

我：**老兄，我們要變成百萬富翁了**。

後記：我最後成功到家。維克多用膠帶把我的GPS黏在擋風玻璃上，並拒絕幫我造一台機器人。他好像希望我們當窮人。

免責聲明：「成功到家」的意思是我再度迷路了，而維克多得出來找我，所以我才能跟著他回家。重點是我成功到家，以及我沒有機器人。整件事有點像悲劇。維克多說他同意，但是因為不同的原因。

於是一位連續殺人犯刺傷了我的臉

有焦慮症的人通常被標上「害羞」或是「安靜」或是「那個可能把屍體埋在地下室的奇怪女孩」。我從沒有聽過任何人用最後一種稱呼叫我，但我總認為人們腦袋裡就是這樣想，而那樣的偏執症是焦慮症常見的副作用。我個人認為，我總認為自己是「社交孤僻」（social awkwardness），並確信有很多完全正常的人不喜歡在公共場合講話。那是真的。不幸的是我的害怕有點超越「完全正常」的區域，並且剛好落在「癱瘓型病態缺陷」的沙漠，這也是真的。

甚至在雜貨店跟陌生人的簡單對話都會讓我要不是無法講話，就是講個不停，然後內容都是一些完全不適合跟陌生人在雜貨店講的東西。長久以來，我總是責怪自己，因為我想如果我夠強壯，我應該能控制這樣的症狀，但在二十幾歲時，我的恐慌症開始全面性的發作，最後我看了醫生，他診斷出我有「廣泛性焦慮症」（generalized anxiety disorder）。

我的經驗是，人們總是認為廣泛性焦慮症比社會焦慮症來的要好，因為它聽起來比較不明確、比較不具威脅性，但這樣想的人都錯了。對我來說，罹患廣泛性焦慮症基本上就像將所有其他焦慮症混合壓碎在一起。即使是那些現代科學尚未承認的焦慮症。像是「鳥可能會在睡覺時悶死我焦慮症」和「我把餅乾放在口袋以防我被困在電梯焦慮症」。基本上，我只是廣泛地對所有事情感到焦慮。事實上，我猜這就是人們會這樣稱呼它的原因。

當醫生診斷出我有焦慮症時，她的表達方式極度委婉。委婉到我去了好幾次之後，才意識到原來我有焦慮症。她絮絮叨叨說著一位病人，在我聽起來，這個人完全瘋了。我沒真的注意聽她說到焦慮症，因為我忙著思考如果我在面談時躲在沙發下，她是否會認為這是治療退步的跡象。然後我突然明白她說的那個瘋子就是我。我認為她之前遲遲沒對我的情況點出病名，是怕我會因為真的有心理疾病而感到丟臉。但老實說，我倒覺得鬆了口氣。我無法持續正常交談一事突然被標為是一種「痛苦、極具破壞性，並且無法治療的醫療殘障，會折磨患者與在她身邊的人」，而不會被認為是「怪異」了。對我來說，就是如此。另一方面，我的醫生稱呼它為一種「能輕易用藥物控制的輕微焦慮症」。然而，我懷疑如果她被迫跟我在社交晚宴上交談，她可能就會同意我下的定義遠比她的精確多了。

在社交晚宴或社交場合上，我通常會跟女主人打聲招呼，然後就躲進廁所裡直到派對結束。這對參加的其他人士而言是最好的做法。我曾讀過有些人天生就擅長交談，我就在想為什麼我不能與生俱來就是有自信、有魅力，能夠提及我和雅克・庫斯托（Jacques Cousteau）[1]相處的幽默趣味軼事。老實說，我懷疑即使我真的見過雅克・庫斯托，我仍是不太會說話。大多數的派對對話都以我對著某人談論不管是什麼的無聊廢話點頭作為安全的開始，幾分鐘後，我開始覺得驚慌，因為同一個人問我，我對於剛剛

1 編註：一九一〇～一九九七年，法國名探險家，水肺發明者。

我沒在注意的事情有什麼樣的想法。於是我聽到我自己開始脫口說出有次我意外吞了一根針的故事。然後我解釋它可能不是一根針，但那時我是這麼認為，一陣靜默襲來，而我無法停止談論不知道自己是否吞下一根針這件事有多可怕。同時我也注意到整個房間完全靜默下來，除了我試著尋找結尾，有點歇斯底里的聲音，而這故事根本沒有一個結局。我只好強迫自己的身體，停止談話，並且（在數秒怪異痛苦的靜默之後）有人改變了話題，而我就能悄悄地溜走躲到廁所，直到離開的時間到了。這還是最好的情況。

我曾在不只一個場合上慌亂地胡說八道，可怕到在場的每個人都說不出話來，而靜默則是越來越明顯。走投無路之下，我就脫口說出我的信用卡號碼，然後躲進浴室。我這樣做是因為我希望喊出隨機的數字會讓困惑的旁觀者猜測我可能是那些古怪數學天才的其中一位，因為我聰明到他們都無法理解我，也因為逼他們聽我說「我可能有或可能沒有吞下針」的故事，我覺得有點愧疚的關係。他們可以就浪費掉的時間跟我索賠，只是我完全不擅長記數字，根本不記得真實的信用卡號碼，於是我只是捏造了一串隨機的數字。簡而言之，因為我記憶力很差的關係，一些偶然的陌生人正在替我的弱點付錢。因為我無法像正常人一樣延續一段對話。還有因為冒用身分是如此有利可圖。因此基本上，我們都是輸家。

我認為這對只跟我用電子郵件或是簡訊溝通的人來說，必定相當令他們困惑，因為在電子郵件裡，我是個相當機智而且條理清晰明白的人，因為在我按下「寄送」前，我有時間能夠思考一位正常、受監督、心理穩定的大人會怎麼寫信。這也是為什麼我偏愛跟人透過電子設備談話。我會先寫好信，然後問問自己正常人是否會提及「林肯會死掉是因為有太多人把沒洗過的手指伸進槍傷傷口裡的關係」這件事，然後我會說服自己正常人不會這樣做，於是我就把素食者可以吃人類胎盤因為沒有動物因它而死的那部分拿掉，然後剩下的就是一封短短的電子郵件只寫著：「恭喜你生寶寶！」聽起來很枯燥乏味，但之前我聽正常人說過，所以它顯然相當可靠。

許多人以為我只是開玩笑地誇大這點，但唯一會這樣想的人就是那些沒有焦慮症的人。剩下會點頭如搗蒜、十分贊同的人，其實是因為你們也得到了這種相當糟糕的焦慮症，它會讓一封電子郵件的談話（應該只要花幾分鐘）延伸成數小時的改寫所投入的努力。

舉例來說，以下是一封今早我與同事喬恩之間互傳的簡單電子郵件，我重現了其中喬恩：我只是想寫封電子郵件給大家，讓你們知道我今天沒辦法去上班，因為我們得讓摯愛的狗安樂死。

我：我有一顆睪丸，在罐子裡。我說的是一顆狗睪丸，不是我個人有一顆睪丸。因為那會很怪。對一個女生而言。我猜啦。可能對一個男生來說也是。我只是要說，當我的狗需要把一顆罹癌症的睪丸移除，我想我應該要留下移除的睪丸，因為我的扁桃腺移除時，我沒有機會留下它們。於是我想：「退而求其次，對吧？」謝天謝地我留下了它，因為約兩週後，我的狗就跑掉了，而現在我只能靠剩下的一顆狗睪丸來記得牠。

我：我很抱歉，瓊。這讓我記起我祖母有次跟我說：「失去一隻寵物，就像失去十位家人。」只不過這便宜多了，因為你不需要替牠做防腐措施，你也不用買棺材，只需要把牠葬在後院。

我：陰莖。

我：喬恩，今日我的心與你同在。隨信附上彩虹橋（Rainbow Bridge）的副本，以及由馬婭・安傑盧（Maya Angelou）寫的一首短詩。

喬恩：這正是我所需要的。你怎麼會知道的？

我：我了解放手是多麼困難的一件事。我依舊無法丟掉我的狗的睪丸，都已經數年過去了。喬恩。我的意思是我甚至都不知道牠是否已經死了。牠跑走可能是因為牠不喜歡我。或是牠也許是害怕我要拿走牠另一顆睪丸。又或者牠可能只是個討厭鬼。喬恩。狗有時也會是討厭鬼。

我：我了解說再見是多麼困難的一件事。

總之？做自己很累。假裝正常也很費力耗神，並且需要大量的能量和抗焦慮藥物。我應該要向所有正常人收費，因為我不去他們的社交場合，就不會砸了場子。特別因為我最後花了非常多錢在鎮靜劑上，只為了至少能稍稍控制焦慮症，而且這些錢甚至不能拿來減稅用。不論如何，這是很值得的個人支出，因為服用足夠的藥物，讓我看起來思路清晰的樣子比起在社交晚宴裡被當成像不受歡迎的北極熊一樣更加可取。

看到上一個句子了嗎？頭腦清醒、理性的人會寫下「社交晚宴裡不受歡迎的客人」，但我不會。

我一開始是想寫「不受歡迎的客人」，然後我的頭腦說：「等一下。有什麼比不受歡迎的客人，還不受歡迎呢？」「一隻北極熊」。我的頭腦比較好、正常、外加比較慢介入的一邊跑過來並說：「不要啦。沒有人會懂你。就寫『客人』吧。」然後壞的一邊就說：「真的假的？對我來說很合理。如果有位不受歡迎的客人出現在你的晚餐派對，最糟糕但卻也許會發生的事就是提早吃完玉米脆片。但如果一隻熊出現在派對上，將會血濺四處。所以北極熊到哪裡都不受歡迎。」然後好的一邊則是一臉自以為地微笑，接著嘆氣說道：「沒有人了解你的邏輯，討厭鬼。對了，北極熊在某些地方還是受到歡迎。像是動物園和可樂廣告。」但我腦袋壞的一邊不買帳，它接著大喊：「動物園的牢籠是為了把牠們關起來，遠離我們用的。因為牠們不受歡迎的緣故。」而好的一邊則說：「嗯，如果你如此討厭北極熊，那麼為什麼我們星期六要去動物園？」壞的一邊說：「因為你答應替我打手槍，你這自以為高人一等的婊子。」好的一邊倒抽一口氣，像是她不相信壞的一邊會提到這事，因為那應該是祕密。於是她繃著臉，一副假清高的樣子。也許我們該就此打住，因為整件事變得讓人不太舒服，還有為什麼這感覺像是家庭暴力事件？還有，我腦袋壞的一側怎可能接受打手槍？它是男的嗎？這件事令人困惑，感覺有點性別歧視。看吧，如果我試著要讓你印象深刻，我會將這整段刪除，接著直接將「北極熊」改成「不受歡迎的客人」，但我把它全留在那，因為我太懶得擦掉了。也是讓你們看到與心理疾病共存的困難真相。雖然主要是第一個部分。基本上，這整個段落就像我腦袋一直以來運作的樣子。因此，對啊，這裡真是一團糟。

雖然如此，我還是感謝上天，至少我的腦袋裡還是有好的一邊，因為我曾有位鄰居，因為車禍的關係失去腦袋裡控制衝動的部分，因此當我去查看郵箱時，他會任意對著我大喊著奇怪的東西。像是「嗨，漂亮女士！你的屁股越來越大了！」還有「我會把那屁股當靠枕！」我總是擠出微笑，朝他揮手，因為沒錯，這是某種汙辱，但我相當確定他其實是要稱讚我。我的意思是，那男人的大腦甚至沒有好的一邊能過濾思考，所以顯然如果我對於自己有好的一邊不心存感激的話，就有些自私了，即使它有點壞掉，因為顯然它只在我已經把話說出口之後，才認出我說的話有多糟糕。就好像我腦袋裡有感應器，但她工作的節奏慢了七秒鐘……意圖良善，但總是遲到七秒無法實際作任何事來阻止大量可怕的「你不應該大聲說出卻已經說出的廢話」。

某方面來說，能夠認出自己的錯誤是種天分，實際生活裡，我能發現我自己對著人們說可怕的話。認得出我剛說的話有多不得體的那部分的我對我大喊：「不！我們不會對神職人員談論震動器！」接著腦袋裡的尖叫聲分散了我的注意力，於是我驚慌失措，因此信用卡號碼又再度登場。或是我又脫口說出其他東西只為了填補怪異的靜默，但由於某種原因，我腦袋裡沒有過濾器的那部份能想到的只有「戀屍癖」，而我腦袋能認出戀屍癖絕不會是適合的題目的那部分大喊：「戀屍癖很糟！」我因而陷入慌亂，並聽見自己開始談論戀屍癖很糟的原因。我稍有理性的部分正看著其他人試圖要想出一個適當的方式回應雞尾酒派對上一名反對戀屍癖的女孩，並對著我搖頭。我對那些人感到抱歉。不只是因為他們必須要在那裡目睹極度難堪的場面，還有因為誰會不同意戀屍癖的邪惡？沒有任何人。如果你試著改變話題，會讓你看起來像是戀屍癖的祕密支持者，你只是不想在公開場合上承認罷了。這也是為什麼我在社交晚宴上跟小團體說話時，那些人總是慢慢往後退，加入其他團體的交談，最後我就自己一個人站著，對自己說話。這其實很了不起。如果有一樣事情比一個女孩跟陌生人在雞尾酒會上談論與死人性交還怪，那就是一個女孩在雞尾酒會上自己一人談論著一樣的事情。

這也是為什麼不論何時我看到街上衣衫不整無家可歸的人，對著空氣大喊大叫，說熊是試圖佔領城市的邪惡首腦，我立即認為早些年之前，他們發現自己在社交晚宴上討論這個主題時，把自己嚇到整個心理崩潰，接著其他人就溜走了。數年之後，眼下這裡這位無家可歸的女子仍試圖找到替這個談話用尊嚴圓滿畫下句點的方式，接著壯烈失敗。這也是為什麼我總會給無家可歸的人一塊錢和一些抗焦慮藥物，因為我完全明白他們正經歷的事情。我也喜歡點點頭，為交談增加一些東西，像是「這理論很有趣，然而我不太確定熊是否有創造複雜政府的認知能力」，但通常我說話的對象只是望向我身後，盯著那些嚇壞了，卻早已不在的聽眾，而這些聽眾現在只存在她的腦袋裡。然後我老公就會把我拉走，訓誡我有關激怒無家可歸者的危險。他不懂我所看到的：一張絕望的臉，一個被社交晚宴逼瘋的人。

你會認為維克多能多點同情心，因為他確實見過我被逼迫融入群眾時留下的情緒創傷，但是一直到最近，他還是認為我能在一場社交晚宴徹底毀滅我們的聲譽僅是我這方的誇大之詞。我覺得他把我無法處理社交場合的障礙看得太不重要了，因為（a）我焦慮症發作時是非常嚴重的，相比之下，我的社交孤僻顯然溫和許多；以及（b）他只是沒那麼注意。

平心而論，焦慮症發作時，讓人看起來感到相當不安，很幸運的是嚴重的焦慮症一年只發生幾次。這刻我覺得完全沒事，下一刻就覺得一陣暈眩襲來，接著一陣驚慌失措。於是我開始上氣不接下氣，我知道自己快失控了，而我唯一想做的就是逃離。只不過我唯一無法逃離的就是我最想遠離的東西……我自己。這樣的狀況無法避免地發生在擁擠的餐廳裡或是在社交晚宴時間或是在別州時，離任何庇護所皆數英哩之遙。

我覺得恐慌在增強，像一隻獅子抓住我的胸口，撕裂我的喉嚨。我試著要壓制它，但晚宴的同伴察覺到場面有變化，他們偷偷看著我，有點擔心。我太明顯了。我想要爬到桌子下躲起來直到恐慌消退，但這不是可以在社交晚宴上解釋清楚的。我感覺頭暈，我猜我快要暈倒了或者變得歇斯底里。最糟的部份是，我不知道這次發作會怎樣。「我感覺不舒服。」我輕聲跟晚宴同伴說，無法再說其他的話而不換氣過度。我衝出擁擠的餐廳，對著盯著我看的人虛弱地微笑。他們試著體諒，但他們無法理解。我為了逃避人們擔憂的目光而跑到外頭，這些人們裡有愛著我的人、有害怕我的人、也有想著我到底有什麼問題的陌生人。我徒勞地希望他們會認為我只是喝醉了，我知道他們在想什麼。我睜大的眼睛投射出的每個眼神都大喊著：「**心理疾病**。」

之後，有人會在餐廳外找到蜷曲成一團的我，並把他們冷冷的手放在我炙熱的背上，試著安撫我。他們詢問我是否還好，更加的輕聲細語好似他們知道我過往的歷史。我點點頭，試著表示歉意地微笑，並對自己嘲弄地翻了白眼，一句話也不說。通常他們會以為我不說話是因為尷尬，但事實上我把嘴緊緊地閉上，是因為我不知道如果一開口，我是否能阻止自己大喊大叫。我沒有意識到自己的拳頭握得有多用力，直到我的手痛了起來。我的身體吶喊著要逃跑。全身每條神經活躍、極度興奮。如果我及時服藥，我能屏除最糟糕的部分……不由自主地晃動身體，好像被電流電擊到，世上除了我之外沒有人知道世界即將終結的可怕思想。如果我沒有及時服藥，藥物就無法起作用，我接下來的幾天都會是癱軟無力的狀態。

我認識其他像我一樣的人。他們跟我服用一樣的藥物。他們試了所有的心理治療。他們很聰明、非常棒，但永遠處在支離破碎的狀態。我很幸運，雖然維克多並不了解我的疾病，但他有試著去了解，並告訴我：「放鬆。沒有什麼事會讓你恐慌的。」我很感激的笑了笑，假裝這是我需要聽的，有一天這擔心被人嘲笑的階段都會渡過的。我知道沒有什麼會讓我恐慌。這就是讓狀況變得更加糟糕的原因。

我想就是那些痛苦的日子扭曲了維克多對我非常不擅長與人打交道的看法。我確定那些日子讓他認為一點點焦慮症引起的社交孤僻跟全面性發作相比，根本不算什麼。於是我得要證明他錯了。

好例子之一：維克多這週末帶我去同事的萬聖節晚宴。我事前就提醒他，他正鑄下大錯中，因為過往幾年他只見過幾次我搞砸宴會的事件。但他拍拍我的腿安慰我，說我不會有問題的。他拍我的方式，跟他在貓接受安樂死之前安撫輕拍牠的方式一樣。這一點都沒有安慰的效果。

開車前往晚宴的路有點遠，這對我相當不利，因為我服用的鎮靜劑藥效正在退去，這讓我有更多時間擔心我們選的服裝。我們裝扮成《周六夜現場》（*Saturday Night Live*）裡斯巴達啦啦隊的克雷格（Craig）與阿麗安娜（Ariana）。我買這些服裝時，覺得這應該是十分具象徵性的流行文化指標，但海莉的褓姆到達時，她完全不知道我們裝扮的是誰。

「你知道的？斯巴達啦啦隊？來自《周六夜現場》的？」我問道，試著不讓歇斯底里的情緒滲進聲音裡，而維克多（一開始就從沒想過要當男生啦啦隊隊員，而且還沒原諒我選了這套服裝）只

維克多與我打扮成克雷格與阿麗安娜。我們之中有一位一點都不想嘗試。

是怒瞪著我。裸姆茫然地盯著我看。「拜託，你知道這個的！」我的聲音可能有點大，於是維克多拉著我的手臂示意離開，因為我們就是這樣失去第一位裸姆的。因此我深深地吸了口氣穩定呼吸，然後說道：「這年代並不久遠，丹妮。記得嗎？它是在九〇年代。」而她說：「喔，我出生在九〇年代。」接著我踢她肚子，但是在我的腦袋裡，因為那就是我們失去的二個裸姆的原因。

然而，當我們開車前往派對時，丹妮無禮漠視在她出生前電視台的廢節目的事情，在我腦裡仍記憶猶新。我藉著提醒自己不要意外把陰部露出來給人們看，來努力把腦袋清空。這通常不是我擔心的事；然而啦啦隊裙子是由貼身聚酯纖維材質製成，我一移動，它就縮上去露出內褲，為了不要整晚持續把我的裙子往下拉，我決定乾脆不穿內褲。當維克多把車停在他老闆家門前時，我仍對於這個決定感到有點緊張。當我們走在車道上朝著大房子前進，我很快地小聲對維克多說：「順帶一提，我沒有穿內褲。」他停下腳步，眉頭緊鎖帶著不加掩飾的慌張。

「我不是在誘惑你，」我向他保證，「我只是告訴你，那麼你就能，你知道的，注意一點。」

維克多瞪著我，整個人嚇壞了。「注意什麼？」

「你知道的，」我解釋：「萬一我們需要做出任何相當激烈的歡呼動作，你就能注意一切『小心老陰部』的東西。」

維克多停在門口，盯著我看，他的嘴有點張開。他的額頭上開始冒出光亮的汗珠。「我們不會做任何歡呼動作。有沒有搞錯，我甚至一點都不想穿這套服裝，還有，你到底為什麼不穿內褲!?」然後我叫他安靜，不然他的老闆會聽見他說的，這時維克多開始有點顫抖。我有點擔心，因為我們兩人之中一次只能有一個人恐慌症發作，而我已經有優先權了。我心想我是否該解釋我為什麼沒有穿內褲或是就保持安靜，因為這時的維克多似乎非常不理性，我不認為我能夠讓他理解內褲線的科學。接著我透過斜邊玻璃看進維克多老闆的家裡，注意到有四個人在沙發上看電視。

而且他們沒有人變裝。

這時我考慮要逃跑，因為強迫你的老公為了萬聖節穿上啦啦隊隊服正是離婚的理由，但讓他在老闆的派對上打扮成男生啦啦隊隊員，而其他人都穿著杜克（Dockers）

男裝時，你一定會被刺殺的。然後我想到如果我現在跑回我們的車上，維克多就會注意到屋裡沒有人變裝，他就會靜靜地跟著我回車上，然後私下刺殺我，而我最不想要的就是被刺殺。我覺得有目擊者比較安全，於是在維克多意識到事態的嚴重性之前按下門鈴。當他把面向我的臉（依舊嘴半開）轉向門口時，他注意到屋內沒有人變裝。

當維克多說出：「搞什麼鬼？」時，一名年近六十歲的男人打開了門，並用很奇怪的眼光看著我們。我覺得我們對派對主人相當無禮，我只想讓這件事結束，於是我脫口說出：「你知道的……斯巴達啦啦隊？來自《週六夜現場》？」他只是一直看著我們，皺起眉頭，好像在努力想我們是誰，我失望地聳聳肩，說道：「嗯。別擔心。褓姆也不知道。」

維克多清了清喉嚨，給我一個「請閉嘴」的表情，而在門口的男人則說：「很抱歉。有什麼事嗎？」然後維克多解釋我們來這裡參加派對，但顯然誤解了邀請函的內容（對我投以不必要的怒視），因為我們以為這是個變裝派對，這時男子打斷我們並說：「這裡沒有派對。」我以為他只是要甩掉我們，但維克多接著拿出邀請函，男子指出這裡是北克利福蘭街，而我們想找的是南克利福蘭街。搞清楚之後，他顯然鬆了一口氣，但我脫口而出說：「喔，謝謝耶穌！」然後他又再次用奇怪的眼光看著我。可能因為他是無神論者，所以他不懂我有多感謝神，因為我不會因為強迫老公穿啦啦隊服出席商業便服的活動而被殺。無神論者不會懂這類的事。

幾分鐘後，維克多與我抵達正確地點，找到一間佈滿萬聖節裝飾的房子，外面有幾個變裝的人走來走去。我無聲地禱告，只不過應該不夠小聲，因為維克多嚴厲地看了我一眼，並要求我今晚要守規矩。他給我列出一些不能在人群前談論的事情。「離婚、死亡、政治、海洛因、性、癌症、吞針」他喋喋不休地講。「這些事情不能談。」

「了解。」我跟他保證。

他半信半疑地看著我。「還有，這些人裡，大部分都是保守的共和黨黨員，請不要談你有多喜愛歐巴馬。我必須要跟這些人共事。還有不能提陰部或戀屍癖。」——他還真的提了這個——「或是忍者或是你的曾曾曾叔父用鐵鎚謀殺了你的曾曾曾嬸母。」我試圖點頭同意，但他剛提到的事都停留在我的腦袋裡，而除了禁止的話題，我想不到其他東西能與人交談。我什麼東西都沒有。

幸運地，派對非常吵雜，這裡是德州，所以大部分的人都醉了，也都講個不停，因此我能只是不用大腦地微笑，還有對於其他人說的所有事情點頭同意。維克多與我加入一大群同事的邊緣地帶。談話由一名裝扮成約翰・馬侃（John McCain）[2]的男人主導（我沒騙你），他對於歐巴馬要偷走大家的槍一事發表長篇抨擊性演說（「他要把槍放在哪？」我想知道），老實說，你連要插進一句話都很難。維克多神情緊繃，我看到他眼裡的恐慌，無聲求我保持安靜。我緘默不語，勉強微笑。維克多深深地嘆氣，我看見他臉上鬆了一口氣的神情，而我笑了笑，對他的懷疑翻了翻白眼，但扮成馬侃的男子必定是見到我們之間的表情交流，因為他暗自發笑，然後懷疑地揚起一邊眉毛，一邊問道：「這是什麼？難道我們之中，有心裡淌血的自由主義者？」這時所有的事物開始變得模糊不清，因為我明確被告知不能談論政治，於是我因恐慌而呆住，同時也搜尋腦袋裡有任何能改變話題的適當回應。看起來讓身旁眾人噤聲的短暫痛苦靜默之後，我脫口說出也許是最不可能在晚宴上聽到的句子：「我有次被連續殺人犯刺傷臉部。」

更令人不安的是，我用一種完全認真、若無其事的方式，說著令人摸不著頭緒、前後不連貫的話。好似人們總是被刺傷臉部一般。還有，我完全不知道為什麼我會說這樣的話。然後維克多用一種好像他中風的神情看著我，接著臉色一陣青一陣白，最後他從緊繃的下顎擠出了：「哈，哈，親愛的！那跟其他事情有什麼關聯？」我知道他是要給我一個台階下，或是可能只是試著讓自己跟我拉開距離。我應該要怪罪在酒上，但我認為我可以說那是因為扮成馬侃的那位仁兄提到了槍，於是讓我想到刀子，進而回想起曾有一位連續殺人犯用刀刺傷了我的臉，藉此來挽救場面。但當我解釋完後，場面變得更加奇怪。人們開始看起來不太舒服，緊張地笑著。然後維克多怒瞪著我，我則陷入為自己辯護的狀況，試著挽回局勢。若要追根究柢，維克多應該要對馬侃生氣，因為這基本上都是他的錯。我指的是變裝的男子，不是總統候選人約翰・馬侃。他甚至沒在這裡。我甚至不確定為什麼我要澄清這個。

然後維克多開始清喉嚨，試著轉移話題，但老實說，當你一旦開啟連續殺這個話匣子，實在沒辦法再關起來。人們開始催促你，他們注意到劃過你臉上微微的疤痕，這時你就得要講連續殺人犯的故事。事實上，現在你正在想：「她真的有被連續殺人犯刺傷臉部嗎？」別費心否認，因為你剛讀到它，你必定在想這件事。這就是書本運作的方

2　編註：美國共和黨參議員。二〇〇八年曾代表共和黨參選總統。

式。還有呢？迅猛龍（Velociraptor）。哈！我剛讓你想到迅猛龍了。很酷吧。這可能就是是史蒂芬・金寫這麼多書的原因。我現在徹底控制你的心靈。

但對於你問題的答案是：「是的。沒錯，我的確被連續殺人犯刺傷了臉。就某方面來說。」這就是我跟所有在派對裡的人說的話。於是維克多幾乎要跟我離婚。悲劇的是，嚴格來說這有點算是維克多的錯，因為就在此時，我正準備要先跟大家說我已經醉了，然後躲進浴室裡，但維克多卻決定先告訴大家說我醉了，為此我被他搞得太火大了，以至於我完全不擔心在陌生人面前說話的事，因為他顯然並沒有認真看待我的臉被刺傷這件事。維克多後來說，因為我被連續殺人犯刺傷臉的事並非全然為真，他的確說的有道理。此時大家多少被我吸引住，感到有興趣。還有，在場的大家都未曾見識過我把晚宴談話搞到很恐怖的狀況，因此他們沒有附和維克多要我去躺下的建議，而是要求我說這個故事。這些人全被騙了。

我幾乎立刻就知道這是個錯誤，我想我能挽救場面，所以我深呼吸，接著解釋說，我只是看一部連續殺人犯的紀錄片看到睡著，結果電影內容留在腦中，因為我夢見被夜間狙擊者（Night Stalker）追趕的夢，對方揮舞著一把大刀子，接著他就刺傷我的臉。

然後我臉上傷口的疼痛變得越來越灼熱刺痛，突然之間，我開始大叫，這時我就醒來，也知道這一切都是夢。

聽到這裡，人們總是禮貌性地笑了。巧合地，這也是我的故事停止的地方。我下次會努力記得的。但是，我當然沒有停在那裡，因為我的內部感應器仍是慢了七秒，而我剛大聲說了髒話的動作，更是讓她驚慌失措到忘了告訴我要現在閉上嘴。

於是我像是密謀什麼事一般的彎腰向前，對著鬆一口氣的群眾說：「但是我一直聽到尖叫聲，最後發現是我自己的尖叫聲，因為**我的臉真的被刺傷了**。」

這時大家都不笑了，維克多則看起來像是身體不舒服。而我也開始感到恐慌，於是說話的速度開始變得非常快，這樣我才能快點結束談話，然後跑走。

「那時維克多醒來，看到我臉上佈滿了血，他說：『真他媽的見鬼了!?』」我完全理解被嚇壞的觀眾。「而我則說『我就知道，瞧?夜間狙擊者刺傷了我！』」

就在此時，維克多跳了起來，把劍從劍鞘中抽出，接著跑到樓下客廳對著夜間狙擊者揮舞著劍，其實這有點怪，因為紀錄片裡說他還關在監獄裡，但我想如果你起床時，看到你太太被刺傷了，你可能沒辦法有效思考。而他迅速從劍鞘中拔出劍，然後跑到走廊上追危險的連續殺人犯的行為，我個人十分感動——」

維克多打斷我：「拜託，看在上帝的份上，不要再講了。」

我好奇地看著他，想著哪部分的故事讓他嚇呆了，然後我接著澄清：「喔！我說他『拔出劍』，指的不是他的陰莖，各位。我說的是放在床邊的武士刀。維克多不是揮著他的陰莖跑到走廊上追著連續殺人犯。我的意思是那會很滑稽。」我笑了。其他人笑不出來。

「不管怎樣，」我繼續說：「維克多巡了房子一圈，但除了我們，沒有其他人，而且門也都上鎖的。維克多努力說服我，我應該是意外抓傷自己，但我還是很懷疑。隔天上班時，我的同事都以為維克多打我，因此我說了連續殺人犯的夢，想當然爾，他們沒人相信我，這其實蠻侮辱人的，因為我敢保證，如果我老公真的刺傷了我的臉，我有足夠的智慧能編出比連續殺人犯在夢中攻擊我更棒的故事。」

這時我真的、真的想要停下來不要說了，但我不行，因為整件事已變得超級糟糕，我實在嚇呆了，因此焦急著想要找到結局，卻因為太慌張了而沒辦法做好它。我有點希望維克多能放火燒房子，那麼大家就會因此分心，但他並沒有這麼做，因為他非常沒用。

我繼續說著。「當然，而且我很害怕，因為也許夢中發生在我身上的事會真的在真實生活中上演，所以我有可能醒來，身上穿著高中時用醃黃瓜做成的洋裝。或是手臂變成棉花糖，或是一隻腳不見了。然後，一個禮拜後，維克多與我正躺在床上，突然間床頭板上方的窗戶傳來刮擦聲，聽起來很像故意用刀子刮過牆面的聲音。我嚇到動彈不得，但我慢慢地把臉抬起面向玻璃窗，這時我看見了我家貓的巨大屁股。原來是我家波西，這隻肥屁股貓咪試著坐在狹窄的窗戶邊緣，但牠塞不下，於是牠一邊慢慢失去重心，一邊用一隻後腳爪子焦急地抓牆壁，這時我搞清楚到底發生甚麼事了。我夢見連續殺人犯時，我家的巨大胖貓剛好掉落到我臉上，而牠尖銳的大爪子抓傷了我。這就是為什麼十年後我臉上仍留有傷疤的原因。」

大家用困惑的眼光看著我，而維克多要我離開，發誓再也不要帶我去任何晚宴。我很難與他爭論，但我說這派對其實很成功，因為沒有人看到我的陰部。維克多說我們對於「成功」有很不一樣的定義。然後他跟我說，原來是貓的連續殺人犯故事現在在「我不可以說的廢話排行榜」上名列前茅，這時我就有點憤怒了，因為嚴格來說，他欠我人情，因為在連續殺人犯的故事裡，他在房子裡追殺著連續殺人犯，雖然犯人是隻貓，但他看起就像個美國英雄。然而他指出貓並不是連續殺人犯，我反駁他說，貓比連續殺人犯更危險，因為牠們毛茸茸的樣子很難被視為有嫌疑。如果波西掉落下來的位置再低個幾吋，牠就可能劃破我的頸動脈。基本上，波西是無聲殺手。很像膽固醇。

我試著安撫維克多，於是我說回家後，我會發一封詼諧機智的電子郵件給他同事以彌補這一切，而那封信的內容跟臉上被刺傷一點都關係都沒有。

「然後呢？」維克多問道。

「然後嘛，」我邊解釋，「一切都會沒事的，因為我這麼有魅力，他們會原諒我的。此外，在場的人大多都醉了，因此他們明天醒來，不會相信我真的說了一個可怕故事。」

我，躲在廁所裡。

但維克多說即使我真的用電子郵件，成功說服他們說我很正常，我最後可能會再做同出樣的事。他說的對，因此下次我再出席晚宴時，我要假裝罹患喉炎，並要求大家都帶著手機，我就只要傳訊息給他們。只不過我很不情願地承認，我可能會驚慌失措，然後跟第一個見到的人說我不能說話是因為花豹吃掉我的喉頭，接著我會用手機放大的人類喉頭，讓他們看那長得有多麼像陰部。維克多挫敗地看著我，而我則是拿出手機找到人類喉頭，證明我的論點。這時維克多深深地嘆了口氣，要我不要再說了。這是可預期的，我猜。

我明天會跟他道歉。

用電子郵件。

耶穌，感謝你的喪屍群

在車內與維克多的對話。

我：我的老天，我們剛經過的墓園，你有看到它的名字嗎？「復活墓園」（Resurrection Cemetery）。就墓園來說，這是多麼可怕的名字。

維克多：這是因為他們相信，信仰者能復活，笨蛋。

我：不管如何，有些東西就是不該復活。此時我們所需要的就是一群在地球上四處遊蕩的喪屍。

維克多：那不叫「復活」。那是「重生」（reanimation）

我：差不多啦。雖然我覺得「重生墓園」（Reanimation Cemetery）聽起來更令人毛骨悚然。

維克多：哪有差不多。喪屍重生後，並沒有先前的意識能力，因此不是復活。嚴格來說，那是「喪屍化」（zombification）。

我：這樣啊，如果要像你這麼嚴格來論，那麼吸血鬼呢？

維克多：嗯……他們怎麼了？

我：我的意思是，吸血鬼有他們「先前的意識能力」，因此就你的邏輯來說，他們是「復活」。墓園就可以叫做「耶穌—為你—帶來—吸血鬼—墓園」。

維克多：不。那不一樣，因為你讓某人從墳墓裡復活，代表他們不是不死的（arent'undead）。

我：不，他們的確是還沒死透（undead）。那就是活死人（undead）的根本定義。

維克多：不。吸血鬼是不死之身。復活的人已經死了。

我：我想你不明白「活死人」的意思。

維克多：我想你才不明白「不死者」的意思勒！

我：我的老天，冷靜一下吧，達爾文。不要因為我把一隻吸血鬼猴子板手丟進你錯誤連篇的「耶穌─喪屍邏輯」就抓狂了。

維克多：〔嘆氣〕你想想看，你沒有考慮到許多種例外案例。你要讓人重生，就得要讓他們變成真的「喪屍」。舉例來說，你可以讓他們重生只為了進行一項任務。

我：對呀。這就叫一隻喪屍。

維克多：不是啦，因為它不會想要腦袋。它只需做一項任務。你查一下。

我：喔，我會查一下啦。我會查《不存在的廢物大字典》（*The Dictionary of Shit that Doesn't Exist*）

維克多：〔怒視〕

〔五分鐘的憤怒靜默〕

我：恩，前些日子我上班時跟一位器官捐贈的小姐聊天，她告訴我一個祕密方式讓你非捐贈器官不可。

維克多：你知道嗎？你說的都是廢話。

我：嗯，我知道你反對捐贈器官，因此我跟她說，如果我先死了，我怕你會不讓醫生摘除我的器官，但她說如果我把老媽列在器官捐贈卡上的最近的近親，那麼他們甚至不會徵求你的同意。

維克多：如果你想把器官都丟掉，我不會阻止你。下輩子碰見時，你就不要來跟我抱怨說：「我的老天，我剛才尿了自己一身，因為某人拿走我的膀胱。」

我：好吧。如果你先死，我一定會把你的器官捐出去。

維克多：你最好不要這樣做。我可能會需要它們。

我：你為什麼會需要它們？你已經死啦。

維克多：如果我變成喪屍了呢？哼，自以為了不起的傢伙？如果他們把我的眼睛拿走，我就會是很糟糕的喪屍。我會咬電線杆、貓和狗屎。

我：這樣看來你決定不要拯救別人生命，是因為你可能會變成喪屍，而如果你變成一隻能力不佳的喪屍，可能會不方便。

維克多：你這樣說聽起來很愚蠢。

我：好吧。我只會捐贈喪屍用不到的器官。像是你的皮膚。或是你的腦組織。

維克多：喪屍需要腦袋。

我：不，喪屍吃腦袋。然而即使受害者的腦袋被其他喪屍吃掉了，他們還是變成喪屍。所以顯然你能捐贈你的腦袋，還是能成為一個功能正常的喪屍。

維克多：是啊，然後我只能成為沒有腦袋的笨蛋，永生都在世上遊蕩。

我：〔哼〕

維克多：閉嘴。

我：我什麼都沒說。

維克多：如果變成喪屍的我發現我的器官不見了，你就是我第一個吃掉的人。

我：假設你死於一場車禍，而海莉受重傷，如果唯一讓她活下去的方式是她能有你的腎呢？

維克多：那她會是身體內有著巨大成人尺寸的腎臟，外表看起來很糟糕的幼童。

我：好吧，假設發生時她十六歲呢？

維克多：如果她十六歲，並且我也死了，那麼她絕對能擁有我的器官。但只能是不重要的器官……像是一隻手臂或是一些手指。

我：我確定她會是學校裡最受歡迎的女孩，有著老男人毛茸茸手臂的女孩。

維克多：喔，如果男孩開始對她不禮貌時，她就能說：「不要逼我拿出老爸的手！」

我：這是否是我們吵過的架裡，最怪的一次。

維克多：差。得。遠。哩。

跟女生做朋友

大半的人生裡，我容忍著一件小小的、卻很糟糕的祕密：我從來沒有真心喜歡過女生。我知道這是刻板印象、也很虛偽，因為我自己就是個女生，但平心而論，如果有選擇，我可能不會選擇跟我自己出去玩。

我總是這樣。我還年輕的時候，我是個太過焦慮、不適應環境的人，以至於無法親近其他女孩子。我從來都沒有學會這件事。我安慰自己，想著我能省下給朋友聖誕禮物的錢，因為我從來都沒有這些朋友，並且跟自己說沒有伴娘或是朋友能替我辦單身派對是很正常的事。不論何時我聽到女人說最好朋友仍是上學時期的朋友，我總是在心裡暗自記下要迴避她們，因為我認為她們說謊成性。

甚至到了成年，我主要的朋友仍是男性朋友。我覺得大部分的女生都愛品頭論足、殘酷、善變，並且很可能會借走你的包心菜娃娃（Cabbage Patch doll）然後再也不還你。維克多總是督促我去找女生朋友，但我告訴自己女生就像小熊：看起來很可愛，但一起吃午餐就太危險了。

但當我初次接觸到部落格，並且在網路上找到其他跟我一樣討厭人類的孤僻鬼之後，這一切全變了。我很驕傲地跟維克多提到我最要好的新朋友們，幾乎可以確定的是我從來沒見過他們。

「我的老天，Raptor99 又要迎接另一個孩子了！」我興奮地說，維克多表示他完全不知道我說的是誰。「你知道的。」我這樣解釋。「Raptor99 就是去年戰勝癌症，同時也在考慮出櫃的那位？還記得我上個月花了很多時間在電腦前，試著說服某人，他的貪食症應該尋求幫助嗎？那個人就是 Raptor99。」

「嗯，Raptor99 是男還是女？」維克多問。

「我其實不知道，」我說，「他的虛擬頭像是隻海豚。」

維克多說，如果我連對方是男或是女，抑或是一隻海豚都不清楚的話，我跟他不能算是「要好的朋友」。我承認他說的有道理，所以我決定出門跟一位媽咪部落客蘿拉見面吃午餐。我跟她在網路上結識，因為我們都對養育蹣跚學步的幼兒有共同的恐懼感。這次見面出乎意料地棒透了，這樣的滑坡效應讓我與越來越多人見面。我充滿焦慮的個性和交朋友這件事相互衝突，特別是結交女性朋友一事。蘿拉試著說服我，有些女生其實很有趣，不會任意評斷他人，這些人也不會取笑我常常因為不知所措而躲到桌子底下的舉動。雖然我不相信蘿拉的話，但我還是深吸一口氣選擇信任她，因為說到底，這也是測試我的理論的絕佳實驗，我的理論是大多數的成年女性都跟遊樂場上的孩子一樣危險，這些孩子會因為你沒有穿神力女超人的內褲而不讓你玩繩球。

在接下來的兩年，我暫時成為蘿拉介紹給我的那些人的朋友，最後我受邀到加州一個酒莊參加一群女性部落客的聚會。我們在那裡品酒、練團體瑜珈，而我完全提不起興致，但身為主辦人之一的蘿拉卻認為我很可笑。「而且，」蘿拉提醒我，「你的確告訴我，你今年的目標之一是和女孩們交朋友。」她說的沒錯，同時她也提醒我為什麼女孩們同時交好朋友與壞朋友：她們真的在意你訂定的目標，儘管你已醉得不知所云。我曾說過我應該試著去交些女性朋友，但我真的需要的是實際一點的女孩，她們不帶任何諷刺意味地喝著草莓調酒。她們對於「我們去品酒和做水療吧」這類邀請的反應，和聽到某人說「我們去參加馬戲團，然後把它給燒了」的反應一樣顯得驚嚇。

當我試著找藉口時，蘿拉瞪著眼看我。「沒錯，我確實說過我想要一些女性朋友，」我有所遲疑地屈服了，「但我們難道不能夠從較簡單、不嚇人的事情開始嗎？例如，或許可以找個週末在販售古柯鹼的地方度過？我聽說那些人沒有什麼偏見，倘若你不小心說了什麼冒犯人的話，你可以怪他們有幻聽。」

「很誘人……」蘿拉答道：「但我們先嘗試這個，之後再去古柯鹼屋看看。」

四天的旅行是由一位叫瑪姬的部落客所帶領，我在這趟旅行中認識了她。瑪姬最近拿到一個大合作案，贊助她的「生命清單」。她去了希臘，參加大型公開的大胃王比賽，還去波多黎各游泳，全部費用都由贊助商支付，她很可能把她的靈魂給賣了。她清單上的下一個項目，便是主辦一場女孩們的聚會，所以她決定舉辦「女人高峰會」，這麼叫是因為我們是一群女人。我猜「陰道大街」這個名字已經有人拿去用了。

女人就夠我害怕的，而跟部落客打交道可能更嚇人。大多的部落客情緒狀態都不穩定，並且通常在社交場合裡感到困窘，這也是為什麼我們一開始會走向寫部落格的原因。再者，他們總是在找書寫的題材，因此如果你搞砸某事，某事就會登上部落格、臉書，然後在推特上轉推直到你死了為止。這就很像琳賽・蘿涵（Lindsay Lohan）與「TMZ」八卦新聞網與《國家詢問報》（*National Enquirer*）共度周末。我猜有天我的墓碑上會寫著：「珍妮・勞森：她在推特上被錯誤引用了。」

我認為對於大多數人來說，酒鄉聽起來很棒，但這不是我的菜。在小旅館裡品酒、按摩、做臉和辦睡衣派對對有錢人來說是充滿樂趣的東西，但有錢人不是我，而且他們有睡衣。收到邀請函時，我努力找理由要翹掉這個派對：邀請函是個裡面有一罐酒和一根彎曲吸管的酒箱。維克多看到它後，鼓勵我前往交新朋友，於是我回覆「出席」，因為我被邀請函灌醉了。於是接下來的一周，我都在後悔做了這個決定。

派對的前三天，跟我妹的談話

我：我要去納帕谷參加一個派對，而我嚇壞了。這個度假派對上的人可能都很流行時尚，其中很多人是設計師，但我沒有任何的設計師服飾可穿。

我妹：就裝成走波希米亞風，她們會覺得你風格前衛。

我：嗯，我是有很華麗的皮包，但我從來沒用過它。有家情趣用品公司寄給我一個包在凱特・絲蓓（Kate Spade）名牌皮包裡的金屬假陰莖，希望我能寫在部落格上。

我妹：你有凱特・絲蓓名牌包比名牌包裡有一根假陰莖還奇怪。

我：我知道。這也是為什麼它和假陰莖都還在箱子裡的原因。我一定要帶著它去，並把它當盾牌使用，這樣大家就會認為我屬於那裡。基本上我用它的方式就跟你用十字架在德古拉身上一樣。

我妹：假陰莖嗎？

我：皮包啦。

我妹：啊。不要跟那裡的任何人說這故事。

我：它可能會我是說的第一件事。我收到最後一封有關這聚會的電子郵件，建議一天可以換數次鞋子。我只有一雙好鞋，而且還是平底鞋。

我妹：嗯，你有關節炎，所以你有好藉口。

我：沒錯，但我覺得需要把以下字句放到T恤上：「不要評斷我的平底鞋。我有殘疾。」當其他人換鞋時，我就不用換穿任何東西。雖然我有襪子，我可以換襪子。

我妹：哦，你真的死定了。

派對前兩天

我：好吧，我剛看了邀請名單。我真的被這派對嚇壞了。這就像那裡的其他人都是啦啦隊的一員。而我就是有背部護具，加上吃太多膠水的怪女孩。

蘿拉：你需要停止不要被派對的事嚇壞了。派對會超級悠閒、隨興的，而你只需放鬆好好享受。你只要帶幾條牛仔褲和一些T恤，就可以了。

我：我沒有任何牛仔褲。

蘿拉：你騙人。

我：你認識我有多少年了？你有看過我穿牛仔褲嗎？

蘿拉：哇。沒有。你可能真的有問題。

我：這就是我一直試著告訴你的事。

派對前一天

凱倫（由蘿拉介紹給我認識，一位很棒、甜美的部落客）發現我沒有牛仔褲，於是決定帶我去購物。

凱倫：我不敢相信你不穿牛仔褲。牛仔褲很棒耶，而且非常舒服。牛仔褲就像內衣。穿牛仔褲就像穿著內衣到處走一樣。

我（從試衣間內）：才不是。洋裝才像是穿著內衣，因為你猜我洋裝下穿什麼？只有內衣。而有時呢？甚至連內衣都沒有。

我走出試衣間。

凱倫：喔，看吧？這件牛仔褲很可愛。你應該要買下它。

我：嗯。不。這件讓我的腳踝看起來很胖。

凱倫：呃……什麼？

我：你不會了解的，因為你總是瘦瘦的，當你很胖時，你的膝蓋骨支撐你的體重會很累，所以當你伸直膝蓋，你的膝蓋就會向後彎曲。這就是為什麼我非常專注在稍稍把膝蓋彎曲的動作，所以我才不會有胖女孩的膝蓋骨。

凱倫：我愛你，但是我甚至無法告訴你，你現在聽起來是多麼瘋狂。大多數的時候，你很好，但現在呢？完全瘋了。

我：可能其他幾次你只是沒有注意聽。

派對的第一天，在飛機上

你知道當機長的聲音從頭頂上的喇叭傳來說著：「我們幾分鐘後就要起飛，但我們會有短暫時間沒有空調，因為我們沒有輔助電力，還有飛機其中一具引擎有問題，因此我們必須等到脫離跑道後，才能啟動它。」這時你應該直接離開這台飛機。但我不能，因為我嚇到不能動，於是我就詢問坐在隔壁的男子是否認為這是某種玩笑。他說不是，並告訴我不用擔心任何事。「沒錯。」我說著。我的聲音變的尖銳，透露著恐懼：「但他們說，兩具引擎沒有同時運作。我十分確定有兩具運作的引擎是比較好的。」

他安撫地輕觸我的手，並告訴我會沒事的。我認為他是在跟我調情，於是我說：「我結婚了。」然後他用奇怪的眼光看著我，說道：「恭喜？」他可能根本不是在跟我調情。更可能的是，他只是想要我閉上嘴。接著空服員的聲音從喇叭出現，但她不是說：「現在我們請您關閉所有的行動裝置。」而是說：「如果你還在用手機，請跟他們說再見。」而我則說：「為什麼她用結束的口吻說『再見』？」坐在我身邊的男人沒有回應。可能因為他知道我們無法活著降落。

驚人的是，我們順利降落了。我應該要在領取行李的地方與另一位部落客見面，然後一起搭車，但我很不會認人，而且我突然想到，除非她穿的是跟她部落格照片一樣的風衣，不然我就糟了。於是，我打電話給她，請她來找我。「看到戴黑帽的就是我。」我說。

「我知道你的長相，珍妮。」她和善地笑著。「我不需要帽子就能認出你。」糟了。這下子我開始回想我們之前是否見過。我告訴過她哪個故事？過去我是否冒犯過她？驚慌失措。外加，她用一種像是「喔。我們當然認識彼此」的語氣說話，於是我開始帶著微笑、假裝熟悉的神情，看著機場每一位落單的女孩，直到對方困窘地移開目光。這就是你如何知道她們不是在找一位戴著帽子的陌生人。結果是，蘇珊還真的穿著她部落格大頭照的風衣，但我還是直接從她身邊走過，因為這實在太明顯了。於是她大叫：「珍妮！你要去哪裡啦？」第一個測驗我沒通過，而它甚至不是個刁鑽的問題。

旅館小小的、很別緻、質樸。我們第一次走進去時，旅館廣告裡出現的狗兒，也就是主人的狗，嘴咬著旅館飛盤迎接我們，這個標誌實在設計的太完美了，每個人都說：「我的老天，牠好可愛！」但我心裡想的卻是：「他們一定把飛盤釘在牠的舌頭上，所以飛盤才能留在那裡。」因為這就是我心思所在。我考慮趁主人不注意時，把其中一張部落格貼紙放到飛盤上，但這不容易成功，而且主人可能會說：「糟了。現在我們得換個新的飛盤釘在狗嘴上。」說真的，其實也沒什麼好廣告的，主要是因為它是間很小的旅館，也不會有很多人看到它。也因為把廣告釘在狗嘴上是大錯特錯的。

我穿著凱倫說服我買的牛仔褲，以及一頂一九三〇年代風格的黑帽，我希望它醒目標出：「我是個波希米亞舊貨購物者。」然後這才發現有個橘色的目標百貨（Target）標價牌連在帽子的後面，上面寫著：「現價七・四八美元」。真棒。外加我非常在意自己的膝蓋骨在牛仔褲裡看起來好肥。我需要躺下來。

接下來的一個小時，我遇見了一些看起來很溫暖、很友善的女孩，而我立刻忘了她們的名字和個人故事，因為我太忙著提醒自己不要說任何冒犯的話。接著我見到伊凡伊・湯瑪斯（Evany Thomas），我是熱情的女粉絲，非常喜歡她的著作，而我聽見自己對她說，我有一個她的小小紙人像，是我自己剪出來放到書桌上的。我突然覺得自己剛踏入「我想要把你的皮膚當外套穿」的領域，但她完全和善以對，因為她跟我一樣怪。這就是跟部落客廝混的好處。大部分的部落客都跟你一樣一團混亂。

我們晚餐吃了外帶墨西哥夾餅餐車的食物。食物很美味，我轉向坐在我身邊的女孩，跟她介紹我自己。她說了她的名字，但我沒什麼印象，因為我只記得人們部落格的名字。

我：喔！我認識你！你有個很棒的設計部落格！

她：不是，那是這裡另一位亞洲女生。我寫的是時尚部落格。

我：見鬼了。我不敢相信我剛真的這麼說了。我真是個大種族歧視者。

她：別擔心。你是做什麼的？

我：我的部落格寫的是我讓自己在公共場合陷入尷尬情境的各種方式。今天這件事也會寫進去。

她：我能想像到。

我：我很可能會立刻把這整個情節放上臉書，但我這邊沒有收訊。再者，我所有的衣服幾乎都是在目標百貨買的，而且我必須承認，穿著這件牛仔褲讓我的膝蓋看起來很胖。我很抱歉；我分辨不出來，你在評斷我嗎？

她：嗯，但不是評斷你的衣服。

我：我喜歡你。你很誠實。我們會是摯友。

她看起來很困惑。我考慮告訴她，我有很多亞洲朋友，但我相當確定這只會讓事情更糟。令人難過的事實是我也無法分辨白人女性的差異。事實上，這時我已經喝太多了，而我也不確定我自己是誰。我暗自希望我是伊凡伊・湯瑪斯。我喜歡那位女孩。

睡衣派對時光。只不過天氣非常冷，而我沒有睡衣。其它人都是成套的可愛睡衣，再加上睡袍。派對女主人瑪姬穿著一襲紅色絲緞的睡袍，裡面的睡衣看起來像婚紗，並且穿著毛絨絨的拖鞋，看起來好像剛從魔衣櫥（Wardrobe）出來的。我則穿著夏威夷花布寬鬆長裝，裡面穿著運動褲，外罩大件男性連帽T，以及我的紅色假髮。我開始在社交場合戴起假髮是因著數個理由：（1）戴假髮讓我覺得像不會害怕別人的人，還有（2）如果我真的搞砸某事，我能先行告退，把假髮拿掉，然後說：「那個奇怪的紅頭髮女孩是誰？為什麼她在談論假陰莖？他們應該對於讓誰進來要更小心點。」假髮是一種保護形式、一種護身符，讓我假裝成非我的其他人。只不過我無法負擔昂貴的假髮，因此大多時候我看起來就像是假裝的癌症病患。

我對著鏡子悶悶不樂地看著我的衣服，但蘿拉安慰我，我看起來像個神祕間諜。我有點懷疑地盯著她看。「或是像個無家可歸的女人，剛好亂逛進入一場華麗的雞尾酒派對。」

她客觀地看了我數秒。「也許有

一點。」她承認。「但比較像間諜。」

我有好朋友。

我們全部二十個人穿著睡衣，圍繞在開放式的火堆旁坐著。沒有人在玩推特、傳訊息或是講電話，因為這裡的手機訊號斷斷續續，我們全被逼得要交談。令人驚訝的是，一切都很自然，沒有人看起來驚慌，除了我以外。酒也有幫忙。我低聲對蘿拉說，這是我經歷過最接近外宿營隊的一次，而這正是連續殺人犯決定要挑誰當受害者的時候。我們決定在我們左手邊的女孩會是第一位被殺掉的人，因為她很脆弱、又可愛，而觀眾會喜愛她。我會想念她的。隔壁小木屋的女孩則是下一位受害者，因為她是位健美豐滿、性感的金髮女郎，但她可能要求室友先幫她沖澡，因為第二起謀殺案一定要裸體，這個現場一定是最殘暴的，因為受害者沒有穿任何能吸收血液的衣服。我替她的室友感到抱歉。我們決定當晚其他人都會被殺掉，除了我們右手邊沒有喝酒的安靜女孩之外，而她到最後會替我們所有人報仇，因為她懷孕，又是摩門教徒，更是位深色髮色健康滿點的白人女子，她就是擊敗殺人犯的最佳人選。接著我們發現殺人犯是瑪姬，因為最終發現

「成為連續殺人犯」列在她的生命清單上，而且這行動還有背後資助的人。但觀眾可能會原諒她，因為她很可愛，而且你欽佩如此追隨夢想的人。

凌晨三點

我睡不著。幸運地，我跟蘿拉同睡在一張床，她整個睡死，但我仍為翻來覆去感到不好意思，因此我用十層衣服加上連帽T把自己層層包裹，然後坐在游泳池邊，用手機看卡通，而不會吵到任何人。只不過樹林令我想起《暮光之城》（*Twilight*），於是我開始擔心附近有吸血鬼。

凌晨四點

我覺得這時的德州已經夠晚了，可以打電話給維克多了。他正在替海莉準備上學的東西，但是電話講了大概十分鐘後，我被一隻大熊攻擊。只不過不是真的，是感覺起來像而已。基本上是這樣的，那時我在講電話，而這隻巨大的動物從森林裡走進泳池區，我低聲說：「天哪！這到底是什麼鬼東西？」維克多則說：「海莉的梳子在哪裡？你為什麼就不能把東西放回屬於它的位置？」我大叫：「有隻野生動物要偷襲我！」維克多說：「啊？」但我仍可以聽到他翻箱倒櫃尋找梳子的聲音。

接著我大叫：「我要被美洲獅吃掉了。等一下，加州有美洲獅嗎？」然後維克多說：「有的。我想是有的。喔！我好像還沒告訴你我想要開發的 iPhone 手機應用程式。」我很想罵他混蛋，但這隻動物越來越靠近，雖然天色昏暗，我可以看見牠沒有尾巴，因此我低聲說：「是山貓！有隻山貓要攻擊我了。或是一隻沒有尾巴的美洲獅。可能因為吸血鬼把牠的尾巴咬掉了。現在牠變成一隻吸血鬼美洲獅。我真的慘了。」但以上的話都只是在我腦中述說，我必須保持安靜，以免引起牠的注意力。牠抬頭一望，見到了我，接著就溜走了。

維克多一邊大叫：「哈囉？凌晨四點在泳池邊的笨蛋？你還活著嗎？回我話啊！」我有點發抖地說：「我還好。牠跑走了。」在我正要抒發我的創傷經驗之前，他已經開始再次談論 iPhone 應用程式，於是我大喊：「我剛才可能會被殺死，為什麼你還在講電腦的東西？」

維克多：「你沒事的。你想要聽我的 iPhone 應用程式的點子嗎？」

我：「不要。」

維克多：「太可惜了。我開發了一個 iPhone 應用程式，當美洲獅靠近你時，它會告知你。但當你在講電話時，它就沒辦法用了。」

我：「我現在很討厭你。」

早上六點

我：「我的天呀，蘿拉，起床。我真的被一隻美洲獅攻擊了！」

蘿拉：〔還昏昏沉沉〕「什麼？」

我：「有可能是山貓。」

蘿拉：「你看到一隻山貓？」

我：「牠很小，所以很可能是隻山貓寶寶。」

蘿拉：〔靜默〕

我：「也可能是家貓。但牠很大隻。牠用威脅的方式看著我。」

蘿拉：「牠有低聲吼叫嗎？」

我：「沒有。但我知道牠想要叫。」

蘿拉：「牠多大隻？」

我：「夠大了，我能把牠放進紙箱，帶著牠到處走，但牠可能很重。像是，我能把牠放進行李箱裡，很勉強就是了。但我們能把牠放進你的大行李箱裡，那麼牠就能舒服地過活數週。」

蘿拉：「如果你繼續取笑我的行李箱，我就會把美洲獅丟到房間裡。」

我：〔隔天一早，對著十個早起吃早餐的人〕「蘿拉有跟你說，昨晚我被一隻熊攻擊嗎？」

每個人：「什麼？」

蘿拉：「她沒有被熊攻擊。」

我：「熊……美洲獅。差不多。」

蘿拉：「根本沒有攻擊。她沒事。」

我：「我想有人應該問問旅館主人，到底在這地方養了多少隻美洲獅。」

蘿拉：「我已經問過了，他們說附近有些野貓。」

我：「我十分確定『野貓』是『吸血鬼美洲獅』的代號。」

我：〔對一小時之後前來吃早餐的其他人〕「原來我昨晚是被大腳怪（Sasquatch）攻擊。它是尼斯湖怪獸的較小型版本。但是在陸地上。你看，沒錯。這十分嚇人。」

沒有人回應，但我不意外，因為在這種情況下，你很難知道要說什麼才好。就很像有人跟你說他被刺殺了，在那個情況下，很難有適當的回應。除非你在事發的當下，那麼我會建議你說：「躺下，並告訴我們誰是殺人犯。」因為這樣可以讓之後調查謀殺案的警探省下很多時間。

今天早上我發現我們要上紅酒教育課，覺得自己像在上某種禮儀學校，而我卻錯過所有先修課。老師是一位顯然常常出現在《今日秀》的作者。我面前有五杯倒滿的紅酒，但品酒老師告訴我們，在完成課程之前不准喝面前的酒。我想這就像是你放一塊餅乾在狗鼻子上，並告訴牠們不能吃，這就是牠們的感覺。只不過當老師沒有在看時，我偷喝了幾口紅酒，要我當一隻服從的狗，我真的不太行。

我們花了很多時間在學習如何搖晃紅酒杯。我總是認為會這樣做的人看起來很目中無人，但顯然你能讓更多的氧氣進入紅酒，讓它嚐起來更好喝。當你搖晃紅酒時，酒會分散在玻璃杯的四處，因此能得到更多的空氣。我對於坐在我右邊的女孩感到抱歉，因為講到搖晃紅酒，我顯然是個表現過於突出的人，因此她被我濺到好幾次。幸運地，她一副不在乎的樣子，只是把手臂上多餘的酒舔掉，我覺得她這動作很環保、也很時髦。我們的老師看起來不太開心，因此為了讓她分心，我問她為什麼人們不把酒倒在大的晚餐盤子，附上吸管來吸酒來喝。她對著我生硬地微笑著，並且告訴我從來都沒有人問過她這個問題。我十分確定這是「我一定會偷走你的聰明點子」的代號。我把自己的電話號碼寫在餐巾上，並告訴她，如果她開始行銷酒盤，我也要分一杯羹。她同意，但接著卻很快離開了。我可能見不到那杯羹了。

五輛載著女孩的廂型車出發拜訪酒莊。只有四輛回來。[1]

喝到第十杯酒時，我開始在想我的味覺是不是有問題。其他人正在評鑑酒單，寫下像是「美好餘韻。濃厚的香料味。」同時間，我則是在隨手亂畫吸血鬼美洲獅的圖畫。

然後我注意到人們盯著我的塗鴉看，於是我開始在酒名旁寫筆記。寫著像是「味道像感冒藥，但味道並不差」、「這酒絕對會讓你醉得一蹋糊塗」、「我感覺不到我的腳」和「我是不是沒關車庫的門？我在想貓是不是著火了。我可能應該現在就停止喝酒」這樣的東西。其他人的味覺都很有品味。我則是需要心理治療，還可能要介入治療。

最後一個酒莊看起來一定有鬧鬼，而外面的鴨子看起來像是一臉飢餓樣的無家可歸人士，當服務人員端出起司時，我因此分心了。我低聲跟坐在我旁邊的女生說，我對於要品嚐起司感到非常興奮，因為我很喜愛起司。特別是切達起司。我喜歡所有口味的切達起司。酸的、非常酸的、煙燻酸味。我可以說是名起司鑑賞家。但當起司端來時，所有的我都認不得，而且裡面沒有切達起司。我說：「這是什麼樣的起司盤？」但我只是在心中說（或是可能只是輕聲細語，因為我有點醉，但仍努力維持專業的樣子）。服務員解釋，這些是贏得比賽的「藝術起司」，除了其中一片，裡面有ＯＫ繃。因此我說：「我的起司上有塊ＯＫ繃」，而那位先前被我冒犯的亞洲女孩彎腰向前跟我說：「不是

1　其實五輛車都回來了，但這個敘述方式聽起來比較戲劇化。

啦。那是紗布包裹的布拉布拉（blah-blah）某種法國的布拉。」於是我謝謝她，但只吃離ＯＫ繃最遠的那端起司，以防她是要報復我之前無意間對她的種族歧視。一小時之後，我們在迷宮般的酒桶之中焦急尋找廁所時，一起迷路了，我們就此建立起情誼。她跟我保證，她沒有要逼我吃ＯＫ繃。急著解放尿液的需求讓眾生平等。

其中一座酒莊明顯有小黃蜂出沒的問題，因為到處都看得到小黃蜂。幫忙倒酒的男子開玩笑說，這支酒的酒色就是來自從地下飛出卻跌進酒桶裡的小黃蜂。我有點懷疑地仔細端詳酒杯裡面，然後男子笑了，並解釋他只是開玩笑罷了，但小黃蜂的確很喜歡紅酒，所以酒裡面可能有些小黃蜂。我仍把酒喝掉。「沒什麼大不了，」我隨口說：「我對小黃蜂有致命的過敏反應，所以我很可能會死在這裡。」同桌的其他人同聲說：「真的嗎？」我則回：「沒有啦，其實沒有。但那種死法也很棒，不是嗎？」其他人靜默無聲，可能是因為他們忙著在想，對呀，那一定會是很棒的死法。

晚上八點

我應該在樓下吃 BBQ，但我卻瀕臨焦慮症發作邊緣，所以我退出，而每個人都很體貼。這就是部落客在一起的好處。她們知道你支離破碎，而她們大部分也是如此，所以她們只是點點頭，叫你吃點抗焦慮藥物，然後上床睡覺。她們都非常幫忙。她們也想要我離開，這樣才能談論我。

蘿拉拿了一盤烤肉和水過來，我告訴她，沒能在樓下和她們一起覺得好糟，她安慰地輕拍我的頭。「沒事的，我保證。大家都能理解。」她走出門，但又轉回來，很快地用俏皮的口吻說：「但你被踢出起司小隊了。」

我愛我的朋友們。

凌晨四點

我醒來，發現蘿拉不見了。我在外頭找，卻沒見到她。我依稀想著，是否我可能在藥物誘發的狀態下意外殺害了她。「應該沒有吧。」我心裡想著。「四周沒有足夠的血跡。除非血都在浴室。」我決定等等查看一下。

早上八點

蘿拉沒有死！她在別的地方睡著了，而她回來是因為她擔心我會以為她被綁架了。

我：沒有。我在想我已經殺掉你，然後腦袋屏蔽掉這件事。

蘿拉：你以為你殺了我？

我：只有一秒鐘的時間，但沒有足夠的血跡。可是蓬蓬頭是歪斜的，因此我想可能我剛把淋浴間的血都沖掉了。但這不像我。我很不會清理自己製造的髒亂。

蘿拉：嗯，知道我是你第一個想殺掉的人，這也不錯。

我：絕不會。我喜歡你。你是我最不想殺掉的人。這是為什麼我覺得自己屏蔽掉這件事。我估計之後進行心理治療時，我才會恢復所有的記憶，並且記起自己被外星人綁架，被用探針測試。這就太糟了。我很開心你沒死，因為即使記不起非自願的探針測試，我也已經夠混亂的了。

蘿拉：而且我想「殺害最好朋友」這整件事也會是令人沮喪的事，我覺得啦。

我：那也是。但主要是探針測試。

早上十點：雨中瑜珈

我們正在做下犬式，而我心裡想的卻是：「看在耶穌的份上，拜託不要讓我放屁。」我開始向耶穌嬰孩祈禱讓我免於意外放屁，接著有人放屁了。那不是我，但我對她的處境感同身受，還有我真的很想說：「那真的不是我。」不過這可能不太適當，因為我們應該都在進行冥想。

我鼓起勇氣跟瑪姬說話，感謝她邀請我，接著發現自己跟她說，如果這裡有任何人是殺人狂，我覺得就是她。她整個靜默，我說我指的是好的方面，因為她是最有組織能力的人。接著她跟廚師要了把剁肉刀，讓我有點緊張，但結果是她覺得這個想法太棒了，想要演出謀殺現場。於是我們就這麼做了……

這很酷。

最後一個早上，我們全部都坐在泳池邊，滿頭亂髮外加沒上妝。我跟高中一樣聽著身邊的談話，但我不再是屏蔽或是打從內心譏笑周遭的對話，我只是微笑和點頭。我逼我自己加入大家，並聆聽我身邊的對話，而不是避免被拒絕而埋首書本裡。我這才知道女孩子間的對話有多酷。隨意聽到的幾則對話：

「我從沒跟別人說過，但有時候我覺得我的寶寶真是個混蛋。那是正常的嗎？」

「喔，沒錯。我的寶寶有時候也真的是個混蛋。」

「當你身在尼泊爾，四周都是多日本人，當時是凌晨兩點，而你身處在一個地下室，正在尋找早餐，然後突然間有位魔術師出現了，你知道這種感覺嗎？」

「喔，我完全了解你在說什麼。」

「我爸有憤怒問題，因此他的醫生建議他去上默劇學校，學習如何安靜地處理情緒。一直到我長大，我才知道不是每個人都有跟憤怒爸爸一起上默劇課的回憶。」

「我不喜歡默劇。我不喜歡他們假裝殘缺的樣子。」

「對吧？為什麼只停在模仿啞吧？假裝有小兒麻痺的小丑到哪裡去了？」

「我曾經跟一位有巨大陰莖的男子上床。這是個問題。保險套戴不上。我實在驚訝到不知所措，於是我意外地對它笑了一下。接著它就縮小了。對方就不高興了。」

「這應該畫成漫畫。巨大無比的陰莖是他的超能力，而女人對著它笑就成了他的氪星石（剋星）。[2]」

「你是否曾搭上地鐵，然後想著：『後面的男子是誰？他看起來好面熟。我是不是

2　Kryptonite 氪星石，是一種只存在於超人漫畫的虛構礦物，為超人的剋星。

跟他上床過？』這常發生在我身上。」

「沒有耶。這從沒發生在我身上。婊子。但我在公車上倒是發生過很多次。」

最後一個小時

當我們都拖著各自的行李前去等待中的廂型車，我用驚人程度的情感看著這些女人。幾天前，我還覺得這些人很勢利或是卑鄙，但到最後，她們也跟我一樣曾受過傷，或有著怪異的背景故事和掙扎。的確，我是這裡唯一一位只帶著登機箱和一雙鞋的人。但我尷尬地意識到，那些區別我與其它女孩的東西，最後從「我自稱的榮譽勳章」，變成我用來將別人擋在外面

的防衛盾牌。我用這些盾牌評斷和摒棄那些我自認為擁有的比我還多的人，我小時候也以同樣的方式，被歸類為物質缺乏的孩子。

我把我的小袋子丟進廂型車裡，回頭幫忙這些新朋友們搬她們巨大的行李箱組以及吊掛用衣物袋，她們則報以微笑表示感激，同時也為我能只用一個小行李箱就完成如此長時間的旅行而感到驚訝。我靜默地微笑以對，對於她們的稱讚感到有點愧疚。她們的行李箱可能比我的大三倍，但我知道我帶來的情緒行李大到能讓她們的行李箱相形見絀。現在我要離開了，而我的情緒行李變輕多了。

我認為只有勢利、有錢的人會喜歡紅酒，以及每個人會根據誰有對的內衣，而分成不同的小圈圈，這些臆斷我都留在這裡。最重要的是，我認為女生都不能信任，這個我數年來一直抱持的想法，我也把它留下。是的，有些女生也許非常討人厭，但有些男生也是（顯然有些嬰兒也是），我逐漸放掉那些我過去沒意識到的使我裹足不前的偏見。女生很好，而且（直到就個人的層次上，被證明為混蛋）都值得我的信任。女人很棒，而且相對無害。

凌晨四點，樹林裡的吸血鬼美洲獅才是你真的該擔心的東西。

我是奧茲巫師的家庭主婦版（我既「偉大又可怕」，因為我有時會躲在窗簾後面）

維克多和我對於房子的整潔，有著非常不同的定義。

維克多的定義是每一樣東西都要確實地擺放在它適當的位子（除了那八千多條電線和從我們房子裡的電器延伸出來的延長線之外，他顯然對此無視）。這也包含了一件神奇的事情，那就是他從來沒有真的幫忙打掃過（除了有一次我衝到客廳，因為聽到他在除塵[1]，但結果卻是他在噴灑家具亮光劑。檸檬氣味的家具噴霧的聲音，就像是將罐裝奶油直接噴到嘴巴裡的聲音。我以為維克多在沒有我的幫助之下打掃家裡，為此產生片刻的罪惡感。但後來發現他只不過是在清潔他的汽車變速器罷了，因此我旋即回去繼續觀看喪屍電影）。

我對於一間乾淨房子的定義則簡單多了。我能忍受信件、雜誌和玩具雜亂地散落在地板上，只要地板乾淨衛生。我認為，一間房子應該看起來像是有人居住的，只要我不被這些東西絆住，或不會因此染上霍亂，那麼這房子就是乾淨的。我可以忽略推放在客房床上的衣服，因為我知道它們都是直接取自烘乾機，只是等著被褶放。相反地，維克多則會盯著持續堆積的衣服，反覆憤怒地大聲嘆氣，直到我終於崩潰並質問他為什麼聽起來像是在洩氣。雖然我們看見的是同一間客房，但是關注的卻是完全不同的面向。維克多看見的是一座爆發衣服的火山，一口認定我故意不將衣服收拾好，原因是我太懶惰且故意試著讓他神經緊繃。我則把它當作是一種個人成就：過去幾個月來，我洗完衣服的一種體力展示。這就像是一種由衣服製成的特殊獎盃，我幾乎忘了我曾經擁有過。維克多說那就像是一個瘋子住在我們家裡，而且正在用那些需要被收納的衣服造一座維蘇

1 我的編輯閱讀本章時，指出一直以來我都誤用了「除塵」（whip-its）一詞，事實上它指的是吸入笑氣之後的興奮狀態，這可以使你致死。這也解釋了為什麼當我對別人說，我小時候最珍藏的回憶之一是和祖母一起除塵時，他們都用很奇怪的表情看著我。我的編輯安慰我說，或許有些人以為我在談論的是惠彼特犬（whippet），但後來她也承認這樣也沒有比較好。

威山。這正是我之所以提醒他為什麼要發明門，我還親自挑選了客房的門。「懂了吧！」我說道，「問題解決了吧。」

「你不能只是藉由不使用房間來解決問題。」他如此爭論著，但我卻認為他很可笑，因為我一直都在使用那間房。我當那間房是個巨大的抽屜，用來收納那些需要被掛起來的衣物，同時也用來存放我的橢圓滑步機。維克多說我從來沒有依照滑步機「預期的使用目的」來使用它，我很冷靜地告訴他錯了，因為我好幾年前買下它的「預期」是健身，直到我覺得無趣，最後將它拿來做為自然風乾剛洗過的棉被及床單的架子。如此有遠見的我應該得到讚許，而且我們的棉被也因此免於被放到烘乾機裡烘而縮水。如果把這件事丟給維克多做的話，我們可能就都要睡在如手帕般大小的棉被裡了。我真不明白為什麼我要解釋這些，維克多也不明白。但我猜想我們並不是在討論同一件事情。

今天早上打掃家裡時，那些對話還在我的腦海裡迴盪著。我將碗盤放入洗碗機，並將它啟動。幾分鐘後，我注意到裝著洗衣劑的罐子被放在洗碗機旁的櫃檯上，但我已經好幾天沒有洗衣服了。我一想到：「靠！我剛剛該不會把洗衣劑放到洗碗機裡吧？」就覺得有點反胃。

這使我有些驚慌，因為去年我意外地將洗手皂放到洗碗機裡，結果當我回來時，整間房子都被泡沫炸開來了。那看起來就像是青少年在開一場泡沫狂歡派對，但卻不吸引人，因為維克多氣炸了，而我也沒能播什麼很酷的音樂或者給他搖頭丸。要將房子整理乾淨簡直就是一場惡夢，如果再發生一次我一定會嚇壞，所以我祈禱維克多會好好待在臥室裡。接著我登入了推特（給那些不知道推特是什麼的人：推特和臉書一樣，但比較容易，你可以透過它來告訴別人你的貓正在做些什麼，也可以發問請益。那就像進入了群體的蜂巢意識裡，很美妙也很可怕。）我登入推特後寫上：「打個比方，如果我無意間將洗衣精放到洗碗機裡，那麼我的洗碗機會因此爆炸嗎？我有點想盡快搞清楚這件事。」有大半人都回答我說：「房子裡傳出呼叫聲了，快離開那房子。」有個人寫道：「事實上，那可以幫你把血漬除去。」這不禁讓我懷疑，他們到底拿洗碗機來做些什麼。但我還是很擔心，所以我用棉被將洗碗機包裹起來，以防它開始滲漏，棉被就像是一個超級巨大的護墊。我真佩服自己的聰明才智。這份驕傲感約莫持續了十秒，直到維克多走進來說：「洗碗機上裹著棉被是在搞什麼鬼啊？」我並不想解釋，因為他仍不停地提起上次我把烤爐給燒了，那已經是好幾年前的事情了。我們要活在當下不是嗎？但接著我想到此刻我正毀了我們的洗碗機，因為我把 Tide 洗衣劑倒了進去。儘管我還不打算承認，因為我不太可能一直都使用對的清潔劑。所以我只好告訴維克多洗衣機覺得冷。而他的反應只有「什麼鬼！」

「好吧，」我解釋：「它必須要先暖機才能好好洗碗，對吧？於是我想先幫它保溫，這樣可以節省能源，還可以快點加熱。我們的碗盤也會比較乾淨。我總是在動腦筋。」維克多雙臂交叉胸前，直盯著我看。十秒鐘之後，我卸下心防承認我可能不小心把洗衣精倒在洗碗機裡，因為除了這之外，我想不出為什麼洗衣精的罐子會是空的。接著他嘆氣然後對著我搖搖頭。「你真的是很糟糕的密探。老實說，你真的非常不會說謊。但不用擔心，因為你啟動洗碗機之

一張洗衣機裹著棉被的照片，我將它分享到推特上。請注意棉被看起來多好、沒有縮水。那都是因為我好嗎，各位。

後，是我把洗衣精的空罐子放在流理台，為了提醒我自己該再買了。」

「那麼這都是你的錯！」我大叫。而維克多說：「什麼？這怎麼會是我的錯？」但我大喊：「我控訴！」然後在他說任何話之前，就怒氣沖沖地衝出去了，因為難得有一次是維克多搞砸事情，真是令人耳目一新的改變。我想要好好享受這一刻。

我敢說比起其他事情，我與維克多最常為了房子的狀態吵架，這真的說明了某些事，因為維克多跟我曾為了佛蘭肯・貝瑞（Franken Berry）[2]是否是女生（他不是）和哪隻花栗鼠會先死（是艾文，因為吃太多）。但為了房子的事爭論是最常見的。以下是我辭去人資工作，努力成為全職作家之後，維克多與我最典型的吵架內容：

維克多：這房子根本是廢墟。

我：這房子是「創意基地」。

維克多：不是，它只是廢墟一座。

2 編註：歐美動漫人偶，粉紅色，有點像科學怪人。

我：嗯，我不懂你為什麼要跟我說這個。清理房子又不是我的工作。

維克多：是呀，事實上就是。記得嗎？你要辭掉工作，然後專心寫書？還有清理房子。做雜事。我們說好的約定，記得嗎？

我：才不是。那聽起來一點都不像是我會做的約定。

維克多：「我要成為史上最棒的家庭主婦。我會寫作、清理和煮菜。」有印象嗎？

我：很模糊。我說這話時，可能是醉了。

維克多：「給大家免費口交！」

我：喔。那聽起來是我會說的。你是不是氣我說口交的事？

維克多：不是。我是氣我們兩個明明都在家工作，整個家卻像個廢墟。

我：沒那麼糟吧。你太言過其實了，因為你有潔癖。

維克多：你把飛盤當盤子用。

我：什麼？我才沒用——喔，等一下，這真的是個飛盤。好奇怪喔。

維克多：〔怒瞪〕

我：老兄，冷靜。我之後會清洗它的。它也許可以放在洗碗機裡洗。

維克多：這跟飛盤是不是能放在洗碗機裡洗沒有關係，而是你用飛盤來盛東西吃是因為根本沒有乾淨的盤子。

我：當然有乾淨的盤子。我只是在流理台上看到飛盤，隨手抓過來用。嚴格來說，它是個很棒的盤子。它甚至有突起的邊緣，你就不會把食物灑出來。

維克多：這怎麼可能不會讓你覺得很煩？

我：我當然覺得煩。我不敢相信我會拿清理房子來交換辭掉工作。我也不敢相信，你竟然會認為這行的通。如果真有什麼問題，做這約定時，你應該早就知道了。一切都算是你的錯。

維克多：我要掐死你。

我：我要把所有的盤子都換成飛盤。因為我是個非常有遠見的人。

維克多：我是很認真的。

我：我也是。飛盤盤子實在太棒了。除此之外，我也沒有時間清理，因為我正進行重要的社交媒體活動。

維克多：真的喔。那麼，你今天到底完成了什麼事？

我：很多耶。社交媒體專家……的東西。

維克多：不是這個。是你今天到底做了什麼事？數給我聽。

我：這沒辦法量化。我做的事沒有任何衡量標準。

維克多：試試看嘛。

我：呃……今天下午我畫了希特勒卡通。

維克多：那……一點都不好笑。

我：老兄，這很好笑。你知道嗎？因為人們總說：「他們討厭我是因為妒忌的關係。」這就是希特勒，大家真的都討厭他，卻一點都不妒忌他嗎？

維克多：不好笑。

我：我想我需要去上畫畫課。幫線條人物加上圍巾就花了我快兩小時才搞定。這就是為什麼我沒有清理灑在微波爐裡的湯。對了，不要查看微波爐裡面喔。

維克多：我要去躺著，直到想殺了你的衝動消失為止。

他離開，再也沒回來了。而我必須清理微波爐，因為在這段關係裡，我是負責任的那位，也是因為我人在浴室，還是可以聞到蛤蜊巧達湯的味道。這也是為什麼當我很糟。還有，我也相當確定我老公是反猶太主義者。

附註1：維克多說，聽到嘲笑希特勒的笑話卻笑不出來，不代表你是反猶太主義者，但我十分確定這就是反猶太主義者會說的話。他們沒什麼幽默感。他也說我們的對話是在談論「為什麼我的行為舉止就不能像個大人一樣」，但我相當確定對話是在談為什麼他這麼喜愛希特勒。

附註2：我只是要說我其實是位非常

怎麼了？/大家都討厭我。/他們不是討厭你，而是忌妒你。/真的嗎？
真相：很明顯地，我們都有點妒忌希特勒。

棒的家庭主婦，我把烤箱燒掉唯一的原因是因為一開始我們要賣房子，我讀到說在開放房子參觀的日子之前，應該要烤個餅乾，因為這會讓你的房子聞起來更有家的味道。於是我把其中一個餅乾條放在盤子上，然後放進烤箱。十分鐘後，可怕的味道傳來，我衝到烤箱旁時發現，如果你沒把餅乾條裁成餅乾形狀，它就會爆掉散落在整個盤子上。還有，裝烤箱時，他們將使用說明資料放在烤箱內部，顯然想要你痛苦地死掉，因為當你烘烤食物時，裡面的資料就會燒焦，於是你家就失火了。此外，他們還把說明資料放在塑膠資料夾裡，塑膠燒融化後，氣味很難聞。因此你很難跟潛在買家說，烤箱只用過一次，就是用來烘烤一堆塑膠，這也是開放房子參觀的日子時，屋裡氣味難聞的原因，這一切都讓房子變得很難賣出去。再加上，我明明只是想幫忙，維克多卻對整件事提出令人意外的諸多批評。他告訴我除非我能答應自此不再進廚房，不然保險公司要我們在新家裝上海龍滅火器系統。我一點都不覺得這很好笑，反而氣炸了。但隔天我再次加熱烤箱，試圖刮掉融化在微波爐裡的塑膠，卻不小心把茶巾放進烤箱裡，再次讓烤箱燒了起來。我很開心房子賣掉了，因為老實說那台烤箱真是可怕的死亡陷阱。

附註3：替自己辯護一下，我想說我其實會煮飯，雖然煮出來的餐點可能不同於其他人的標準定義。舉例來說，我從來沒有刻意替家人準備過晚餐沙拉，而我也沒打算做。用那麼多的食材和器具只是為了端上一盤生的餐點，這顯然很浪費。還有，我只見過家人把沙拉當成他們必須戰勝的東西，然後在沙拉上淋上醬汁只為了吃完，才能夠繼續食用「真正的食物」。我才不信這套。相反地，我直接跳到真正的食物。我最近用微波爐做起司通心麵。我家人如果不夠欣賞這道菜，我會強調這道菜花了我三十分鐘才完成。維克多拒絕相信，直到他打開垃圾桶，看到十份單人份只要加水進去就能完成的起司通心麵，同時我也稱讚自己早先就把另一袋垃圾拿出去了，那裡面還有另外十份單人份起司通心麵，只是已融化糾結成一大坨通心粉團。當你想要煮十份每份需時三分鐘的單人份塑膠碗裝餐點，你顯然不該把它們一次丟進微波爐裡，加熱三十分鐘，然後又去沖澡。這是我給各位的建議，這也是茱莉亞・柴爾德（Julia Child）從沒提到過的。

附註4：還有，如果你要做水煮蝦仁，但香料袋卻破了，你只能把破掉的香料袋以及任何你能在櫥櫃裡找到的香料一起丟到鍋子裡，那麼你就能做成自製的胡椒粉噴霧器。並非刻意地。下一個小時裡，晚宴上的人都跑出屋外，每個人咳嗽加眼淚直流，好像被梅斯防狼噴霧噴到了。嚴格來說，他們的確算是被噴霧噴到，因為肉桂剛好就是我在櫥櫃裡找到的其中一種香料。我怪罪所有用梅斯防狼噴霧作為香料的人。我提醒上氣不接下氣的晚宴客人，即使我真的用防狼噴霧噴他們，我也是用老派自製、瑪莎・史都華（Martha Steward）之類的方式。加上愛。

廁所門後面的精神病患

我的朋友洛塔幾個星期前告訴我，醫生說她體內毒素太多、抗憂鬱藥沒用，所以她得以「浣腸」的方式把身體的廢物清掉。我覺得這也太離譜吧！可是她說她浣腸的當天就掉了三磅——我立馬折服。我的瘋子藥一定得有效、一切都是為了家人，我這樣說服自己；但打心眼裡，我只不過是想不做運動就能甩掉三磅肥肉。**太讚了**。

於是我走進藥妝店，但找不到浣腸。我想問藥劑師，但就在排隊的時候，我腦海浮現了這樣的對話：

我：嗯，我要買浣腸。

藥劑師：沒聽說過，應該是給變態用的。

我：是清腸子用的，這樣抗憂鬱藥會更有效。

藥劑師：我看你是用藥不當，抗憂鬱藥是從嘴巴進去的。

我：你算什麼醫護人員啊！

藥劑師：我要叫警察了，變態！

我不知道為何劇情會跳到叫警察，不過一旦這個想法在腦中成形、就僵在那兒了，所以當藥劑師問我需要什麼的時候，我有點慌。我尷尬地愣了一會兒、趕緊問說老花眼鏡在哪，他說店裡沒有老花眼鏡，這就怪了，大多數的藥妝店都有，而且我總會試戴一下，然後再假裝自己是個淘氣誘人的圖書館員。總之，我決定不拿浣腸，只買瀉藥，因為我想：雖不中、亦不遠矣，是吧？我買的是超效的東西、花的卻是常效的價錢，技術上來說，我是在省錢，維克多到時候問我為什麼花二十美元買「沒有必要」的瀉藥時，這會是個很有利說詞（雖然事實證明，他對務實經濟沒有好感、不太在乎成本效益，或者，他是想讓我變胖還是什麼的）。我早料到整件事情他一定會很有意見，就像當初我要買那種在晚上睡覺能把身體所有毒素吸出來的中華足貼時，他也非常反對。他說整個中華足貼就是場陰謀，我卻認為他這麼說只是想放著我難受，不然就是有種族歧視。我說他是種族主義者時，他徹底抓狂、大吼大叫，我就說：「我都不知道自己在說什麼，是那些毒素在說話！」結果他還是不讓我買。這就是為什麼我得等到他去紐約出差的那週，才能完完整整做淨化的原因。

那天晚上我吃了兩塊清宿便的巧克力，後來看到使用說明寫著「效果溫和」，但好的清腸劑似乎和「效果溫和」沾不上邊，所以我再加碼吃了三片。這種緩瀉劑做成巧克力的口味、很香，而且我也有點餓了，所以又吃了一片。接下來，一點動靜都沒有。於是隔天早上，我再接再厲吃了兩片（我想昨天晚上都吃成這樣了，毛病可能出在自己身上，應該是本人對瀉藥有過人的抗藥性），接著，我去星巴克買了特大杯的星冰樂。現在想想，問題可能出在這裡，因為顯然咖啡也是一種輕瀉劑，可悲地是我當時沒想到，因為腦子佔線、滿是上週和維克多關於星冰樂的對話，當時他在上班的時候打電話來：

〔鈴聲響起〕

我：喂，我是珍妮。

維克多：所以我說，為什麼他們不做巧克力口味的思樂冰？
我：呃……啊？
維克多：巧克力思樂冰。為什麼沒有人做？
我：有啊！不就叫摩卡星冰樂。
維克多：錯！不一樣的東西。星冰樂沒有像思樂冰那樣的吸管勺。
我：你說的是冰沙。不是思樂冰。
維克多：下次去星巴克我就要說：「給我有勺子的吸管，蠢貨！」不然吃到最下面、最後一口是要怎麼弄出來，蛤？當然是吸管勺！
我：？
維克多：必須結盟。7-11 和星巴克。
我：摩卡思冰樂？
維克多：或是思樂冰瑪其朵。這樣加起來就是褻瀆同盟了。
我：所以你確定找我有事還是……？
維克多：嘟－嘟，哇－哇。

我：呃，剛剛那是什麼？

維克多：剛剛是我的反基督樂章。

請注意，他要聊天、開頭卻連「您好」都沒說，這比反基督什麼的更叫我火大，因為問候語是構築友善社會的基本要素，也是區別我們和熊族僅有的幾件事情之一。

於是我開車回家，一面喝我的星冰樂、一面用腦力寫下：維克多打來的所有電話一律轉入語音信箱，然後，**我的腸子就內爆了**。我是說，腸子沒有真正地內爆，而是感受到空前的內爆。起初，我這樣想：「沒關係，疼是好事、好好感覺那股灼痛」，但後來我意識到，這和瑜伽不一樣，我實際上是犯了一個很恐怖、很恐怖的錯誤。我不打算講得太清楚、但基本上我的雙腿彷彿融化了，肚子裡還有頭蠕動的大象正用牠的尖爪在找出路。沒錯，這頭大象有尖爪，鼻子還是很多條蛇組成的。

既然維克多在紐約、海莉在上學，我可以獨享房子，這很好，因為老實說，任何人聽到廁所裡傳來的噪音，都會讓女人氣質裡的性感神祕完全破功。某一刻，我開始擔心自己可能用藥過量致死，我不確定瀉藥吃太重會怎樣，但我十分確定會很糟、很可能整條腸子都會拉出來。我不確定實際在醫學上有無可能，我想撥個電話給羅塔、問問她在做淨化的時候有沒有拉到腸子都出來的感覺，但我又不確定我能夠好好說話、不驚聲尖叫，而且我也沒有她的電話號碼。因此我坐在那兒，想著這種死法會很恐怖，因為基本上我這輩子不管有什麼成就、都會蒙上一層陰影：「**她最終在馬桶上過世，死因是把自己的下腸道排了出來**。」就像，這事兒若發生在湯瑪士・愛迪生的身上，毫無懸念地會是他維基條目裡最先說明的事項。上面會這樣寫：「湯瑪士・愛迪生是一位把自己腸子排出來的人，擁有多項發明、改變現今人類的生活。剛才是否提到他把自己的腸子拉出來了？因爲他確實二話不說地把腸子拉出來了。湯瑪士・愛迪生拉出了自己的腸子。童叟無欺、非得再三強調。」

差不多就是這個時間點上，我決定應該採取行動，我找到了一些必舒胃錠、吞足了劑量。我考慮再多吞一點，但現在我擔心自己可能不得不打電話給911求救，我不想被迫解釋為什麼吃下三倍建議量的瀉藥再加上三倍建議量的止瀉藥，因為連我自己聽起來都覺得像是某種很掉漆的自殺計畫。只服用一劑的止瀉藥似乎相對合理。「確實，」我想，「這會讓我看起來更有可信度，也比較不會被列入自殺的監看對象。」

當然，必舒胃錠比不上緩瀉劑的原始力量，必舒胃錠很像是穿上小腿護具、夾在龍捲風當中，只是必舒胃錠的效果比護具更差，穿上護具、他們以後找到屍體的時後，至少是保住了雙腿、還能穿著裙子進棺材（除非雙腿完全扯斷，這絕對可能發生）。但是必舒胃錠除了把我的舌頭變黑之外，絲毫沒有任何作用。

我突然想到，吃一堆起司或許會有幫助，我曾經和一個女孩一同到學校，那女孩吃了太多起司、嚴重便秘，所以不得不去醫院讓醫生把她的大便弄出來。聽到這件事情之後，我再也沒辦法像以前那樣看她了，我常納悶她有沒有把弄出來的大便留著，就像把扁桃腺留著一樣。接著，我想起來，家裡沒有任何起司，就算有也沒用，因為我離不開馬桶、會來不及。就在這個時候，我聽見廁所門邊發出了聲響。

聽起來像是有人靠在門邊、用指關節輕輕扣門，我想：「哦，天吶！我廁所門沒鎖」，接著我又想：「等等，我一個人在家幹嘛要鎖門？」我第一個想法是，這人可能是殺人犯或是強姦犯，旋即我想，如果真是強姦犯、他會超級失望。然後我再想，我一個人在家蹲廁所、竟然還會關門，這未免有點詭異，不過技術上來講，我認為上廁所根本就不應該把門打開，因為這正是社會崩壞的原因。之後，我聽到這名強姦疑犯又有了動靜，我咳了咳，因為可能是小偷、不知道我在家。我希望咳嗽聲能給他暗示、好讓他速速散去，雖然技術上來講，廁所裡的其他噪音可能遠比咳嗽聲更駭人，但我是淑女、要有禮貌。

接著，有人悄悄從門下塞進了一張紙條。

我只是盯著它，因爲說真的……搞什麼鬼啊？莫名其妙到我都沒辦法害怕了。我試著把腳滑過去搆那張紙條（很小、白色的紙條）、搆不到，只好無力地喊著：「您好？您……您剛剛是不是傳了張紙條給我？」沒人回應，我開始發毛，並默默感謝老天，還好我有想到把電話帶進廁所，以防我要報警瀉藥吃過頭。我拿起電話，但仔細一想，我告訴他們我從廁所裡頭打來、因為服用過量的瀉藥、還有一名強姦疑犯悄悄從廁所門下塞紙條給我，這聽起來像話嗎？旋即我又想，紙條上如果寫：「你喜不喜歡我？圈是或否」，這才叫奇怪，若不是現在瀉藥／強姦犯組合搞得我壓力很大，我很可能會笑出來。接著，又有張紙條慢慢從門縫探進來，然後我發現它根本不是紙條、而是ＯＫ繃的紙殼。也就是在那個時候，我意識到自己可能在和一名精神病患打交道，因為**除非是徹底的瘋子、不然怎麼會有人塞ＯＫ繃的紙殼給我啊？**

所以我大吼：「我要叫警察了！我腹瀉！因為……我得了愛滋！」我想這樣能打消強姦犯的念頭。我不是很確定愛滋病會不會引起腹瀉，但我覺得有可能。然後一片寂靜，突然，OK繃的紙殼猛然從門下抽了回去，我想：「搞屁啊？」接著它又射回廁所，但這一次我能看到它是**被一隻他媽的貓爪子**從門下給推進來的，也是在那時候我意識到那隻貓翻倒了我的皮包，然後正在門後摧殘皮包裡的收據、還有各種雜物。所以我把貓給殺了，不過只在我腦中。

我突然想到應該把這些全寫下來，但除了門下的那張被貓推進來的紙殼以外，我身邊沒有可以寫的東西，我喊道：「波西，再把紙推進來點！」牠沒推，因為牠是個混帳。而且牠還是一隻貓，不會說英語。所以我把這一切用口紅寫在衛生紙上（但只寫了關鍵字、沒寫整件事情，因為那樣太可笑了）。然後我小小禱告了一下，感謝上帝保佑、讓我免於受到襲擊、讓我不用被迫向救護車司機解釋，我不小心把自己的貓想成了強姦犯，還想讓抗憂鬱藥更有效、故意多吞了瀉藥。主要還是因為在救護車有新進成員的時候，就是這類的故事會一遍又一遍的傳頌。不過大便的對話泡泡刪掉了，所以也許相比之下我的故事終究不是那麼詭異。

維克多回家後我有告訴他這件事（我是說，這個故事怎麼能不分享呢？），他聽到瀉藥就很感冒、暗示我「在家沒人管、很不能信任」，我就說：「樂觀點，混帳。我沒被強姦，好嗎？」他吼說：「你十分不危險、絕對不會被強姦。」但我覺得他這麼說只是為了傷我，所以我反駁說：「哦，我一直身陷被強姦的危險當中，感謝您。」他就說：「我沒有質疑你會不會被強姦。**我只是說，我離開家門才兩天而已、你就能把瀉藥吃到過量**。」就是在那個時間點上，我用腦力寫下：從現在開始，不管我什麼藥物過量、打死都不告訴他。還有，我也許應該和救護車司機做朋友，因為我敢打賭，他們口中一定有帥到爆表的故事。

在隔壁房間睡覺的老公，這是給你的公開信

嗨。我知道。奶油盤裡的圖案很奇怪，是吧？現在你肯定已經發現、也很可能在驚嚇當中。是這樣的，昨天晚上我發現，我做鬆餅、可以不必用到奶油刀，只要把鬆餅直接丟進奶油盒裡就可以了。超正！除了熱的鬆餅會把奶油融成奇怪的圖案，就像一大片黃色的格紋，另外裝奶油的塑膠盒也有點融化。我知道你希望我用刀子，因為你對這事兒有點神經，但說實話，**我就不是那種女孩**。主要還是因為我在想辦法拯救環境，因為刀子沒髒就一定不用洗。這樣我也算環保英雄。再說，刀子遠在廚房的另一頭。這都要怪你計畫不周。「怪你」的意思是，誰教你在我們搬進

來的時候讓我來整理廚房。我是說，我猜只要把放器皿的抽屜收拾成放外帶菜單的抽屜就行了，不過這似乎工程浩大。除非我只要把抽屜拉出來換掉就好！

所以，現在廚房地板上躺了兩個抽屜。兩個都抽了出來、回不去了。對不起。我不知道自己是怎麼搞的。千萬別去看奶油盤子。

附註：如果有什麼的話，你應該感謝我的奶油軟化劑。想一想我們看到的那台超可笑的 Burberry 格紋車，你那時候說：「哇靠！真希望有人能把我的車子和／或奶油弄成那樣！」。沒問題！**聖誕快樂，混帳**。

附註2：對不起罵你混帳。實在很沒必要。還有，現在你看到這封信了，一定會說你沒有要我把車子或什麼的弄成 Burberry 的格紋，但真的，你得專注在更重要的事情上。像是修理廚房地上的三個抽屜。

我知道。

但我想，如果我用慢動作再拉一個出來，整個運作方式就能一目瞭然，這樣你睡醒之前，抽屜就都回復原狀了，但事與願違。不過，我有放著不動。不客氣。

附註3：可惡。好吧，我以為再拉一個出來會奪得「恢—復—抽—屜—原—狀的祕密金鑰」。結果呢？並沒有。當時我想在廚房放把火煙滅證據，但我確定你會把這筆帳也算在我的頭上。放心我不會去做，因為我知道你會擺爛。還有，放火也是錯誤示範。我絕對不會放火燒了我們家的房子。

附註4：好吧，我剛剛放火了，但完全是個意外。我正在做披薩給你當早餐、不小心把一堆紙巾放進烤箱。我知道這似乎很可疑，因為我剛剛才說放火燒房子的事情，但一切只是很恐怖、很恐怖的巧合。我不得不這麼想，都是建商沒把廁所和烤箱的位置放得很近，不然絕不可能發生這種事。他們好像很希望我放火燒房子一樣。那群人才是混帳。不是你。我愛你。

附註5：在回家的路上我會去店裡買一個你專屬的奶油盒，這樣你就不必看到那個融化成 Burberry 格紋的盒子。對不起。我不知道當初怎麼會沒想到。

附註 6： 以上純屬虛構，除了奶油那段。有沒有放鬆很多？我知道你有。現在看到奶油、你就不會那麼驚恐，因為，**拜託！至少我沒把房子燒掉**（縱火那次除外，但那次真的是意外、也是建商的錯，因為哪個鬼會把烤箱的說明書放在烤箱裡面啊？有人要我們全家死光光，就是那個人。）

附註 7： 千萬別去看奶油盤子。

在此澄清：我們沒和山羊一起睡覺

「我覺得有隻山羊在我們家。」我妹說，她稍微轉頭、側耳傾聽走廊那頭傳來的怪聲，沒有要起來的意思。

我很確定；她錯了。不是因為家裡不可能有山羊，而是這裡不再是我們家。從小我們在這個家長大，現在還覺得很溫暖、很熟悉，但我在努力撇清趕羊的責任，這個家我住不到十年，誤入歧途的羊輪不到我來管。

「不對。」我說。視線回到我們散在舊臥室地板上的相簿。「是有隻山羊在老媽、老爸的房子裡。」

她用手指著我，一副我很壞的樣子，然後眨了眨眼。「啊！你說得有理。還是來看看你這些嬰兒照片，竟然戴了假髮。到底在搞什麼鬼啊，那時候？」我盯著照片開始解釋，這時，隔壁房間裡沈重的腳步聲越來越大、然後是尖叫聲。

「屋子裡絕對有隻山羊，」她重覆說，「或是一匹小馬。」

我們倆人之中的任何一個人家裡出了這樣的事情一定都會雞飛狗跳，但這個禮拜我們姐妹都回到石牆老家，這類的事情對一幢住了八個人、一間浴室、超多山羊的小房子來說實在沒什麼。[1]

我裝作一副沒事的樣子，繼續翻看相簿。「我打算在這個房間裡待到牠走為止。這不是我的責任了。」牆被很重的東西撞來撞去。「我發誓，小時候的事情現在正在我的腦中全面啟動。」

尖叫聲又更大了，麗莎嘆了口氣。「那是你的創傷後壓力症侯群在說

這張照片的詭異之處在於我爸媽滴酒不沾。我只能推測是麗莎出了毛病。

話。不過」——她的聲音顫抖、帶著一絲疑慮——「孩子們就在外面，也許該出去看看。」

麗莎誤以為我們有責任保護自己的孩子、不受老爸的污染，但在這件事情上，我傾向追隨老媽的腳步。「一直救他們，他們怎麼學得會？」我問說。「我們在他們這個年紀，都知道聲音結束前該怎麼躲藏了。何況，我很確定剛剛那些是高興的尖叫，所以很可能完全沒事。或者，也可能在接下來的幾個小時會發生慘案。」

「哦，我想到了。」麗莎一面說，一面看著自己的照片皺眉，照片中她一歲，周圍都是空的啤酒瓶。「你到的前一天，老爸進來問我小孩、要不要看看他的『新寵物』，他們說好之後，老爸就把一袋活生生的小鴨倒在客廳的地板上讓他們抓。老媽氣炸了。老爸完全沒想到要先算好有幾隻，所以誰也不知道還有沒有漏網之鴨。」

「誰弄來一整袋的鴨啊？」我自忖，但想也知道。尖叫聲逐漸消失，我聽到傻笑

1 我媽剛看完這章，她要我澄清山羊是戶外動物。牠們沒有和我們在同一個屋簷下吃喝拉撒。我不明白為何我得澄清，但是用新的眼光再把這章看過一遍之後，我想山羊在我們的床腳邊睡覺相對不那麼奇怪。所以，是的，山羊沒有和我們住在同一個屋簷下。那會很詭異。也不衛生。再加上，羊兒根本不是我家的。牠們是租來的，因為我老爸牧草超多、他朋友羊兒超多。如果住在鄉下，這就完全合理。可能吧。

聲、跑步聲、還有也許是呱呱呱的聲音。「該死！」我投降道。我不是擔心孩子（他們從兩歲排到九歲、很會互相照料），我是在擔心鴨子。我看著麗莎，洩氣地翻了白眼。「好啦！我去拿掃把。你守住前門，這樣我趕鴨的時候、羊才不會進來。」

場面十分混亂、一切卻如此熟悉。鴨子到處又跑又叫、有的躲在躺椅下面、還有的企圖在那台只有裝飾卻毫無作用的鋼琴下面挖洞。孩子堵住了牠們的去路、把牠們抓起來、牠們就立刻大便，孩子驚聲尖笑、丟下牠們，如此情節、反反覆覆。

「亨利。看你做了什麼好事？」老媽一面大吼，老爸一面對他造成的混亂發笑，這麼多年了，他眼中的光芒依舊燦爛。

「啊？」他逗趣地說。「我有先放張紙。」

是真的。客廳中間有一張折了很小沒用過的方報紙。

「你覺得鴨子會知道要乖乖待在紙上嗎？」她嘲諷地問、連哄帶騙把一隻嚇壞的小鴨從嬰兒黏答答的拳頭裡救出來。

「嗯，應該不會。」老爸承認，但他看到孩子笑就很開心，而且大家都知道這樣的場景會不斷重演。老媽把他轟出去，因為他只會把事情弄更糟，「誰捉到那隻有斑點的、就能得到一枚銀幣！」老爸大叫說。

整個場面呈現一種危險的嘉年華氣息，維克多留在休斯頓的家裡工作真是太好了，不然他會把我唸到死。終於，最後一隻驚恐的小鴨也抓到了，之後我們把小鴨都放到桶子裡、安置在一間安靜、黑暗的臥室中，這樣牠們就能冷靜下來（不然一放出去，老爸就又把牠們丟回屋子），麗莎和我繼續回到

老爸正告訴他的孫子該怎麼用這台家庭濾酒器。

若這座私酒過濾器沒有我女兒幫著蓋，會比較好用嚴格的眼光來評。

自己的舊床、拿起相簿、當作一切都沒發生過。這樣的鳥事變得如此稀鬆平常感覺有些不對勁，但事情就是這樣，好比拳擊賽、要懂得順著拳頭閃，就算對手是憤怒鴨，出的拳是帶爪的鴨掌，就算牠們不明白你這是在幫牠們。

每次我們回到老家，海莉都會去玩那台私酒過濾器。她會去後院騎那頭叫賈斯伯的迷你驢。她和她的表兄弟會在舊的拖拉機和古董馬車上玩，把屋後的那塊地搞得亂七八糟。他們笑著、玩著、在我父親的動物標本店裡探險、把牛的頭骨當面具玩。他們會拿著老爸「發現」的古地圖尋找埋藏的寶藏，再挖出我爸事先幫他們埋好，裝滿錢幣、假珠寶、箭頭的木箱。他們會在房子附近遊蕩、追逐山羊、嬉戲玩耍，麗莎和我不得不承認，他們的喜悅彌補了會在半夜走進臥室、偶爾迷路的小鴨。

隔天，維克多開車到我爸媽家，慶祝我們的週年紀念日，只是我不慶祝這個日子裡某些不吉利的數字，因為我的強迫症還沒好。我要他發誓告訴別人這只是「我們第二個十二週年紀念日」就好，如果維克多有認真對待我的恐懼症、還有不想找死的話，一切都會很完美。不過他卻一再唱反調、拼命重覆說出那個不吉利的數字，我跟他說：「這就是我今年壓根不想慶祝的原因，你再說出那個數字看看、我就和你離婚，這樣完全印證衰年有衰事，所以你他媽的別再玩命。」

他挑了挑眉，無辜地說：「哪個數字？你是指——？」**結果他又說出了那個數字**。就是在這個時間點上，我下定決心要在今年的某一天，把他的一顆睪丸割掉，這樣就能瞬間瓦解我們所有的厄運，然後我們還是夫妻，全部的倒霉事會因為蓄意造成的蛋蛋切除術事故而一筆勾銷。維克多解釋沒有所謂的「蓄意事故」，從離婚直接跳到切掉一顆睪丸也讓他有點不解，不過這是我們的第二個十二週年紀念日，他實在應該習慣了我這類的舉動。再說，人甚至不需要兩顆睪丸。蘭斯‧阿姆斯壯（Lance Armstrong）只有一顆也活得很好。[2]還有，**我是在拯救我們的婚姻啊，混帳**。

因為我們要過周年紀念日，老媽幫我帶海莉，這樣維克多和我就可以去看《夏日伶人》（*Summer Mummers*）。《夏日伶人》是德州的米德蘭市從四〇年代開始，每年夏天都會有的通俗劇與歌舞雜耍表演。那裡會有很多酒，在主角上場時，現場鼓勵你盡情尖

2 讀到這段的時候，如果蘭斯．阿姆斯壯不在人世的話，請忽略。我發誓，寫到這兒的時候，他還身強體壯，但是他不會一直活著，又不是吸血鬼，各位。所以我認為應該要澄清，此時此刻的蘭斯．阿姆斯壯帥呆了。即使只有一顆蛋蛋，**特別是**只有一顆蛋蛋。好了，不說了。

叫，輪到穿斗篷的壞人上場時，也要大噓特噓，每次邪惡的大鬍子壞蛋出來的時候，還可以買上一袋袋的爆米花往舞台上扔。可惜我手臂無力，最後只丟到我們正前方的人。

他們轉過頭來，維克多偷偷指了坐在隔壁的人、假裝是他們幹的，可惜被隔壁的看到，一場爆米花殊死大戰就此爆發，那時候維克多站起來、爬上椅子大喊：「**你們這群人受死吧！**」然後買了三百美元的爆米花。就是這樣的時刻讓我領悟到自己有多幸運，可以和某人慶祝第二個十二週年紀念日，他願意把我們要用在豪華酒店開房間的錢，全花在滿坑滿谷的爆米花上，這樣才能在喝掛的情況下用盡洪荒之力埋了這群完全不認識的人。我們他媽的成功毀了這群人。

那個傍晚無懈可擊，除了有一次維克多去換彈藥（再買一整架子的爆米花），我被一個長得像山姆・艾略特的人攻擊，弄得我衣服裡都是爆米花，看起來像長了一連串可怕的腫瘤。還有，牙齒上卡了一顆煩人的爆米花、但不能清，因為當著陌生人的面挖出來會很糗，你瞭吧？想像它正在發生，但不在牙齒中間而是在耳溝裡，我說「耳溝」，指的其實是「陰道」。

然後跳康康舞的女生出來，每個人跟著現場樂隊一起高唱〈德州心臟地帶〉（Deep

in the Heart of Texas）、〈德州黃玫瑰〉（The Yellow Rose of Texas）。接著台上的人說出了山姆・休士頓（Sam Houston）的名句：「德州可以沒有美國，美國可不能沒有德州！」整個場子他媽的每個觀眾都一起和他大叫，我心想：「哇靠，難怪美國其他的地方會恨我們。」

整齣戲／通俗劇／歌舞雜耍表演結束之後，我往地上看，就見到這些斑斑血跡，我有點不安，因為維克多先前恐嚇說要把石頭摻進爆米花、殲滅前排的人。但搞了半天原來地毯是紅色的，所以這些是埋在成堆爆米花下唯一露出來的地方。

我們走出去的時候，我看到剛剛坐在角落的一個女人走在我

這不是血。

們的前面。她顯然得到的訊息是當晚要看「戲劇表演」而有所期待，所以她似乎被每個人粗野的行徑搞得花容失色。她穿越層層的爆米花時，和她的約會對象抱怨說：「嘖……怎麼這麼沒品、浪費食物。也不想想非洲餓肚子的小孩。」她或許有理，但我想，把碰過陰道的爆米花給飢民才叫沒品。「拿去，」我可以想見她頤指氣使地對村民說，「多拿點陰道爆米花。這批只掉在地上一個小時。比起我們，你們更需要。」這似乎很污辱人，我也很確定就算是飢民也會不屑地把鼻子抬高。「不用、不用。我們很好，真的。陰道爆米花就請收回。」再說，爆米花有點味道又噁心，我知道

我父母的後院。汲油桶壞了。大砲和雞是好的。

是因為我剛剛吃了一些過後就很不舒服。維克多說這沒什麼稀奇。我吃的這袋是之前丟出去的爆米花，被丟了回來、掉在我胸部、我再舀起來丟過去，然後又接二連三凌空飛了回來，無可避免地有些就掉進我在吃的那袋爆米花裡，我非常肯定豬流感就是這樣找上我的。

隔天我們回到老爸老媽家放煙火慶祝國慶日，火花魔法棒放完後，老爸說：「啊！我答應孫子今晚要放大砲。」海莉接著高喊：「耶！」

「你答應我學齡前的孩子可以點火？」我不敢置信地問。

「不。當然不是。」他回說。「我是告訴泰克斯，跟他說他可以點。」這樣安全多了，因為**泰克斯他媽的六歲**。我望著我妹、看她覺得讓自己的孩子對著南北戰爭的大砲點火妥不妥，她只是聳聳肩，因為這類的事情她早習以為常，也學會見機行事。

「你確定這樣安全？」麗莎問，老爸向我們保證他只會讓泰克斯裝大砲和做些準備工作——這中間包含泰特斯得站在**他媽的上膛的巨砲**正前方——但我妹妹完全無感，她知道反正大砲生鏽了，老爸可能也點不起來。她料得沒錯。但老爸接著判斷，應該只是火不夠旺，於是他祭出了噴火槍來對付那支狡猾的大砲。我就是在這個時候去拿的相機，因為我知道永遠不會有人相信我。在晚上的那個時間點上，發射大砲絕對會很大聲、很不敦親睦鄰地機車，但我旋即想到，鄰居已經整個禮拜都在午夜放煙火了，這應該是個神級的報復。

這是我們這次待在父母家的最後一晚，我們進屋子時，維克多指著一張吊在車棚頂上的桌子。他說上面好像有頭死熊，我以為他在說醉話，但是第二天早上我到車子那打包行李的時候，發現維克多沒看錯。我的第一個想法是，該配副眼鏡了，因為後院有一頭飄浮的死熊都一個禮拜了，我沒看到也太奇怪。不過後來

我想到自己一開始也沒注意到大砲，我把一切歸咎於有太多讓人分神的事情了。那是他們的院子，有什麼好大驚小怪。在這樣的院子裡，大砲和飄浮的熊都不算很顯眼。

我盯著那頭熊、懷疑老爸是不是要讓牠死而復生，像科學怪人那樣把牠吊起來讓雷劈。但後來我明白，這可能只是出於禮貌、怕死熊擋了客人的路，我突然覺得這設計未免太巧妙了。很像百葉窗，但裝上死熊。

維克多同意這很有道理，不過接下來他看起來有點抖，堅持要馬上回家，因為每當我們覺得一切合理，通常就表示是該離開這裡的時候了。

被雞肉刺傷

幾年前，我的一根手指腫得像條巨大的香腸。就是在棒球場上看到的那種煎起來會很豐滿的香腸。不是別種。不然會很奇怪。我到底在說什麼？有什麼好澄清的。我們砍掉重練。

幾年前，我的一根手指腫得像個巨大的陰道。開玩笑的。實際上它腫起來就只是像一隻很浮誇的手指而已。很像我戴了那種「叫我第一名」的泡綿大手指，只是我沒戴。那時在夜裡我時不時會被致命的指癌給擊垮。維克多就會翻白眼嘀咕說我是慢性疑心病，我瞅著他、用我巨大、非泡綿的指頭搓他的臉頰，低聲說：「皮更薄了。」然後他逼我去看醫生。自己去。因為顯然他認為我不需要陪伴就能堅強挺過指癌的診斷。也可能是因為他冷血、不想管我的死活。或是因為他想我根本只是又受傷，就像那次我們的狗用雞刺我的手指一樣。原因很可能是最後的那個。

我本來要開始細說我的指癌，但我的編輯剛看到這兒的時候告訴我不能沒頭沒腦地說「狗用雞刺我」，卻不解釋邏輯。我告訴她這裡面沒有邏輯可言，她同意，不過原因可能不盡相同。所以，好吧。以下是指癌劇變的前傳，幾乎全從我的部落格直接拉過來，因為那是陳年往事，我只隱約記得細節。加上我把這些記憶封鎖了。再加上因為我的狗企圖殺我。用雞肉。

部落格紀錄：我的手全都腫了，幾乎沒辦法打字，我只不過把我的巴哥犬（巴納比・瓊斯・皮可斯）弄去睡覺，他就冷不防地一個翻身，幾乎扯斷我的中指，接著一個快步跑到我的兩腿中間，害我慘摔動彈不得。然後他玩更大，直接跳到我的頭上（可能為避免有目擊證人，所以裝作一副我們只是玩摔角，他沒有要謀殺我的意思），但我沒上當，所以我把維克多喊來，他看到我趴在冰箱前面，就說：「什麼。幹。搞什麼鬼啊？」我說：「那隻狗想殺我。」維克多彎下身來、很沒必要地挑挑眉、懷疑地說：「我們的狗？我們那隻很小的小狗對你下手？」我只好說：「**他忍者來的！**」，維克多就說：「他是隻他媽的巴哥犬。根本連沙發都搆不到。」我就說：「我很嬌嫩，混帳！」然後維克多企圖扶我起來，我大聲尖叫，因為我很確定不應該移動意外事故的受害人，因為很可能會癱瘓。

維克多要我先把腳搖給他看，才要同意我可以躺在地上就好，不過那時候我太害怕如果動腳，就會把我的脊椎神經扯斷，因此他拿起電話，我立刻大喊：「不要叫救護車！」他嘆口氣說：「你不動腳，我就叫救護車。只是很有可能我會因家暴入獄，因為沒人知道現在到底是什麼狀況！」我回他：「天吶！冰箱下面有好多彈珠。家裡什麼時候多了彈珠？」然後維克多就發出了那種聲音，通常還會伴隨著單手摀臉、搖頭、貌似根本不能相信這就是他的人生，但幾秒鐘過後，他頓了頓說：「等一下。這些血是從哪來的？」我就是在那時候發現自己手上有一條很長、很淺的傷口，我用手肘把自己撐起來、好做檢查，我說：「這到底怎麼弄的啊？」我們也是這樣發現原來我沒癱瘓。

我有點懷疑維克多為了讓我分心，在我身上倒了假血好讓我動起來，但他全身上下幾乎不曾有過假血。而且他實在不像那種人。他身上或許有一把捲尺或一張過期的信用卡，但如果要一隻假手或熊掌，你找錯人了。再說，雖然見血、但算不錯，因為那時我知道至少維克多還是在意我的。可是，我很快發現他見血失控，主要是因為廚房的水泥縫還沒填，這肯定會留下髒污。儘管有點不夠體貼，我卻能理解他的憤怒，因為要是我最後被綁架，血跡可能會把他和謀殺連在一起，不過因為不想讓他多想我都沒提。還有，他大概只是很氣冰箱下面全是彈珠。不過他對家事無謂的擔憂我就直接略過，因為那時我忽然意識到我在淌血**是因為我被雞肉刺到了**。

碰巧的是，也在這個時候我意識到不會有人相信這種情節，還有維克多一定會去坐牢，因為是誰被雞給刺啦？很顯然，是我。兇器是那種雞胸肉口味的薄片乾零嘴，那時我拿在手上正準備餵給巴納比・瓊斯吃，肉片有點凶險、鋒利的誇張，顯然用對力氣就很好刺。聽起來很匪夷所思，不過摔在「家禽製的尖刀」上這種事兒，任何人都有可能發生。只是如今回想，我或許是世界上唯一被雞肉片割傷的人。所以我贏了。還是其實是輸？可能都有。

然後，我向維克多解釋說我不過是被雞刺到，接著他又要打電話叫救護車，因為他覺得我腦震盪了。我嘆了口氣、抓著他的褲腳讓他看我，然後用沒受傷的手拿了把雞刀、做刺的動作。他疑惑地盯著我、掛上電話，因為他總算瞭解了，也有可能是他認為我恐嚇要捅他。維克多解釋說反正他也不知怎麼跟救護車司機說，因為「沒人會相信我們可愛的小狗會搞這種破壞」，他的口氣一副很了不起、自以為是的樣子，大概是因為這樣我才會自我防備地尖叫道：**「你不知道你不在的時候他是什麼德性。」**

就在此時，維克多把巴納比・瓊斯擁入臂彎說：「別聽你媽起肖，瓊斯先生」，接著把他抱到床上一起看《流言終結者》。我或許有從地板上大吼道：「家裡要是有樓梯的話，他可能早把我推下去了。」我或許也有暗示他，巴納比・瓊斯會在我們熟睡的時候把我們的喉嚨撕成碎片，因為他已進化到嗜喝人血了，這時候維克多大喊，這麼吵、巴納比・瓊斯都聽不到電視了，他還說，他不會和一個在地板上反應過度的人說話。我向他解釋「反應過度」是受驚嚇者常見的症狀，他說不是，所以我被逼到要用受傷的指頭、自己去找醫學字典，甚至還沒找到。而且現在的我根本應該禁止打字。我應該要裹著熱毯子、禁止睡著。還是被逼著睡著。反正是其中一種。或者我可能需要一杯熱的威士忌調酒。在我的狗企圖用雞殺我，導致我腦震盪之前，可能我早知道如何正確處理這類的意外了。

附註1：維克多徹底虧欠我，他本來肯定會坐牢的，因為他穿半件上衣，警察來的時候沒穿整件上衣的話就會坐牢。監獄就是這麼規定的。

附註2：謹此聲明，所謂半件是指無袖上衣。不是到他奶頭一半的那種中空裝。維克多實在沒辦法駕馭那種風格。我不知道穿那種衣服會不會坐牢。但涉及到一件可以看見激凸的無袖裝、一隻狗、一灘人血的話很可能會。

附註3：怎麼樣才會知道瞳孔有沒有放大？怎麼樣看起來叫正常？為什麼醫療網站這麼複雜？為什麼我在找腦震盪的時候，卻不停看癌症？很好。我現在得癌症了。

最新情況：今天早上去了急診室。說明始末。他們在我的病歷表填上：「被雞刺傷」。接著他們問我是否有「心靈方面的問題」，但我聽成「通靈方面的問題」，我說：

「像……我可以感應到你們的想法嗎？」

然後他們就把我推進單人病房。我得到的教訓是，想趕快看到醫生最好裝瘋。最後原來只是扭傷，所以我必須戴著支架直到康復，還要把指頭抬得老高。以下是我自己開車回家的照片：

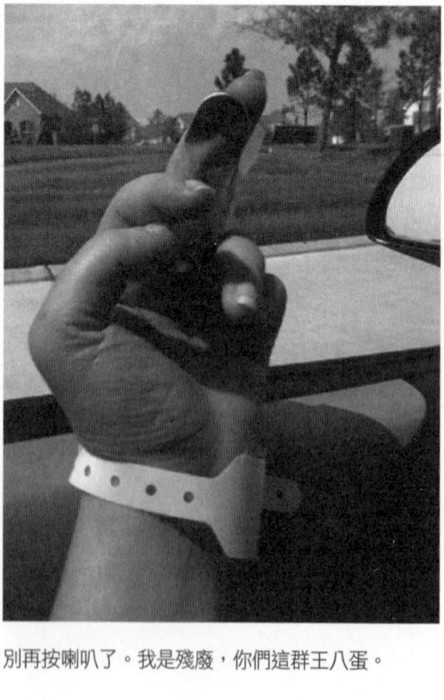

別再按喇叭了。我是殘廢，你們這群王八蛋。

真的有夠酷。我們家附近的人有我還真幸運。

附附附附註：我的一些朋友暗指，巴納比・瓊斯的行為也許只是自我防衛，因為本來就不應該給狗吃雞骨頭，但我餵的可是**高級**、**切片**、**去骨的雞胸肉**。同一時間我吃得可是拉麵，而且他的毛衣比我整套行頭還貴。這群人竟然還怪起受害者來了。**我有可能這輩子再也不能彈烏克麗麗了。**

以上是「被雞肉刺傷」的始末。除非我在轟趴，不然我會一直講這個故事，因為永遠說不膩。還有除非你是維克多，他說他寧可往事不要再提。可能因為他知道自己像幫兇。加上，當我說到我發現冰箱下面都是葡萄的時候，他可能覺得糗斃了，所以在這本書裡，為了他，我把葡萄改成了「彈珠」。不客氣，維克多。

總而言之，此刻各位可能很疑惑：「**這女孩兒究竟還有多少手指受傷的故事呢？**」答案是：「很多」。但（除了「被雞刺傷」的故事）我只會說一

巴納比・瓊斯。
（裝愧疚。暗中計畫要在我睡著的時候把我另外的指頭咬斷。）

沒人會上當的，巴納比・瓊斯。

個，就是這章一開頭我準備說的那個，其餘的會放在第二本書裡。但手指故事的所有精髓都在這了，所以提醒各位，第二本書出版的時候，《出版人週刊》（*Publishers Weekly*）給的書評會是：**「一夕爆紅、歷經磨難的聖女珍妮．勞森又出書了，如果你期待再次聽到有關手指損傷更多出色精彩的故事，請三思，因為本書會讓你想比中指。」**或者他們大概會說這本書怎麼寫得這麼「笨手笨腳」。《出版人週刊》真的很難相處。

說實話，他們只寫惡評。事實上，我敢打賭就在這個當下，他們正在寫這本書的壞話，不過很可能只是因為我徹底挑戰了他們，還有我只是把他們能用的書評都給用掉了，現在他們會說：「那我們要講什麼？好話都給他搶去了。各位，我是說：『比中指』是不是很絕？」《出版人週刊》對不起，但我是寫手，**專門吃這行飯來的**。（**編輯註：我辭職。**）

好了。如前所述，我隻身一人在醫生的診間裡面對指癌，納悶是不是該直接去看腫瘤科醫生才對，但我還是勇敢地伸出我脹大的手指給醫生看，他卻一副瞧不起人的樣子瞅著我說：「受了點小傷，是吧？」接著我直接飛踢他的老二。但只能在腦中，因為醫生很擅長告人傷害，還可以偽造他們自己受到職業傷害。就像，醫生可以宣稱我讓他瞬間「爆蛋」，全世界的陪審團都不疑有他，但若是我堅持自己得了指癌，大家都會覺得我瘋了似的盯著我看（醫生那時也用一模一樣的眼神看我。好像瘋的是我）。請記得，剛剛是他用什麼「爆蛋」的罪名控告我。除了這一切只在我腦中上演。再回頭想想，以上的一切、請別往心底去。這整段會害到的只有我自己而已。

醫生很快排除了我認為的絕症，但我堅持，他應該要先研究一下數位癌，因為我很確定我得了數位癌、而且快死了。

「什麼東西？你認為自己受到數位污染，得了癌症？」羅蘭醫生越過眼鏡框的那頭問我。

「不是，」我不耐煩地說，「我很確定英文『指頭的』（fingeral）是拉丁文『數位的』意思，所以指頭的癌症等於數位的癌症。這些都是很基本分析，羅蘭醫生。」然後羅蘭醫生告訴我，他覺得我反應過度，而且英文根本沒有「fingeral」這個字。我接著告訴他，我才認為他「反應不足」（underreacting），並懷疑他因為不曉得拉丁文的規則，自己覺得很糗。然後他宣稱，英文也沒有「反應不足」（underreacting）這個字。這個人對病人的態度真的糟糕透頂。

羅蘭醫生對我悶哼了一聲，我用自己超大的E.T.手指、指著他追問：「難道這不像癌！」他向我保證那不是癌、只是被蜘蛛咬了。一隻兇殘、心狠手辣的蜘蛛，用毒口一螫、把孩子的卵注入那隻手指，這樣她的孩子就可以在指上化膿繁衍、嗜血而活，而作家非但毫無戒心、還非常年輕，更有可能她（疑似癌變的）手指遭到該死的誤診。最後這段醫生沒有真的說出來，但他的眼睛騙不了我。

回到家後，維克多問我醫生都說了些什麼，我說：「他要我回家等死。」

「什麼？」

「我是說，他開藥膏給我啦。」整個徹底弱掉。

雖然羅蘭醫生最後錯得離譜，我驗了很多次血（換了新醫生）之後，發現我沒得指癌或被蜘蛛咬，我得的是關節炎。

每次跟別人說我得了關節炎，他們總會說：「怎麼會，你這麼年輕。」這句話有點像是拐個彎問候我：你這麼愛恨東恨西的不累嗎？等我老到他們不這麼說的時候，他們會冷不防地開始回你：「喔，關節炎。當然，也是時候了。」我會更恨。到時候，我打算坐輪椅把他們集體碾斃。我一直解釋說那是類風濕性關節炎（也就是RA），連小孩都有可能中標，而且我根本不知道為什麼會把這個病歸類在關節炎，因為它和你祖奶奶抱怨的退化性關節炎只有極其微弱的關聯。我已經想好要對醫界施壓，讓他們把類風濕性關節炎換掉，取個更性感、更年輕、更異國情調一點的名字。像「午夜之死」或「吸血鬼來襲」。又或者用名人來命名。就像「**葛雷克氏症第二部：相見恨晚**」。畢竟，類風濕性關節炎本身就很痛苦了，聽起來像老人病只會讓人更想撞牆，所以應該可以告訴別人，這場子我實在沒辦法到，因為「吸血鬼來襲」無預警的發作。

我RA的新醫生很好，他向我保證RA不像以前，一旦確診就像被判了死刑，然後我發現自己有點換氣過度，因為醫生剛剛對我用了「死刑」二字，然後他叫護士來幫我把頭放在兩個膝蓋中間做深呼吸。他接著說，雖然沒有藥醫、卻有很多的實驗療法我們可以「試試看」。然後我就昏過去了，但不太可能是因為我聽到自己得了不治之症，而是因為我每次看到有人穿白袍就很容易昏倒。

每次去診所校外教學、去驗光、去婦產科我都很想昏倒，就連有一次去看獸醫，我都可以無預期地把我的貓壓扁（最後這個最讓我不安，因為我在大廳醒來，身旁有許多狗和陌生人彎著身子，我意識到自己的襯衫全解開了，一群護理人員在檢查我的心臟，我的貓蜷縮在椅子底下用責備的眼神怒視著我）。當我走進RA診間，醫生讓我躺下，他解釋說沒什麼好慌的，雖然這個病還不知道原因，但他懷疑是天生的（congenital）。我當時沒聽清楚、因為忙著不要吐出來，所以我瞪大眼睛問醫生說：「不好意思，**生殖的（genital）**？」

「呃……什麼？」醫生問。

「你剛說我的關節炎是生殖的？」

「不是，」他竊笑，「天生的。或是遺傳。」我大大地鬆了口氣，至少他的回答讓我得到一絲慰藉，我也意識到自己正納悶陰道關節炎究竟會長怎樣。他掛保證我的陰道沒事，不過說實話他看起來有些警覺。或許是因為他從來沒想過要研究陰道關節炎。但應該要研究的，目前我的每根手指、頸子、手臂、腳、一隻耳朵都中過關節炎。我只能假設陰道關節炎就在不遠處伺機而動，只要稍不注意就會殺得你措手不及。十之八九都是這樣，真的。不會有人想到是陰道關節炎。[1]

我的醫生解釋，我的病是罕見型，稱為多發性關節炎，也就是說，這種關節炎不會待在同一個地方，而且幾乎是每天在身體的不同部位遊走。我會一天醒來，腳踝腫到像穿了單隻的情色暖腿套，裡面還塞滿了蘋果。隔天這腳踝好了，但我的左臂每動一下都讓我很想把貓掐死。我能想到最好的形容就是，每天晚上睡前我都知道佛萊迪會在那等著用球棒把我打到屁滾尿流，我再帶著他給的可怕傷口醒來。只是這不是什麼榆樹街的電影而是我的人生。再加上，強尼・戴普（Johnny Depp）又不在夢裡。所以，很、十分、非常、徹底地爛透了。

醫生說得沒錯，的確有很多治療的選項，但讓我失望的是選項裡完全沒有給病患用的電動兩輪車，也沒有幫忙開罐頭的機器猴管家。反而我的處方是「生化」字開頭，結尾是「每天不服用解毒劑就會掉髮加嘔吐不止」，很顯然這藥也用在化療上。妙的是，這藥有許多的副作用，其中之一是，即使用在抗癌上，還是他媽的會引發癌症。醫生解釋說，這種藥物引發癌症的機率很罕見，不過考量到我剛剛才被診斷出罹患罕見疾病裡的極罕見類型，這種樂透我應該要能避則避。他說服我這險值得冒，但提醒我不要驚慌，因為藥物上的警告標籤會把我嚇到挫屎。他說中了。上面寫著：「**幹。你他媽的等**

1 或是西班牙宗教裁判所。

死。」[2]我只是換句話說，但很到位。還有，我腦中發出的完全是山謬・傑克森（Samuel Jackson）的聲音，沒錯我很害怕，但我還是笑了。

而且更賭爛的是**沒人知道這藥物為何有效**。他們猜可能有效，因為這藥物破壞你的免疫系統、讓細胞無法正常生長，所以身體會去攻擊免疫系統而不是關節。因為患有自體免疫性疾病時，最不需要的就是有效的免疫系統，它只會讓你生重病，到頭來只好選擇足以讓你致命的藥物。基本上就像把刀插進你的脖子好讓你忘記撞到腳指的痛。儘管如此，這藥似乎稍有幫助，所以我都吞了，也儘量不去想沒藥的後果。

我得關節炎至今好多年了，有時候完全無恙、有時候臥病不起，但不論何時我都必須定期去驗血、照X光，醫生能給我的最好消息是我的血液還沒染毒，也「還沒有明顯畸形」。於是你知道自己是怎麼被耍。一個醫學專業人士要和你擊掌祝賀，因為你沒有他們預估的那樣畸形。

最初幾年我胡亂混過去了，總希望忽然發現自己不藥而癒。

「我不懂，」我跟醫生說，「這麼多年試了各種療法，我還是很痛。」

「真的很容易讓人灰心，」他溫柔地說，「但一定要記住，你得的是退化性疾病。」

「我知道，但我以為現在應該要好多了。」
「啊，」醫生說，「我想你可能不懂『退化性』的意思。」
太好了。我的病非但沒變好，現在連我的字彙能力也備受質疑。
我最近一次驗血報告出爐的時候，醫生說我一定很痛，因為結果顯示在關節炎上有「兩個加」。我不清楚那是什麼意思，但我懷疑這表示我的關節炎是高成就者。
我每天服用草本保健食品、吞超大顆的魚油，維克多抱怨我把錢往水裡扔，我告訴他聽說魚油對關節很好，因為魚油是……不錯的潤滑劑……吧？他盯著我看，這推論讓他很茫然。
「反正，沒有害處，」我說，「而且也幾乎從沒看過魚的腳踝不給力。或……你知道的……跛腳。」
「我想你是被坑了吧。兩百多年前不就有詐騙集團把魚油賣給北七？」
「才不是，」我回說，「那是蛇的油。雖然我一直懷疑該怎麼把油從蛇的身上弄下

2 實際的警語為：「有些副作用可能致命。本藥品限用於治療危及生命的癌症，以及其他極其嚴重與用藥無效的特定情況。」

來。怎麼想都覺得大費周章、白費力氣。光想想每天有多少人會被蛇咬、就為了把蛇給融化（oil）。」

「講什麼啊？蛇油不是融化來的。」

「沒錯，是融化。我很確定這裡的動詞是『融化』。牛乳（cow milk）是從母牛的乳頭擠（milk）出來的，蛇油（snake oil）當然是把蛇給融化（oil）來的。這是很基本的常識。」

就在這個時候，維克多盤問我吃的到底是哪種草本保健品，還一定要我把上面沒英文字的或來路不明的袋裝保健品停掉。維克多是對的，但我太絕望了，也就是因為自己這麼狗急跳牆，才會答應讓維克多帶我去針灸。

我之前從來沒找過針灸師，但聽過不少，所以知道自己會經歷些什麼。去之前每個人都跟我說針灸很神、一點也不痛，但結果**全部他媽的都是騙子**。也許是我那個針灸師很爛，還是因為他超恨白人。都很難說。

不管怎樣，我覺得應該和大家分享針灸的完整經過，這樣才不會跟我一樣什麼都沒搞清楚就衝去：

1. 護士會告訴你，全身脫光只剩內衣。所以建議大家應該穿好內衣再去。或者預約時他們就該事先告知。

2. 給攜嬰幼兒同行者的特別說明：你到底是哪裡有毛病啊？候診室地上的「玩具屋」不是玩具屋。那是神龕。如果你讓自己的孩子拿著手上的美國大兵去「攻佔它、宣示它是美國的」，等著下地獄吧。還有，你也許不該對馬上要拿針戳你的人發脾氣。女士，我只是建議。

3. 針灸師進來，你會盡量說清楚是哪邊痛，然後他會搖頭，因為他不說英文。他會把護士叫進來，你就解釋哪裡得了關節炎、痛了多久、吃了些什麼藥，護士就會看著醫生大吼說：「**她說很痛！**」然後就出去了。之後大夫會給你一個眼神，一副「幹嘛浪費我的時間？你當然很痛。身心健康的人怎麼會來這邊給針扎？」然後他會要你躺在桌上，用針開始戳你。

4. 針很細、一點都不痛。事實上，感覺很舒坦。哈，哈！開玩笑的。其實感覺很像針。因為就是針。

5. 大夫會把一根針扎進你的耳朵，耳朵就會開始流血。你的耳朵會有血跑出來。我一定要再三強調。**耳朵在流血**。然後他會翻開一本英文的針灸書，要你唸一段有關怎麼把耳朵顛倒看就會是胎兒的形狀，所以扎針沒事。我死命地希望這段是哪裡翻譯錯誤，因為我很確定不應該用針去扎胎兒。我用腦力記下：要去問我的婦科醫師。然後我又用腦力記下：不要問，因為就算我有能力確實描繪這個場景，詢問婦科醫生可不可以用針扎胎兒都會讓下次子宮頸抹片檢查的時候更尷尬。

6. 之後扎了四十四根針。有幾根在流血。其他真的開始刺痛。大夫會離開，你想低頭看自己，可是很難，因為會讓脖子上的針扎得更深。這個時候你會嚇昏過去。然後針灸師會回來、還得意地說，氣血順就很好睡。如果氣血的中文是「大量失血」，那我同意。

7. 四十四根針都拔出來了。你準備離開，大夫笑說才剛開始，現在換「你的屁股（butt side）。」你說：「我的屁股？」他又說：「不是。是你的屁股。」然後護士就在走廊外面大吼：「你的背面（backside）！」醫生就說：「對，沒錯，你的屁股。」太酷了。

8. 又扎了四十二根針。全扎在屁股上。兩根痛得要死、還流好多血。你開始懷疑針灸師在生你的氣。你試著解釋說，那個在大廳裡讓她孩子手上的動作明星霸佔神龕的女人和你不是一夥的。他完全不相信。

9. 四十二根針都拔出來了。他把某種液體倒在你身上，我決定叫它「臭汁」。接著他把這些揉進你的毛孔，這樣你聞起來就像骯髒的陳年臭襪，襪子裡面還藏了廣藿香和薄荷油。

10. 接下來你聽到打火機的聲音，你懷疑自己的毛髮馬上會燒起來，這時針灸師解釋說他要簡單的「量個罩杯（cupping）」，我以為那是我第二任男友說的上二壘。這聽起來太不恰當了，我當然要抗議，但搞了半天那只是大夫在有酒精的小罐子裡點火，再把它放在皮膚上，效果像吸塵器一樣、會留下超大的吻痕。現在回頭想想，還是覺得有些不恰當。

11. 接下來針灸師會打開一張衛生紙、裡面裝著白粉，交到你手上，用期待的眼神看著你。「你是要我……吸白粉嗎？」他對你的白痴行徑頻頻搖頭，然後要你把嘴巴打開，這樣他才能把像足部磨皮機裡的角質屑倒在你的嘴裡。接著他對你的恐懼表情縱聲大笑，之後拿水給你、要你不停地喝、不停地漱，弄到所有渣渣都消失為止。然後他會說：「人蔘茶解毒。」你就說：「茶不是這樣泡的。」他就會微笑飄走，你這時候都還在納悶為什麼自己剛剛會讓陌生的中國人把包在衛生紙裡的神祕粉末倒進嘴裡，**他根本**

不知道怎麼泡茶。到了這個地步就別再納悶了，因為這個問題他媽的沒有正確答案。

12. 針灸師離開後，你穿上衣服，覺得被小小的侵犯。帶點些許迷惘，然後你意識到自己整個禮拜竟然第一次可以不會因為穿衣而痛到尖叫。然後你走出去、約好下個禮拜再來。只是你老公會發誓再也不接送你了，因為他說車子現在聞起來像「又老又髒的嬉皮」。

總而言之：在草本植物、魚油、針灸、癌症藥物及所有其他之間打轉的同時，你發現自己偶爾還是有不痛的日子。這樣的日子讓你學會珍惜，僅僅因為那個早晨是一個不會有人把八十六根針扎進你身體的日子。那是你膝蓋彎得下去的日子，可以來場說走就走的草地野餐。那也是研究報告出爐的日子，上面公佈說，喝酒能擊潰關節炎。這些都是黃金燦爛的日子。

即使我在臥床不起、不能動的日子，我還是很感激我的女兒能蜷在我身邊，看著重播的電視劇《草原小屋》。我試著欣賞我擁有的東西，而不是對我失去的東西感到痛心。我試著優雅地接受這種疾病，耐心地等待他們找到療法的那一天。還有我終於得到機器猴管家的那天。[3]

3 還有，從現在開始，所有的殘障車位要落實給坐輪椅的人用，而不是只給那些剛好嚴重抽筋、覺得自己殘廢的人用。還有，從現在開始，坐輪椅的人在菸酒專賣店可以插隊。還可以獲得免費性感的鞋子。這些事都要讓國會全數通過，~~在我殘廢之前通過，不然很像是為了我自己~~**因為耶穌就會這麼做**。

這快克甚至不是我的

我辭掉工作成為職業作家不久之後，維克多也離職轉行做醫療軟體公司的執行長。這真的很棒，只是我們倆現在都在家工作，常常想宰了對方。我兼了很多份寫作工作來應付賬單，包括幫很爛的A片寫評論。這時候維克多會在屋子裡走來走去，掛著小甜甜布蘭妮的那種耳麥談生意，他會像這樣大吼：「**買！賣！這個專案需要更多的大象！**」或像這類的說法。說實話，我沒有真的在聽。我只知道，當你絞盡腦汁在寫一篇有關《陰莖手愛德華》（*Edward penishands*）與永恆文化關聯的諷刺文章時，有一個人漫無目的在家裡晃來晃去，對著自己大吼關於電子試算表和投資報酬率的事，真的很讓人分神。

不可避免地，維克多在屋子裡走來走去的時後，不自覺地會走進我的辦公室嚷嚷，像是對著躲在書桌底下充滿疑惑的貓叫囂專案管理的事。我惡狠狠地瞪著他，但他從來收不到暗示，所以我會從電腦拉出一段我工作上的A片，直接跳到高潮片段、再把音量調到十一。維克多會一面用充滿驚恐的眼神看著我，一面摀住話筒逃離我的辦公室，再氣急敗壞地按下靜音，小聲對我吼說他正在開很重要的電話會議。然後回到專業的電話口吻，問大家都還好吧，聽起來像有人受傷一樣，我真的不得不幫他拍拍手，因為他把一切恢復得毫無破綻。一會兒他回來解釋說，他在開嚴肅的電話會議時，保持安靜真的很重要，我則和他強調，待在他自己該死的辦公室才很重要。然後他又強調，「接些真正的工作而不是在下午三點看A片」才重要，接著我會強調，我又不是在「享受」A片、我只是在「評論」A片。**完全是基於研究需求**。不過考量到我們的工作天裡大部分的時間都穿著睡衣，用A片當背景音樂，這樣的職場還真有想不到的壓力。

最後，維克多會大步走開，發出有關倫理道德、電話禮儀的嘀咕聲，我會在走廊那頭大喊：「**混帳，這是我的工作，你別再騷擾我，小心我把你的眼睛戳瞎。**」然後他再把電話按靜音、威脅要在我的咖啡裡下毒。一切就像辦公室的日常，除了有貓，還有剛剛說的那些話，在之前有隔間和保全的辦公室，必須放在腦子裡講，現在一定要吼得很大聲。

以前，我們都在外頭工作的時候，回家會互相抱怨各自辦公室裡那個擺明著要摧毀你的腦殘同事，現在不太可能有那樣的對話了，因為，現在共處一室的只有我們倆，擺明著要摧毀我們的腦殘同事就只有對方。經過幾個月幾乎要把對方殺死的衝動後，我們終於有了共識要去找一間互相辦公室隔很遠的房子，我們也知道，現在沒有什麼非留在休士頓不可的理由。我們可以愛搬到哪就搬到哪。維克多提議波多黎各，但當我聆聽自己的心聲，我知道自己想去哪，這個地方違背了我多年前有了海莉時所承諾的一切，沒人比我自己還來得更震驚。

海莉出生的那一刻，我的第一個想法是，我要喝酒，醫院裡應該要設間酒吧。第二是向自己保證海莉會過著一個**和我完全不一樣的童年**。我看著她的小臉，保證永遠不會把死掉的大型野生動物丟在廚房的料理台上，也不會放任美洲獅在家裡趴趴走。維克多似乎很不解、但還是說好，因為他以為我藥還沒退。我的藥是還沒退，不過這並不能改變我要讓海莉的生活浸淫在芭蕾舞課、美術館的決心，而且她永遠不會跑到後院為了看籠子裡的山貓，卻只看到被野生浣熊啃掉嘴巴的寵物鴨。

海莉出生之後，維克多和我定居郊區，一出休士頓就到了，我努力融入，卻還是備感徒勞。海莉目前快四歲了，她在那所小型的私立學校像溫室花朵一樣被保護得很好，因爲缺乏陽光顯得有些蒼白，她在那裡學音樂舞蹈，也學習如何和大家一模一樣。我們讓她上體操課，但是其他所有的幼童都好像在準備參加奧運一樣，而且不只一位母親提到她們正在幫自己的小小孩節食，真他媽的瘋了。最後，我們決定不去上課、讓海莉在家裡跳沙發就好。儘管如此，她融合得極好，優雅地走在正常、完美的人生軌道上，但這一切卻把我嚇到失禁。一方面是因為我不確定保護她、不讓她去過那種到頭來讓我懷念的生活是不是真的為她好；另一方面我必須承認，我發現自己覺得海莉有點可憐，因爲不能去運河探險，不能在院子裡餵小鹿，也沒有在屋子和浣熊寶寶一同玩耍的回憶。我們有貓，她也很愛我們可愛的巴哥犬巴納比・瓊斯・皮可斯，他帥翻了（我們找不到比他更像像蘿拉・英格斯的斑紋鬥牛犬了），不過他沒辦法和一缸子的浣熊一起泡澡，雖然我懷疑他可能會同意這麼做。

總之，我就在那時候發現自己正說服維克多該搬到有幾畝地的鄉下，讓海莉有地方奔跑，有地方探險，而且還能經歷那種有點像是被整的鄉下生活，我和維克多就是有這樣的經歷，才能不用真正地融入不同的社交場合還可以假裝自在。我和維克多也都是在完全開闊的空間成長，也都帶著那份美好的記憶，我很訝異自己如今才恍然大悟，之前我認為自己活在那種還算愉快卻乏善可陳的「窮鄉僻壤」，那種我要

海莉——發現玩泥巴的樂趣。

海莉脫離的童年，才是我現在珍惜的。也就是那種炙熱、那些野地動物、那樣的與世隔絕造就了今日的我，我發現自己很驕傲有那些一路上形塑我的跌跌撞撞。不讓海莉去體驗那些相同的經歷似乎很不公平，而移居鄉下似乎才是最好的答案。

西德州變化太大，感覺都不像家了，不過我們總算在德州離奧斯汀一小時外的丘陵區找到了房子。房子座落在很小的鎮上，離最近的雜貨店還要三十英里，但環境清幽宜人，還有好幾畝的大樹在美麗、開闊、佈滿矢車菊的草地上搖曳生姿。我覺得這就是家了。再加上，我和維克多的辦公室分隔在房子的兩頭，辦公室的門也都能真的關上。

這裡還有陽光。

我們買房子的時候，按慣例維克多會詢問房屋的產權限制與稅款方面的問題，而我一向負責兩個問題：「這屋子有沒有死過人？」和「有多少屍體埋在這塊土地上？」我總認為第一個問題，在法律上，房仲業者會據實以告；但第二個問題，在技術上，我不覺得他們有義務回答。我以前都會這樣問：「有沒有人埋在這塊土地上？」不過我擔心房仲業者不會老實回答，所以我換成這樣問：「有多少屍體埋在這塊土地上？」因為這樣聽起來像是我知道這裡埋了屍體，而且埋屍體根本不是什麼大事，如此他們就會變得鬆懈、無意間順口說出只埋了兩個半的屍體。維克多說，我問的問題根本會造成反效果、還讓大家不自在，接著我會指出，我真的不介意地上埋了屍體，我是想假如碰到喪屍末日，至少我知道屍體埋在哪兒。大多數的房仲業者會在這個時候託辭飄走。或許是因為花了該死的這麼多時間看一對夫婦為喪屍末日吵架，實在讓人生很暗淡。我猜想這類的事情就是從事房仲業的缺點。

終於，我們還是買了房子、也開始了五個階段的移居：

第一天：把每件東西都用泡棉紙謹慎包好。先通通清理乾淨，這樣才清爽、才好整理。箱子四面都貼上標籤。

第二天：開始故意把東西砸壞，這樣才有理由不用打包。

第三天：在廚房抽屜裡發現十八組切碎機。命令維克多不要再在深夜逛購物頻道買垃圾了。蓄意搗毀十七組切碎機。

第四天：質疑你為什麼要收集玻璃小動物，而且誰准你收集了一千四百隻。還有，為什麼放垃圾小物的抽屜有三個？表示我們終於「達標」，還是表示我們是囤積癖？試圖上推特問朋友，但發現老公已經把你的電腦線給打包了。感受到完全徹底的孤獨。在浴室崩潰大哭，但沒辦法擤鼻涕，因為找不到自己打包好的衛生紙箱。

第五天：在客廳升了很大的火堆。把紙箱推進火堆裡時，瘋狂大笑。

以上句句屬實，除了最後。在現實中，我公公（艾倫）在第五天出現，他幫我們把所有東西都丟進箱子，還阻止我把切碎機扔向維克多，這位先生花了整整四天「打包」車庫，我非常確定那裡頭連一件有用的東西都沒有，維克多如果掛了，我就用二十美元把它整個賣給分類廣告網站。我有點想不明白，為什麼一個人會需要兩個裝滿工具的櫃子，我不過用封箱膠帶和螺絲起子就能活三十五年，維克多說，那是因為「大家不會用封箱膠帶來改裝化油器」，但這點我想得很明白，維克多只是不知道封箱膠帶有多麼千變萬化。

我們上了搬家車之後，開始往新家的方向一路長飆。車子大概開了幾分鐘之後，艾倫清了清喉嚨、很害羞地從前口袋拉出一個塑膠袋。「喔，順便一提，我找到一些……呃……也許是『快克』（crack）吧？」他一面說一面遲疑地把裝著快克的夾鏈袋交給我。我第一個想法是，我非常之保守的公公會請我吸食快克，未免也太奇怪了，莫非是某種測試？我第二個想法是，雖然我不曾見過快克，我猜應該很貴，以吸一次的量來說這未免太多。他該不會是在兜售？但這也很怪，因為艾倫是個成功的生意人。就算如此，畢竟他空出一整天時間跑來幫我們，所以我盡可能不對他做道德批判，也努力想辦法禮貌地拒絕他，不過就在這個時候我認出袋子上有我的筆跡。我立馬鬆了口氣，艾倫一定是在打包的時候發現這個袋子，然後很好心地一路帶了過來。我笑著解釋說：「哦，這快克不是我的，是海莉的。」他看起來更想吐，然後我解釋說，我真正的意思是那是海莉的，還有，那不是快克。這種粉到處都買得到，它加水會爆開變成假雪。海莉每年冬天都要玩這個，因為德州沒有真的雪，而且還能重複使用，只是脫水之後看起來很像快克。我把一小塊快克扔進快見底的水罐、裡面立刻充滿了雪，艾倫鬆了口大氣。話說，艾倫發現快克、想都不想就認定是我的，實在有點污辱人，但為了屋子裡的其他人著想，我只好稱讚他真的很瞭解我。

搬進去之後，我開始研究這個地區的歷史，發現我們現在住在「惡魔脊骨」的邊緣上，這片土地是德州鬧鬼最兇的一個地方。我一向很迷戀鬼故事，所以這根本困擾不到我，直到有一天我鄰居跑來跟我說，我們住的這條路上埋了屍體。我問她：「是誰？埋在哪了？」結果是有一戶人家把家裡過世的人埋在後院，確切的埋葬地點現在已經不可考。但這點困擾到我了。不是因為這條路上有座即興的墓園（死翹翹的鄰居變成靜悄悄的鄰居……我想這句話是羅伯特・佛洛斯特〔Robert Frost〕[1]說的），而是因為在我們這個小區竟然有塊失蹤的墓地、還沒人找得到。是新建物蓋掉了嗎？墓穴還是新的嗎？我一直很滿意我們住在這麼鄉下的地方，這樣成群結隊、繁殖過盛的城市，喪屍應該不會遠道而來攻擊我們，但讓我擔心的是，喪屍末日那天，我們家鄉有自製的喪屍、而且就種在附近的土裡，牠們會從哪個方向來根本搞不清楚。我真的很擔心。維克多也是，他說如果我能別在鄰居面前一直講喪屍末日的話，他會萬分感激。我回說：「她應該要知道的。」我還說，我們一定要找到這些墓穴，知道墓穴在哪、我才能安心睡覺。

「不幹，」他堅定地說，「喪屍末日事件不太可能發生，就算發生了，我們也不會到森林裡走個半死去找屍體。」

「要隨時保持警戒啊！」我（也許有）嘶吼說。「**混帳，我是為大家好！**」我真的是。有一座喪屍公園就在這附近的某處，我得要確定它年代夠久，這些喪屍才沒本事威脅。我們為這事吵了好幾天，直到他最後答應要把墓穴找出來，可能他終於弄明白，一些口角的發生、通常保護這個家的人要負最大的責任。也很可能是因為，我每隔三小時接力把他叫醒，問他有沒有聽到後院門廊發出「肚子餓和拖著腳走路」的聲音。

維克多找到一個當地人，他說他知道墓穴在哪，說順著街底的那條路就會到了。只是街底根本沒有路。我指著雜草叢生的兩條小徑。「我覺得他說的就是這兒了。」

「那不是路。」維克多淡淡地說，但那裡沒其他的東西了。

1　編註：美國詩人。

「我很確定那是路，」我解釋，「很明顯，因為旁邊有支消防栓。」

他火大地瞪了我一眼、咬牙切齒，把我們的車子轉到不是路的路上。過了幾分鐘（油底盤凹陷之後）開到了死路，他又怒視我。接著有東西從灌木叢裡跑出來，我大叫道：「**卓柏卡布拉！**」維克多猛踩煞車、直挺挺地瞪著我，一副我瘋了似的。可能是因為我太心慌、不小心喊了「**恰魯巴！**」（chalupa）[2]好，我承認，危險動物正在襲擊你的當下，有人在旁邊對著你大吼大叫真的很讓人

心神不寧。但以我的立場來說，看到墨西哥兇惡的吸羊血怪物在森林裡跑來跑去，應該沒有人還能心平氣和的對話。維克多說，要不是卓柏卡布拉的真實身份恰好是頭小鹿，他完全會同意我的話。真教人好生沮喪啊！我們家附近不只充斥著卓柏卡布拉[3]、還個個都是仿鹿高手，這先不算，我們連墓穴的影子也都沒找到。還有，我現在很想吃恰魯巴，方圓六十哩以內卻沒有一家「墨西哥大餅王」連鎖店。從各種標準來看，整個過程都很失敗，但我還是有好好安慰維克多，我提醒他，家裡至少沒養羊，不然還得擔心被吸血。然後維克多叫我閉嘴，告訴我（這是第一次，最後會累積到八千次），搬到鄉下真是錯得離譜。

我為我們初來乍到的小鎮辯護，並向他保證，我們只是需要重新調整一下，但他是

2 編註：墨西哥食物。通常是用油炸玉米圓餅，上面加上莎莎醬、雞肉、豆類等各種食材，包起來吃。

3 英文拼字檢查拒絕認可「卓柏卡布拉」〔Chupacabra〕這個字。或許因為它是種族主義者。我是說，種族主義者是英文拼字檢查，不是卓柏卡布拉。卓柏卡布拉是從墨西哥來的怪物，牠以吸食山羊血為生。根本不管你是哪個種族。奇特的是，把英文「卓柏卡布拉！」〔CHUPACABRA!〕，每個字母打成大寫，拼字檢查就沒問題，這根本沒道理。除非它只認可你把這個字用在大聲嘶吼上。擊中要害〔touché〕這個字也一樣被檢查。附註：真正用在這本書的字，但英文拼字檢查不認可的字有，迅猛龍〔velociraptors〕。小刀〔Shiv〕。卓柏卡布拉〔Chupacabra〕。耶〔Yay〕。看來英文拼字檢查根本不願意讓我寫回憶錄。

對的。很顯然我們腦袋燒壞、不自量力，我感覺到頭來不是我們之中誰得了痢疾、就是黃熱病，一切只是遲早的事。然而，在那之前，我們可以舒服地窩在家裡，確信搬家這檔子事讓我們以某種方式騙過了死神……確信劃下句點的那天，不是因為工作壓力讓我和維克多互砍對方，而是因為屋外未知的荒野（以及可能的喪屍卓柏卡布拉）。維克多和我也都覺得很安慰，因為我們知道現在我們的辦公室離得夠遠，雙方都還算安全，不過我們仍然擔心。

而且，我們應該擔心。

真的，我都不曉得開山刀是從哪來的：三幕日悲喜劇

第一日

巴納比・瓊斯・皮可斯過世的那天真的很難熬。

我們還在適應新家，還在計畫怎麼把後院的圍欄蓋起來，讓他待在裡面，把蠍子關在外面。雖然，直到那時，我們一整天大部分的時間只讓他在屋子裡跑來跑去，恐嚇貓咪，然後再把他放出去，用一條長到不能再長的狗／皮帶綁在後院門廊的欄杆上，這樣他可以一路跑到我們屋子後面的草地上。但是讓小狗到後院放風，就算一天只放一會兒都很危險，在鄉下這麼做會該死的更危險，這教訓我學到了。

各位，請從我的錯誤中學習。

我說服自己他沒事，門廊都蓋起來了，他可以在下頭小憩，戶外的天花板上有好幾台一直開著的電風扇，再加上灑水器。我確定他除了要提防自己之外，一切都很安全。我在客廳裡往外看著他的時候，他會四處嬉戲，然後兩分鐘後我再抬頭，發現他沒了皮帶，不知怎地，他把皮帶編成了一片巨大、沒有設計可言、很像蜘蛛網的東西，門廊上所有的椅子還違反自然地交纏在蜘蛛網上，這時候他看著我，小小的巴哥頭歪向一邊，彷彿在說：「……他媽的剛剛發生了什麼事？」我費力幫他解開，把門廊的椅子移到屋前，但是等我回來的時候，他早纏上了烤肉架，還用一模一樣的表情望著我。

我開始懷疑他上輩子一定是個短小精幹的海盜，他的專長是在最不適合的時機把自己吊在桅杆上。我能想像，船長打盹醒來會用同樣憐憫但挫敗的表情看著把自己吊在船輪上的海盜巴納比・瓊斯。他以為自己看到氣旋，所以吊在那，但他看到的只是一些小鳥。我完全能體會船長的感覺，他一定會先嘆氣、再花半小時把打結的繩索鬆開，巴納比・瓊斯這時候會無法控制地狂舔船長的臉。或者至少，巴納比・瓊斯・皮可斯在我幫他鬆綁時都會這麼做。我懷疑海盜巴納比・瓊斯也那麼做了。船上沒有很多女海盜，我也不打算批評一干海盜、以及他們的互舔行為。我完全支持同性互舔。也支持海盜。但強暴和掠劫不算。我不是反強暴和反掠劫。我只是支持鉤子假手和木樁假腳。基於以上，我想我對海盜的立場偏中立。

我從來沒有吼過巴納比，因為他一看到你就這麼該死地開心，真的教人很難生氣。我會搓著他的耳朵、用粗啞的聲音說：「老瓊斯好棒棒。」他會開心地想要把我腳上的鞋子咬爛。他會以巴哥犬擅長的那種半無知的方式微笑，我會用盡力氣

生氣的額前兔。要把頭向右傾、斜著看，
但我保證，牠*真的*在那。

Angry forehead rabbit.
You have to tilt your head to the right & squint to see it but I assure you, it's *totally* there.

想像力弱的人，我把兔子的臉畫出來了。不過一旦看到，就不會看不到了。

不要盯著藏在他額頭皺紋裡的那隻憤怒兔（用譴責的眼神不斷怒視著我），因為那會讓小狗很不自在，也因為維克多說，看到小狗額頭上有一隻幻想出來的憤怒兔，在羅夏測驗類似的量表裡顯示患有某些反正我們也負擔不起的心理疾病。但牠真的在那。請見前頁圖。

然後就是可怕的那天，那天我去叫巴納比・瓊斯進屋的時候，只看到他直挺挺地躺在後院，他皺起來的兔子眉毛永遠都看不到了。他的臉好腫，後來獸醫說最有可能是被蛇咬到。我想在這寫些黑色喜劇來沖淡這整段經驗裡的哀傷，但我實在沒辦法，因為我愛那隻該死的小狗。

在我腦袋裡，我叫喊著，用髒話罵自己，為什麼要把他留在屋外，但我得控制自己不能出聲、不能引起海莉的注意。我不想讓她看到巴納比變成那樣。維克多出城了，獸醫院的答錄機說週末公休，所以我把巴納比抱起來，帶他到我們家後頭的草地上，大哭，一直哭到哭不出來。我筋疲力竭地工作了一個小時之後，終於在幾乎完全是石頭的地上挖了個洞、把他埋在他喜歡嬉鬧的草地下。在墳墓上面，我用石頭堆成尖尖的標記。都是我一個人做的，感覺真的很糟。

弄完之後，我才告訴海莉，抱著她，她不斷哭泣。我們在沙發上手握著手，每隔幾個小時她就會問我，會不會只是做了個惡夢。我希望這是惡夢。她問我可不可以再買一隻巴哥，再叫他巴納比．瓊斯，假裝他沒死。我告訴她，這樣做對巴納比不公平，不過事實上是我自己沒辦法再承受一次，當下我決定：「再也不要養狗了。」

我打電話給維克多、告訴他整件事情的經過，他哭了。我告訴他我把巴納比．瓊斯埋在我們家的草地裡，然後維克多變得非常安靜，因為他相當清楚，那片草地上幾乎沒有泥土。我懷疑他的靜默是因為他知道，他不在家，留給我的是一個怎麼樣可怕的處境，但接下來他卻耍神祕地說：「留意他埋葬的地方。」他完全仿造電影《禁入墳場》（*Pet Sematary*）裡面的人會用的口氣，如果不小心把心愛的人埋進墓園裡那塊會讓人復活的土地，就會這樣說。我嘆了口氣之後又哭了，因為我最不想做的事就是，當我的小狗用他那具沒有靈魂的軀體把自己從墳墓裡挖出來的時候，我必須再殺一次那個已經死透的他，然後維克多說：「你到底在胡說些什麼啊？」我說：「你知道嗎……**他們有時就是會回來**。」維克多接下來說他要打電話叫他的爸媽來接我，因為很明顯我有點精神崩潰。當時我以為他這麼說是因為我把腦袋裡所有史蒂芬．金的小說混淆在一起了，但現在回想，可能是因為我完全沒給上下文就嚷著要謀殺我們已經死掉的小狗。但不管怎麼說，最糟糕的部分已經過去了，我要維克多放心，說我總會沒事。

我真的會沒事。如果巴納比・瓊斯・皮可斯沒有從墳墓裡出來的話。

第二日

我的鄰居跑來跟我說，她看到我昨天在草地上挖墳墓，所以過來看看一切可好。她特地跑來關心我讓我很感動，還有她認定我在挖墳墓卻沒去報警也讓我很感動。「這點，」我心想：「正是我喜歡鄉下的地方。」她還說，很可能是響尾蛇咬了巴納比，她之前兩隻狗都是這樣死的。「還有這點，」我心想：「正是我討厭鄉下的地方。」

維克多這週還在城外，所以我打電話給他。「巴納比・瓊斯・皮可斯原來是被響尾蛇咬死的。還有，這裡顯然到處都是，而且牠們殺的全是家犬。我打算再也不要踏出家門了。槍要怎麼用？」一連串的問題把維克多弄到抓狂，他拒絕把放槍的保險櫃密碼給我，因為他擺明了想讓響尾蛇把我和海莉都給吃掉。然後他點出，響尾蛇不吃人，還有巴納比的死可能是過敏反應，是對蜜蜂、還是對蛇過敏都說不一定，再說我把重心放在響尾蛇的身上，只是為了逃避對巴納比該要有的哀傷。我掛斷維克多的電話、去問谷歌大神：「怎麼做才能叫響尾蛇滾蛋？」

維基百科說，蛇厭惡樟腦丸，一聞到味道就會死命地跑開（這很弔詭，蛇又沒有腿）。我懷疑維基百科把蛇和飛蛾給弄混了，不過樟腦丸正解也在別的網站重複出現，所以我買了六盒的經濟裝，把樟腦丸在房子周圍撒成厚厚的一圈，看起來很像是以無法想像的混亂模式，下了一場冰風雹。屋子還飄起像是被小老太婆團團圍住的味道，這不是好兆頭，但我把她們想成極其兇惡、手持砍蛇戰斧的老奶奶之後，一切就好多了。

我還打電話給驅蟲大師，他說樟腦丸是個好開始，他來的時候會帶一罐超大號的驅蛇劑，到時候就撒在周圍、把蛇逼到絕境。我問說：「那你要怎麼確定蛇沒有先躲在周圍裡面，這樣我不是會和蛇一起被困在這裡？」

他定了一下，回說：「不錯呦，好問題。你又怎麼知道的呢？」我就說：「我沒在開玩笑。我是在問你……你怎麼確定？」然後他說，蛇若不是已經爬走了，牠也會繞過蛇退散，離那味道遠遠的。我問：「所以那就像在身體周圍撒上一圈鹽巴來驅魔？」他說：「那樣有效？」然後我想也許我該另外找個新的驅蟲大師。

我走到屋外，想說再放一圈樟腦丸補強，就在這個時候，我發現巴納比・瓊斯的墓被弄亂了。我堆在他小墓上的尖石塊整個垮了下來了，而且還看到很嚇人、疑似有小爪伸出來的樣子。有那麼一刻我很害怕巴納比・瓊斯真的從墳墓裡回來了，我僵在那兒，猶豫該不該幫他把自己給挖出來，還是應該打電話給降魔師。但就在我盯著看的時候，一隻巨大的黑鳥猛然往下飛撲，拉著那條腿。我慢慢沿著山坡往草地上走去，一群巨大的猛禽發出淒厲的叫聲、從棲息的樹上一陣齊飛。

是禿鷹。

我跑到車庫抓了把開山刀，但我一離開巴納比的墳墓牠們就又飛撲了下來。我嘶吼、追著牠們跑、憤怒地揮舞著我的開山刀，然後牠們會往後一退、看著我、好像我很好笑。牠們似乎在說：「是你留食物給我們的。」「麻煩不要一直用那把開山刀用力砍我們的頭好嗎？你埋了我們的點心已經很過分了。講真的，你把我們的臉都丟光了。」

我現在的處境就像蘿拉・英格爾那時候把小麥作物裡的蝗蟲趕走一樣，只是我的小麥作物是隻死掉的小狗，而且我還沒戴遮陽帽。我總算進到屋子裡、打電話給老媽，她非常善體人意、也給我很大的支持。不過話說回來，她也是個現實主義者，她提議我是不是該離開這個家幾天，好讓巴納比來場不期而遇的西藏天葬。老媽是有史以來最差勁的無神論者。還有，她可能不太贊成西藏天葬，但發現我有把專屬的開山刀卻很有意見。感覺老媽像是今天才認識我一樣。

儘管如此，她說得有道理。這本是生命的循環，但巴納比・瓊斯在那個循環裡被當成了開胃小菜，我很不ＯＫ。我也擔心海莉會看到大群的禿鷹把巴納比從墳墓裡扯出來。她已經開始用懷疑的眼神盯上那些巨大的鳥了，還問我為什麼牠們在那。「牠們在……祈禱。」我這麼回她，把自己腦中的第一個念頭說出來。「牠們在幫巴納比祈禱、舉行葬禮。」幸好，這一切對一個六歲、被迪士尼不合邏輯的電影養大的小孩來說，非常合理。

我又打電話給維克多。「巴納比・瓊斯・皮可斯原來是被鯊魚咬死的。」

「什麼？」他喉嚨卡了一下。

「開玩笑的。不過他真的從墳墓裡出來了。」

「我在工作，」他壓著嗓子小聲說，「你是不是喝醉了？」

「我這輩子從來沒有這麼清醒過——或這麼想喝酒過。」然後維克多掛了電話回去工作，我則考慮要把我們家的貓通通丟出去趕禿鷹，但我擔心牠們要嘛會走失，因為從沒出過家門，要嘛就是禿鷹只會當牠們是更容易的點心，只要抓起來帶走就好。那樣不僅讓人很喪氣，我還強烈地知道，如果我在一個禮拜內不小心把所有的貓通通給害死了，維克多一定不會善罷甘休，或許他還會把開山刀藏起來。與其這樣，我決定拉上所有的窗簾，假裝一切都沒發生。

第三日

「幹，」我心想，「這確實在發生。」

現在有一打的禿鷹在巴納比的墳墓上盤旋、把石頭撞掉。我把電話打到了一百萬（一百萬＝十四）個地方找人幫忙把狗挖出來——狗已經挖出來一半了，就是一直被我用開山刀攻擊的那群可怕的禿鷹幹的——但因為週末沒人要來。顯然狗主人只有週一到週五時需要挖狗的屍體。然後我在分類廣告網站上的「服務」欄目看到，有個人在他的表上說「只要價錢合適，任何工作來者不拒」，但我在網站上查詢他的電子郵件信箱時，發現他也刊登拉皮條的小廣告，所以基本上他就是皮條客，邀請皮條客到家裡來、又只有我和海莉，感覺很詭異，我就是這個時候在腦中嘶吼：「**維克多怎麼還不回來？**」

我又打電話給他。「巴納比・瓊斯原來是被一群……不知道……殺死的。我連亂編的力氣都沒了。但我找到了一個皮條客，他會過來挖。」維克多指點我說，皮條客的工作不太可能和挖掘動物的屍體有關，比較可能和手部、口部的動作有關，我說：「我沒辦法付他古柯鹼。**我連去哪弄古柯鹼都不知道。**」然後維克多要我去旅館待著就好，過幾天他回來會處理一切。我有點心動，但我告訴維克多，巴納比過世的時候我沒陪他已經讓我夠難受了，我在他被吃的時候還打算拋下他，真的該下地獄。維克多要我冷靜，因為我聽起來像是換氣過度。我說，我只是喘不過氣來，我在外面拿著開山刀搖來搖去趕禿鷹。

那時候維克多意識到，我一定是用他的免持耳麥在講電話，他火大到不行，因為我一定把上面弄得「都是汗」。這時候我就把他的電話給掛了。因為，把耳麥弄得都是汗算什麼大事啊，我可是一面在大型猛禽面前揮舞著開山刀，一面還在考慮雇個皮條客把死掉的小狗挖出來這事的利弊得失。維克多持續在對我大吼，因為技術上，我不是真的知道免持耳麥要怎麼掛斷，不過我有跟他說，他這一切根本是在浪費力氣，因為在我腦海裡，電話已經掛了，我根本沒在聽。然後他吼得超級大聲，所以我就開始唱〈全蝕的心〉（Total Eclipse of the Heart）來把他的聲音淹沒。就在這個時候我的鄰居又出現了。

她這次看起來比上次更擔心，可能是我一面哭著把邦尼・泰勒（Bonnie Tyler）唱得很大聲，一面在半搗毀的墳墓上方不停擺動著一把開山刀。又或者是她在想：「你真的把那支耳麥弄得全部都是汗。」人本來就奇怪，要去猜測他們腦中在演哪齣實在很難。她抬頭看到禿鷹、馬上就知道發生了什麼事，她拿了一張巨型的藍色塑膠帆布過來，一起幫我把巴納比蓋住。我們在帆布的周邊放滿了很重的石塊，禿鷹看起來很憤怒，但我感激到痛哭流涕。然後我回到屋裡，洗了非常久、非常久的澡。當我走到屋外，我意識到，禿鷹不可思議地強壯，藍色塑膠帆布已經變成某種禿鷹用的魔術方塊，每一隻鳥在每一個角落正在嘗試完全的攻略。而我則逐漸走向精神崩潰的境界，不過至少在團結禿鷹社群上面我盡了份力氣。

我的朋友蘿拉（是的，就是拖著我去酒之鄉的那個朋友）注意到我的推特串流滿滿都是禿鷹、開山刀、死狗的最新上傳，我也很慶幸還有卡通頻道，總之她打電話來。我說：「我沒事。」她非常哀怨地說：「唉，你聽起來就很有事。我現在就去幫你把死狗挖出來。」我立刻說：「不！沒必要去看那個。尤其是你，因為你和他認識。」然後她說：「你聽起來真的很不好。我們馬上過去。我帶那個四歲的一起過來。還有鏟子。」她真的來了。

我不能讓她一個人弄，所以我們把電動打開讓海莉和哈利玩、告訴他們我們要去整理花園。接著我們倆戴上手套、她圍上一條印花大手帕遮住味道，然後我們辦到了。所謂「辦到了」的意思是，我們把狗挖出來、密封在冰桶裡。只是，技術上，我大部分的時間是閉著眼睛做的，因為我沒辦法看，所以蘿拉會說：「好，抬起來。鏟左邊。**你的左邊。我的老天，不要看。**前面點……再前……低下來、放到箱子裡……**結束！大家一起擊掌。**」

就這樣做完了，蘿拉，一位獲頒艾美獎的大都會女子，鞋子花的錢比我婚禮花的還要多，現在她把下巴抬得高高的對著禿鷹（全都在幾英尺外怒視我們），語帶威脅地咕噥說：「沒錯，你們這群混帳。都結束了。」想不到，我們倆在這一刻都感受到了一股強大的力量。

我們把冰桶完全密封起來、帶到車庫，星期一火葬的人來接巴納比・瓊斯之前，他可以在那安詳地等待。一切看起來既可笑又可悲，不過蘿拉還是用理解的眼神看著我說：「啊，我們是幫巴納比・瓊斯護棺的爪友。聽懂了嗎？給我笑。」我笑了。這是我把那隻可愛的死狗從他淺淺的、被褻瀆的小墳墓裡拎出來的這幾天裡第一次笑。就在那時候我意識到，我真不敢相信自己有多幸運，可以有像蘿拉這樣的朋友。因為那些創傷和可怕的經歷都被她化為……好多了。還有，我不斷道歉——十八次——是我把她拖下水的，她只說：「這根本沒什麼。」並揮揮手作勢別提了，好像我不過是把馬丁尼灑在桌子上而已。然後她就說：「老兄。你的狗和耶穌一樣。在第三天飛升起來了。」我就告訴她，她像「抹大拉的瑪利亞，只是少了點妓女味。」她回我說：「呦，又沒在比賽。」然後我們進屋、洗手洗了兩小時，接下來她告訴我她包包裡有做新鮮莎莎醬的所有材料，包括啤酒和一台小型的全方位調理機，因為她知道我沒有家電用品。她的包包好像有魔法一樣，我往裡頭看，問她矮種馬在哪。「噁。」她說，這是她那一整天第一次用責難的眼神看我。「誰會把矮種馬放進莎莎醬裡啊？你果然很不會做飯。」在一週的尾聲竟是如此的恐怖，我也根本不覺得自己竟然還能挺得過來，我只能說，我這輩子從沒料想到會有這樣的經驗。

我很幸運。

我想起自己對父親的交友品味深惡痛絕（有些後來成了殺人犯和流浪漢）的時候，他曾說過的話。他那句口頭禪是這麼說的：「是朋友，就會知道你每一根骨頭埋在哪。因為就是他們幫你埋的。」我發覺自己有一度感到認同。

他說得沒錯。而且有時候，如果夠幸運的話，他們還會再幫你挖出來。

後記：我們「整理花園」結束後，海莉和哈利覺得一定要幫我們拍張照。這張照片是我所有照片裡頭最壞也是最好的一張。

這張照片看起來有點像畫壞

鏟子、蘿拉、剛鏟完矮生植物（表面上看起來），我。

的美國歌德式肖像畫，少了乾草叉、多了饒舌味。這個章節若要配首歌曲的話，主題就是《黃金女郎》（*Golden Girls*，美國一九八五年製作的電視影集）。但沒那麼遜，中間還要穿插超酷的擊鼓獨奏。歌詞像這樣，「你會看到最貴重的禮物，那是我送你的，附帶的卡片上面寫著：『感謝你幫我把死狗挖出來』。」各位，剛剛是「黃金老奶奶」。

幾週之後，門外來了份包裹要我簽收，我很興奮，以為那是自己之前訂的披巾，不過等我一打開包裹，我就知道那是巴納比・瓊斯・皮可斯的骨灰。那樣的包裹你是永遠不可能準備好去簽收的。但是說真的，應該要有所準備。有些時候日子是好的、有些時候是壞的、有些時候就是收到死狗的日子。不可能天天過年。

後來我們把巴納比・瓊斯・皮可斯的一些骨灰撒在我們家的「惡魔脊骨」上，因為這個地方明顯受到印地安人和西班牙僧侶的鬼魂侵擾，所以，若是哪天，有人在開車的路上碰到形單影隻的印地安人鬼魂、老大不願意地讓一隻巴哥犬在旁邊跟著，那麼這隻巴哥犬一定笑得很燦爛，因為他一看到你就是這麼該死地開心。我寧可這麼想，就不那麼恐怖了。

不客氣，德州。

我需要一位老牧師，一位小牧師

以下一連串的真實事件取自我的日記，這些事件讓我相信，我們家鬧鬼和／或蓋在印地安人的墳場上。（還有，請注意，這一章前一部分的時間點在上一章之前，最後一部分的時間點在這一章之後。也許整篇文章會讓人感覺「很拙劣也很蹩腳」，但我會覺得是「智力上的挑戰、時間順序上的超寫實。就像《記憶拼圖》的小說版。裡面有死狗、陰道、還有松鼠屍體做成的木偶。」如果你正在寫這篇文章的評論，可以直接採用以上的句子，或者你是學生，當老師問你：「作者要表達什麼？」。那樣說就行了。**那就是我要表達的東西**。那個，再加上「做愛別忘了戴保險套，拜託。外面蛇很多好嗎？」以上這句，本書並無實際涵蓋，不過仍舊是很好的建議。）

那麼，就開始吧！

・・・

知道什麼叫爛透了嗎？假設，你剛搬完家突然想到自己把裝了十年大麻的雪茄盒忘在車庫裡了，老公不記得他有沒有看到，也不知道搬家工人是不是發現了好心幫你打包，所以現在，家裡某處可能有、也可能沒有非法毒品。你很想雇個緝毒犬把大麻聞出來，才不會有天被小孩抓包，卻又不曉得誰家有緝毒犬可以出租。你有點想打電話叫條子來找，跟他們說找到的話見者有份，卻不知道他們會不會把你給抓起來，就算技術上你只是企圖和非法毒品脫鉤。上面說的都是假設。也是我們「向毒品說不」會失敗的原因。另外，如果大麻過期還算非法嗎？又怎麼知道有沒有過期？要不是我太害怕打電話給警察，這些問題我都想問。

• • •

我的老天爺啊，各位。我剛一抬頭看到我家院子有隻狐狸。一隻他媽的狐狸。我知道很多人覺得這沒什麼，但我可驚呆了，我們住的地方居然這麼偏鄉，活生生的狐狸就住在我家山坡。還有，拼字檢查連狐狸的複數「foxen」，這麼明顯是字的字都不給對。一隻牛寫成 ox，兩隻牛 two oxen。一隻狐狸寫成 fox，兩隻狐狸當然是 two foxen。這都是語言學裡最基本的東西。

• • •

活生生的狐狸在我家的後院。來找蘋果酒的吧，我想。

維克多和我為了要不要餵食狐狸大吵一頓。維克多說要餵，因為傻傻惹人愛，加上鄰居說牠們很溫馴。我說不要餵，因為我們有一頭肥美的巴哥犬，他不時喜歡在外頭嬉戲，我不想看見他被吃掉。我以為我們有共識，誰料到才一會兒功夫維克多就走出去朝狐狸丟了顆蘋果。我說：「搞什麼鬼？不是說好不餵狐狸？」他說：「我丟蘋果是要趕牠走。」但維克多是個大號的騙子，他可能是知道狐狸喜歡嗑蘋果酒才沒把蘋果撿起來。還有，我對狐狸的認知全是從《超級狐狸先生》（*Fantastic Mr. Fox*）裡看來的，這部電影雖然很不錯，我卻懷疑並不完全符合事實。這不用解釋應該也看得出來。

• • •

狐狸還沒放棄、還在後院閒晃，就像一群無所事事的年輕人，去找份該死的工作吧！我咆哮說：「滾出我的草坪！」但牠們只是用好奇的眼神盯著我，還翻過身子、好像要我去搔牠們的啤酒肚。狐狸啊，我才不會去幫你們的肚子抓癢呢！

但維克多落入了牠們的奸計，不斷把食物偷渡到後院找機會餵食。因為維克多以為我腦子有洞。他翻遍冰箱，小心翼翼地把鮮美多汁的香腸和雞蛋拿出來、大聲嚷嚷說這些食物都臭了，再往後門一丟，觀察動靜。他說他正在「製作堆肥」，但他的屁話我早料到了。「你不可以餵牠們。」我再次解釋說。「你這是在誘食狐狸。我才不要牠們越餵越近，然後放巴納比・瓊斯・皮可斯在後院。到時候我們出來只會看到狐狸嘴裡嚼著吃剩的空皮帶。」

「**但是我想近距離看，一隻就好！**」維克多大吼說。

「牠們看起來像貓，」我說，「像灰色的花斑貓。」他不願相信我，所以第二天我們開車經過路邊、看到一隻禿鷹正在用餐，我立刻說：「看！狐狸！」然後我得意地說：「好啦，現在給你看到了一隻。也沒那麼刺激，是不是？」維克多點出那隻死掉的動物是貓，我就說：「**這就對了！看看牠們長得有多像。**」還有，也許路上躺的真的是貓。我們經過的時候車速一小時六十英里，實在很難判斷禿鷹到底吃的是哪道菜。

・・・

狐狸一定得走。巴納比・瓊斯・皮可斯似乎覺得牠們是友善的貓，一直想跑過去和牠們玩。幸虧他的狗腿只能跑這麼遠，所以狐狸剛好站在他搆不到的地方，耐心地盯著他，好像他是別人家的小孩，才開始單獨學跑步一樣。牠們無視他，不覺得他有任何威脅性，但看到這樣不禁讓我覺得有點羞恥，因爲巴納比熱情洋溢、想和狐狸玩耍的渴望露骨的要命，但狐狸明顯覺得自己高狗一等，根本瞧不起巴納比。那群狐狸簡直是混蛋，我絕不會容忍牠們的態度。

我朋友凱倫告訴我，在英國，狐狸來搞破壞時，男主人只要在房子周圍撒一圈尿就行了，因為男性的尿液裡有某種物質會以某種原因把狐狸嚇得噴屎。這似乎很合理，所以我和維克多商量，要他在屋外撒一圈尿來保護小狗。維克多走出房間，把自己鎖在辦公室裡。我幾乎可以穿透房門聽到他在搖頭。現在想想，可能我應該先說清楚始末。

我剛把這一章唸給一個朋友聽，她打斷我說：「等等，巴納比不是在上一章就死掉了嗎？我超錯亂的。你幹嘛要去保護你死掉的小狗？」所以我再一次很快地在這裡（再一次）指出，這部分全都發生在巴納比過世之前。我沒有要保護我死掉的喪屍小狗遠離那些只會批評、成天無所事事的狐狸。因為那樣的話我八成是瘋了。

・・・

已經有幾天了，狐狸似乎喜歡睡在巴納比剛好搆不到的地方。維克多說，這正好顯示他們有多溫馴，但我很肯定，牠們正企圖透過空氣把狐狸病傳染給巴納比。「**去給我尿尿！**」我拼老命對維克多尖叫說。「**如果你愛巴納比・瓊斯，你現在就會尿得他滿身都是！**」

維克多往上看。「你到底有沒有聽到你自己剛吼了什麼？」

「怎樣，我試著不聽。」我承認。「不過在這件事情上我是對的。待會你整個後院都要尿。前院可能也要。還有狗身上。」

維克多搖頭。「我不要在院子小便。我們沒有圍柵欄。警察會把我抓走。何況我根本沒那麼多小便。」

「你知道嗎？」我雙臂交叉、怒火攻心地說。「很好！我呢，在這邊想辦法救我們的小狗，你呢，在那邊給我囤尿。囤尿達人。」

「我沒在囤小便，」維克多大吼說，「我會用馬桶沖掉。這才叫死得其所。」

「你這是在浪費。」

「本來就應該浪費（waste）。因為它是『廢水』（waste）。」

「太好了，」我回答，「巴納比・瓊斯死的時候肯定會很欣慰，因為是同音異字害他得狐狸病的。」

・・・

我打電話問老媽，不知道老爸可不可以開幾個小時的車來我們家、貢獻幾泡尿保護我們，老媽說不可以，因為現在是動物標本的旺季。不過她說如果我「真的需要」，她可以幫我寄幾泡過來。我考慮了一會兒，然後說不。因為第一，我一點也不想簽收這種包裹；第二，我可以料到維克多會整個不爽[1]（不是雙關語），如果我叫老爸來幫我們擋狐狸，維克多到時候就會說：「**我才是這個家的大老二，除了我沒人可以在這兒撒尿**。」然後老爸下次過來就會演變成撒尿大賽。**我是說真的**。除了維克多好勝心太強，可能會幹到底，到時候他會說：「哦，是嗎？別比了；我直接塗鴉，保證甩得到處都是！」我就會說：「您過人的成就真的有夠噁心。」話說，我們住在郊區的時候，這種問題從來沒發生過。

・・・

上星期巴納比・瓊斯英勇地死於蜜蜂螫／毒蛇咬／鯊魚攻擊。感覺好糟，寫到這件事我還是會一直哭。我好愛那隻該死的小狗。關於他的死，那群狐狸已撇清嫌疑。是維克多撇的。我想他是偏心，因為他好像鐵了心要馴服牠們，還想組個狐狸馬戲團。老娘絕不會坐視不管。說實話，我知道巴納比的死和那群狐狸無關，但我猜要不是維克多一直餵牠們，牠們會餓到去吃殺死巴納比的蜜蜂／毒蛇／鯊魚。我已經嚴禁維克多再往後院丟食物。他說我瘋了、說他很久以前就沒餵了。三小時之後，我看見一隻叼著漢堡廚餘的狐狸飄過臥室的窗戶。死雜種。欠幹。

・・・

1 編註：此處原文為「pissed off」，piss 又指小便。

大量的蠍子在我家出沒。太神了。這類的蠍子弄不死人，但如果被螫到肯定痛死人，牠們讓人全身發毛，完全是撒旦的傑作。幸運的是，貓對蠍子毒有免疫力（有趣的事實），所以很安全。不幸的是，貓不知道我對蠍子毒沒有免疫力，所以貓非但沒有把蠍子殺死，還在我看電視的時候、把蠍子揮向我的光腳。他們可能是要我和他們一起玩。又或者是王八蛋。我傾向後者，因為就在今天，同一批貓才把海莉的寵物蛙給終結了。那根本是場他媽的大屠殺。先是毒蛇、然後青蛙、然後蠍子禍。我不禁懷疑我們日子就快走完了，或是我們把房子蓋在印地安人的墳場上。我不斷在找可能埋在我們家附近的死屍，但我若不快點找到的話，只好假設有人把這幢房子蓋在屍體上面。

・・・

上個月驅蟲專家已經因為蠍子來噴四次藥了，一點屁用也沒有。我上網查說雞會吃蠍子，我就想說去買一些雞，等到維克多提醒我，我才驚覺到有那群狐狸。所以，基本上我沒辦法派雞去幹掉肆虐的蠍子，因為雞會先被肆虐的狐狸給幹掉。我想應該要先養隻獅子去幹掉這群狐狸。可惜我們不能養獅子，因為房屋有產權上的限制。

講白點，我都不知道如果不能養獅子，那搬來鄉下又有何屁用。

・・・

驅蟲專家說，蠍子有可能都是從閣樓來的，因為蠍子就愛住那，所以我到網路的聊天室去求正解。

網友：你應該去買些鴨，鴨子會把蠍子吃到挫屎。

我：但蠍子是在我家的閣樓上。

網友：你大約弄五百隻鴨上去，保證免煩惱，蠍子清潔溜溜。

我：是喔……也對。但到時候我閣樓上會有五百隻鴨。

網友：你有槍嗎？

這就是不該上網求解的原因。

維克多買了超大袋的矽藻土，準備幹掉所有的蠍子。顯然，這種土會誘使蠍子自殺，聽起來像是巫師會賣的東西。

「你買的時候，他們有沒有教你怎麼唸『啊哇咀喀咀啦』〔索命咒〕？」我問。維克多直直瞪我。也許哈利波特的小說他一部也沒看過。「抱歉，」我解釋說，「我只是很確定你正好買到巫師特製的東西。這些都是魔豆煉成的嗎？」

「這不是魔法。這只是磨細的碎殼。」維克多說。「顯然，蠍子真的很恨這種土。」

「啊，」我說，「好吧，這證明了為什麼從來沒見過蠍子在海岸邊度假。」

・・・

蠍子都離開了閣樓。搬到家裡來了。我準備訂購一把噴火槍放在床旁邊。不過是小支的，因為我很注意防火安全。我買的是把焦糖布丁上面烤脆的那種。也買了很多打火機油。我把蜘蛛和飛蛾趕到屋外用的還是塑膠杯，這些蠍子卻會死得很痛苦。

鄰居建議我們把床腳套在密封罐裡，這樣蠍子晚上才不會爬到我們床上來，因為玻璃是牠們唯一沒辦法立足的表面。我估算了一下，若把這間屋子裡所有的東西都罩上一層玻璃要花多少錢，但維克多勸退了我，他說在流汗的夏天玻璃沙發會留下可疑的印記。我在待辦清單上追加了「製作玻璃鞋」，如此一來，當我站在一個地方太久，蠍子才爬不上來。我懷疑灰姑娘家裡也有蠍子肆虐的問題，只是沒有公開。就算明白她的為人，灰姑娘還是有可能飼養蠍子。如果我被家裡的人當奴隸使喚，我就會這麼做。再加上，她要大老鼠、小老鼠、鴿子幫她做衣服，所以她可能把這套把戲也教給了蠍子。或者叫蠍子用鉗子幫她拿鏡子。或者叫牠們懲罰不好好縫腰帶卻去找乳酪的老鼠。現在想想，我覺得灰姑娘有點賤。

・・・

今天驅蟲專家又來噴蠍子了，他留下一張紙條，說他發現屋子旁邊有一條巨大的蛇皮。然後我尖叫說：「**鄉下所有的東西都想弄死我！**」維克多要我去躺著。不過當時我仔細看了一下蛇皮之後，就說：「這是用過的紙巾。」維克多接著說：「老兄，再怎麼看、這都是一張剛脫的蛇皮。來看看這些鱗片上的菱紋。」我說：「那些菱形是織品的

我的腳。門墊。不請自來的客人。
（一條快陣亡的毒蜈蚣。）
同一天我還發現四隻蠍子。
我可能會死在這兒。

紋理，能吸更多水。這很好判斷，因為蛇皮不是方的。或有打小孔的。」我把紙巾攤在地上，然後他說：「啊，這是張他媽的紙巾。我覺得該換個新的驅蟲專家了。」

我們可能活不過今年。

・・・

我仍在努力找尋我們這個小區的家族墓地，我開始在空曠的田野中遊蕩、尋找墓碑。一個我沒見過的鄰居叫住我跟我說她是誰，然後告訴我這裡有蛇，徒步時請小心。我謝謝她，跟她解釋說，我不是徒步客，我不過是隨便找找，看看能不能碰上死屍。維克多說，他不在的時候，不准我再和鄰居說話。

・・・

昨天晚上維克多出遠門，所以當午夜有個大東西開始猛敲我臥室的牆壁時，我整個大抓狂。我打電話給驅蟲專家，跟他抱怨說有個很大聲的東西在我臥室牆上死命地撞。他說可能是隻困在牆裡的田鼠，我說：「不是。那東西聽起來很瘋狂、很危險、還很大隻。聽起來很像惡魔把一頭熊猛往牆上砸。或是，帶槍的……卓柏卡布拉。」驅蟲先生就說：「卓柏卡——蝦毀？」因為他從來沒有聽說過卓柏卡布拉。然後我說：「等等……不會吧？你新來的啊？」因為我找的傢伙就是要懂得怎麼收拾這種爛攤的控蟲師。之後我打電話給維克多，我說：「很好，那個驅蟲的傢伙不知道什麼是卓柏卡布拉。」他說：「真的？我們可是住在德州。那種東西應該列入考試。」我說：「是不是！」這整個禮拜簡直是個超級大隻的王八蛋。

・・・

我的臥室好臭。那些可怕的聲音停下來有一個禮拜了，卓柏卡布拉無疑是掛在牆裡面了。驅蟲專家爬到閣樓上說，他覺得應該是隻失足的松鼠，不小心掉進牆的中間，他準備從閣樓「把牠鉤出來」。二十分鐘過後，他說他怎麼搆都搆不到，所以宣布放棄。他還告訴我閣樓上有一堆泥土，或許我們該上來看看。

第二天，同公司派了另一個人來釣死松鼠，他聽說這事，想說換他來試試手氣。所以基本上，我家變成一台巨型的抓娃娃機，掉出來的獎品是隻死松鼠。大約三十分鐘過後，我開始懷疑，他被殘存的卓柏卡布拉給謀殺了。弄了半天，最後他也投降、扔了一瓶「消鼠水」到牆裡面。各位，真的有這種東西。**消鼠水**。把動物的屍臭吸光光。標籤上這麼寫的。所以很明顯我這輩子都得忍受有隻死松鼠在我臥室的牆裡。驅蟲專家說這很正常，所有房子的牆裡都有動物的乾屍。往好的地方想，下次參加豪華晚宴如果怯場，我可以提醒自己，這個地方可能全都是死掉的動物。就像必須在一群人面前說話的時候，把他們都想成裸體就好。我實在分不出來這樣到底是好是壞。

・・・

消鼠水放了一個禮拜、味道終於散去，不過幾分鐘前，我聽到有東西在牆裡來回窸窣。我沒辦法再來一次了，所以我決定假裝自己是個兇惡的掠食者，用尖叫、嗥叫、搥牆壁把牠給嚇跑。但等我轉身，那兩隻貓直直盯著我，一副嫌棄的表情彷彿在說：「我們的臉全都被你丟光了！」我就回說：「哦，去你媽的，死貓。至少在試的是我好嗎！」就在這時候，我注意到郵差先生正透過我們前門的玻璃往裡頭瞅著我。我向他解釋說，我正試著把也許是卓柏卡布拉的東西趕走，因為牠可能把我家牆壁當成自己的家了。郵差先生說：「哦。那可能是菲爾斯。」然後我就定住了，因爲在一般對話中，通常我才是奇怪的那個，我想好好珍惜這個片刻。最後搞了半天，真的有一隻生氣逃跑的蜘蛛猴叫菲爾斯，就在我們附近肆虐，不久前牠才攻擊了一名女子，還把她困在車庫裡長達一小時。各位，我說的全都是真的。[2]

我上網搜尋了一下「蜘蛛猴」，很明顯牠們懼怕美洲獅，所以整個早上我用電腦（連續）播放美洲獅咆哮的聲音，到目前為止我還沒聽到牆那裡有任何動靜，我想差不多可以確定，那兒真的有隻蜘蛛猴。維克多說那只能確定，當房子裡充斥美洲獅的叫聲時，是不可能聽到任何其他的聲音。然後他吼我，說廚房亂得像被雷劈過，但因為房子裡都是美洲獅吼聲，我當然聽不見。這也算某種福利。我把美洲獅吼加進我的新歌單。

附註：有線電視新聞頻道報導蜘蛛猴菲爾斯逃脫時，明確指出：「不要外出。不要企圖觸碰牠。不要與牠為友。」天哪！蜘蛛猴剛當上了《魔鬼阿諾》的主角了。

2　有線電視新聞頻道 NSNBC 確實下的標題為：「逃脫的蜘蛛猴在聖安東尼奧漫遊：暴風雨摧毀『菲爾斯』(W. C. Fields)的圍欄後，牠從所屬的靈長類保護區逃跑。」

• • •

知道什麼叫很酷嗎？一搬進（對你來說的）新家，你的臥房有股霉味，所以你打電話叫人來看看，內心希望不要是長了黑黴就好，然後他們竟然說：「靠！小姐。你慘了。」接著科學家來到這兒採集實驗室樣本，還說：「你沒有在這間附近睡覺吧，有嗎？」然後他們把屋子那部分整塊封鎖，還放了條拉鍊，這樣黴菌孢子才不會跑到房子其他的地方。接著他們全副武裝，穿得和當初聯邦調查局不小心把外星人幾乎宰掉時一樣。他們把隔板、櫥櫃拆掉，你想拍張照，但他們不准，除非穿上防護套。他們會說：「不行，女士，連腳睡衣一樣不可以過。」你試著溜進浴室拿牙膏，但被入口絆倒，因為要走進一扇拉鍊做的門幾乎不可能，還有跌倒的時候太痛、

有些人有門。
我有拉鍊。

Some people have doors.
I have a zipper.

很像住在露營的帳篷裡——就算帳篷裡都是要人命的孢子。

根本忘了不可以呼吸，所以大大吸了一口可能會要人命的空氣。接著你開始感到全身不適，但你提醒自己，你在那裡洗澡洗了好幾個月，很可能早就得了肺結核，不過你身上的錢不夠用來住院，因為所有的錢都花在空氣樣本、實驗室技術、還有贊助那些可能殺

黴菌人遭偷襲。以及，他們可能會用板子打你。但不是故意的。只是反射動作。可能吧！

「我剛宰了你家的外來種，塞進這個袋子裡了。我現在讓你和他獨處一會兒，你可以大哭，可以讓他復活。另外，我剛幫你把外星人給滅了。整個劇透。」

死外來生物的人身上。然後你去躺了一會兒、哭了一分鐘，黴菌人就說：「知道嗎？你實在不應該使用這個房間。」

沒錯。那真的很酷。

附註：「很酷」的意思是，「我很想躲在屋子下面，不過我懷疑，既然卓柏卡布拉已經把閣樓給佔領了，所有的蠍子現在應該就住在屋子下面。」還有，是的，我當然有照片。

最終，他們擺平了所有的事，我大大鬆了一口氣，直到他們告訴我，他們把牆砍個洞的時候，掉出來一大堆的蠍子。我永遠也別想睡覺了。可能因為集恐懼、腦震盪、肺結核於一身的關係。

• • •

維克多出遠門，屋裡屋外都是怪聲。理智點想，我知道這只是房子本身的聲音，但我很確定這裡就是我們的葬身之地，我還想，我們是不是該找個驅魔師。最近六個月，我們遭遇蠍子、黴菌、被謀殺的寵物、還有牆壁裡隱藏版的卓柏卡布拉。我懷疑這房子蓋在印地安人的墳場上。我想知道一場驅魔法會要花多少錢，還有我不是天主教徒會不會比較貴。有優惠代碼可以用嗎？教義問答時間他們教的可能就是這類的事情。

網路推薦「煙燻法」，這是美國原住民用燃燒的鼠尾草來淨化髒東西的方式，所以我燒了一碗乾的鼠尾草，拿著它在房子裡來回繞，口中一面唸著我從《大法師》裡聽來的聖經句子，一面把鼠尾草的煙給吹開。我也跟那些靈魂說，請離開這裡，不妨去夏威夷看看，聽說那裡超屌。接著我唱了一些類似天主教的葛利果聖歌（Gregorian Chant），但我不知道歌詞，所以我唱「**你們不一定要回家，但一定不要留在這兒。**」來替代。突然，一陣刺耳欲聾的聲音響起，我跟著尖叫，感謝老天！還好海莉晚上在老公他爸媽家，因為我擔心過一會兒牆壁會開始滲血，不過我後來意識到，那個聲音只是火災警報器響了。整個發生的情形大概就像我們上棟房子一樣，只不過上次是我讓紙巾著火，這次是暴怒的惡靈。

我打電話問老媽火災警報器怎麼關，但警報器實在太大聲吵到她幾乎聽不見。話說，你告訴某人，你在家裡燃燒鼠尾草是為了安撫可能埋在屋子底下的印第安人墳場，這樣的你聽起來很傻逼，但是當你在火災警報器響的時候大叫著同樣的事，你聽起來**就**

他媽的腦子太有事了。我試著解釋，有感於最近發生的所有鳥事，騷靈現象是唯一合乎邏輯的推論。她說，這比較像是發生了一連串不幸卻稀鬆平常的事，只是碰巧同時撞在一起罷了。我反駁說，保護死去的小狗趕走禿鷹用開山刀，這很不「稀鬆平常」好嗎！老媽說：「別犯傻了，哪來的禿鷹會用開山刀呢？」各位……不是因為老媽腦子有洞，而是她沒看出來，這種非常時刻對我來說有多重要，搞得我連話都說得顛三倒四。

然後老媽提醒我，美國原住民很尊崇禿鷹，所以我家地下若真的有印地安人的墳場，那我可能徹底把他們給惹毛了，她建議我祭拜一下禿鷹。我很想、要不是維克多把所有的漢堡都餵給了狐狸。她教我怎麼把火災警報器給切斷，但聽起來好像很複雜，我就一直點頭、點到她住嘴為止，之後我拿了把掃帚、把火災警報器往死裡打，就像打皮納塔糖果包一樣，打到它終於停了下來，這時我總算鬆了口氣（晚上十一點，我想鄰居也應該鬆了口氣）。

隔天維克多回家，看到電線上懸著被打爆的火災警報器，我向他承認，我想用煙燻把鬼魂給驅走，我懷疑警報器是惡靈已受安撫的現象。他瞪我、告訴我這比較像煙霧示警器有正常運作的現象，當然是在我蓄意把房子弄得滿是煙霧，再把示警器打爆之前。

維克多用這樣的方式戳我，感覺真糟。

・・・

今天下午，我悠哉地晃進維克多的辦公室，得意地說：「話說，我觸動警報器平息鬼怪的『瘋狂』計畫顯然奏效了，猜猜剛剛誰找到了我一直在找的死屍啊？**是我，大壞蛋**。我找到死屍了！」然後照慣例，我舉起手準備擊掌，可是他卻只是把辦公室電話的靜音鍵按下去，然後整顆頭倒在雙手裡。這個動作讓我們倆都很失望。沒錯，如果當時我知道他正在開一個很重要的電話會議，或許我還比較能夠接受，不過，說真的，維克多不懂得如何善用靜音鍵又不是我的錯。

維克多終於往上看，然後叫我把手放下，因為他說，他不會為了挖到死人骨頭和我擊掌慶賀，那時候我就覺得維克多怪怪的，因為我到底為什麼會去挖死人骨頭啊？我向他解釋，我的意思是說，我終於在無意間找到了我們剛搬來時、我一直在找的墓地，上面的墓穴非常久遠，所以喪屍末日的時候，裡面的屍體不會是威脅。他看起來沒有像我一樣那麼放心，所以我決定要讓我們倆都很放心。

我告訴他說，我想把那片墓地買下，這樣我們可以故意不在上面蓋東西，還有，如果我們不小心正住在下面有墳墓的房子裡，這樣做按宇宙法則來看也算扯平了。維克多不置可否，但我還是出價買地，可是卻很快遭到拒絕，因為顯然墓主人的家族擁有這片土地，他們對賣掉死去的親戚不感興趣。這也很棒，因為我不用花錢去買一片我根本不會在上面蓋東西的土地，還因為有做這些努力，可以累積福報。維克多說因果報應不是這樣算的，但幾分鐘後，他說他那天早上發現了一件東西、很像是我的，然後他拖出那個失蹤的雪茄盒，裡面還有放了十年的大麻。我大叫說：「哦，見鬼了，耶！我到處在找的就是這

我們超安靜的鄰居。

個！」維克多怒視我，我說：「……我的意思是，找到就把它丟掉。我現在就去扔了。」他還是怒視我，為了雪茄盒裡放了十年的大麻煙，他也未免太嚴厲了，所以我說：「是你啊，老爸。我是跟你學的！」[3]他滿臉疑惑地看著我，顯然他在八〇年代沒怎麼看電視。

這整個禮拜都很讓人解脫，我覺得事情總算開始好轉。我拿著雪茄盒、裡面裝著陳年的大麻煙走到屋外，若有所思。我考慮把它丟掉，但過了一會兒我改變主意，決定把它點著，然後放在之前燻鼠尾草的同一個玻璃罐裡讓它悶燒。我希望能以此為終，一支再適合不過的和平煙斗，獻給喜愛禿鷹的美國原住民，不管你們有沒有把蠍子對著我們扔。

最後的餘火熄盡之後，我回想了我們在這裡的新生活。我們失去了摯愛的小狗，卻拯救了一隻調皮的小貓，牠看來天生就擅長找蠍子。我們努力抵擋一群群的昆蟲，卻領養了一幫狐狸，還花了好幾個夜晚目睹許多小鹿喧鬧地走過我們的門廊。我們離開了老

3 編註：美國八〇年代反毒宣導片中的台詞。片中孩子在被老爸質問是跟誰學使用毒品時，大吼說：「From you, Dad. I learn it from watching you.」

朋友，也在一路上結交了新朋友。我們發現一種寧靜的幸福感，當我們看著海莉穿過草地跳舞，永遠環繞在我們新家的是一抹綿延不絕的火紅夕陽。不知不覺，我們走上了蘿拉・英格斯走過的路，這條路上有點簡樸，卻像她一百年前寫過的那樣充滿激戰後的滿足感。我深深吸了一口氣，心想：「我回家了。」

然後維克多走到屋外說：「我怎麼聞到大麻煙的味道？你把放了十年的大麻抽掉了？你到底有什麼毛病啊？」他或許稍稍毀掉了這片刻的浪漫，但我想他創造了一個更適合我們倆的浪漫，我笑著向他保證，在後院吸大麻的只有印地安人。他聽不懂、我也懶得解釋，因為要去描述倒酒在地上祭亡友的美國印地安人版本、還要聽起來不荒謬可笑，

家。這樣的景色彌補了蠍子帶來的缺憾。多多少少。

實在難度太高，而且我懷疑剛剛來那麼一下、我可能吸到了一點，感覺有點嗨。不管怎麼樣，我笑得溫柔、拍了拍身旁的椅子，維克多愣了一下，然後在門廊坐了下來，我們一起看著蜂鳥在這充滿野性的晨曦中嗡嗡作響，這時候我們明白，為什麼沒有人願意離開這裡……就算有機會去夏威夷。

所以說，要學會選對戰場

今天早晨，為了毛巾我和維克多吵了一架。我沒辦法和各位細說，因為沒有有趣到需要把當時的狀況記下來，不過，基本上就是我跟維克多說我要買新浴巾，維克多卻堅持說，我不應該買毛巾，因為我「剛買了新毛巾」。然後我提醒他，我最後一次買的是桃紅色的沙灘型浴巾，他就說：「一點也沒錯」，然後我用頭撞牆撞了一個小時。

之後蘿拉來接我一起去逛折扣店，維克多和我吻別時，很深情地在我耳邊小聲說：「你不准再帶任何一條該死的毛巾進這個家門，否則我掐死你。」一個小時之後，這句話都還在我腦中迴盪的同時，我和蘿拉停下了手邊的購物車，用一種迷惑、肅靜，充滿敬畏的眼神看著前方用鏽蝕油桶做成的金屬雞，每個都非常之大。

蘿拉：買一隻吧，我覺得你需要。

我：你開玩笑的吧，不過有點屌得嚇人。

蘿拉：我沒開玩笑。我們來幫你買一個。

我：五呎高要三百，降到一百。換算下來有價值兩百元的雞是免費的。

蘿拉：不買的話一定是瘋了。真的，你看它。太妙了啦！

我：維克多會抓狂。

蘿拉：是滴。

我：不過往好處想的話？這不是毛巾。

蘿拉：是滴。

我：可以叫它亨利。或查理。或奧肖內西（O'Shaughnessy）。

蘿拉：或碧昂絲。

我：或碧昂絲。太好了。如果有朋友心情不好，我們可以把它放在他家前門，一定很療癒。

蘿拉：沒錯。就像：「昨天很糟是吧？現在你有一隻超大的金屬公雞得處理，這就叫轉念，現在你懂了吧。」

然後我們把店員招過來說：「麻煩幫我們介紹一下這些雞？」我們說話的口氣像是在畫廊，而不是在出清過季商品的專賣店。他完全不知道這些雞的來歷，不過他說這東西只賣了一隻，買家是一位醉到不行的女士，蘿拉和我立刻說：「成交。整隻雞都是我們的了。」

自行插入兒童不宜的公雞笑話。

然後他幫我們把雞搬上手推車，但沒想到碧昂絲的重心超級不穩，所以這隻巨大的五呎金雞一下子就摔在地板上。蘿拉和我立刻說：「**雞倒地！清理三號走道。**」但店員沒笑。然後經裡就過來瞭解這裡在吵什麼，他就是在這個時候看見那個非常古板的店員很不爽地努力要把那隻幾乎和他等高、激情四射的雞給立起來。那個店員費了很大的勁，還要大家往後退，「因為這隻雞會割傷大家」。剛開始我以為他在威脅我們，感覺像說「那隻雞身上有刀」，但搞了半天他是說，每隻雞的末端都很銳利、還生鏽。這隻雞真的很神，而且蘿拉和我都覺得就算我們得了破傷風，它在上了我們的車之前，這筆帳就已經結清了。

我們到家之後，小聲地把雞偷渡到前門、按了門鈴之後，躲在角落旁邊。維克多出來應門，有大約三秒鐘的時間他看著那隻雞，驚愕地什麼話也沒說。然後他嘆口氣、關門、離開。

蘿拉：搞啥？就這樣？我們弄了半天，就這個反應？

我：就這樣。他有一顆剛強的心，很難動搖。

沒想到維克多氣炸了，他覺得我「把錢浪費在」一隻巨型雞上，顯然他不懂得欣賞五呎雞來按門鈴的笑點。所以我說：「欸，至少這不是毛巾。」顯然，我又說錯話，因為他咆哮一聲隨即負氣離開，不過我知道他把自己鎖在辦公室裡，因為我聽得見他在裡面搥東西。我透過門對他大吼：「那是給你的週年紀念日禮物，混蛋。整整提前了兩個禮拜。**十五年是大號的金雞。**」

然後他吼著說要它消失，但我一個人搬不動，所以只好跟他說：「好喔。」然後就去看電視了。之後送快遞的來，我只好躲起來，但送快遞的說：「老兄，好雞。」維克多就大吼：「**這才不是好雞**。」送快遞的人應該覺得很迷惘，因為，維克多，人家這麼

「叩—叩，混帳東西。」

說只是出於禮貌。維克多好像比平常還要上火，所以我最後把雞拖到後院、插進樹叢，這樣可以把蛇嚇跑。然後我進屋子裡的時候，維克多就氣呼呼地把我推進他的辦公室，好讓我看看、在唯一的一扇窗戶外面正是我剛剛插下去的碧昂絲。我說：「沒錯。不客氣。」我跟他說，他想移動碧昂絲的話就去移，但他自始自終都沒移。可能是因為我堆了很多防小偷的大石頭在碧昂絲的腳上。也可能是因為他漸漸愛上了碧昂絲。不管怎麼說，我還是忍不住想，如果碧昂絲是毛巾的話，我們根本不會吵到現在。坦白說，這隻雞整個讓我學到，真的要更謹慎選擇戰場。還有就是，它太酷了，每次我看到它都忍不住傻笑。碧昂絲，你是我心目中永遠的男神。

有史以來。最好的。十五週年紀念。

無毛鼠：
免費，限兒童

今天早晨，維克多和我像往常一樣，起床、載海莉去上幼稚園、把車子停進加油站喝咖啡、聽聽地方上的八卦。當我們從加油站出來的時候，會經過一個像我們小鎮報紙一樣的公布欄，我們停在它的前面。上面一如既往貼的都是鄰居烤肉的邀請，還有販賣破拖拉機零件的廣告或者是徵求清潔髒污（聽起來像矛盾修辭法）的廣告，但是今天我們發現，去年那個刊登離奇廣告而把我們圈粉的人回來了。他的廣告會讓你猜想這個人家裡一定很有事，也會讓你懷疑自己是不是理智斷了線。廣告是這樣寫的：

「會飛的松鼠：物美價廉。免運費。」

一個月後廣告換成這樣：

「普通的松鼠——誠則免費。非食用。」

我向他的道德聲明致意，不過一切很教人費解。這些會飛的松鼠從頭到尾都是「普通」的嗎？賣方花了一個月才發現牠們沒翅膀嗎？他發現這些松鼠不是假裝不會飛之前，到底從屋頂上摔了多少隻才罷手？這些普通的松鼠是因為患了創傷後壓力症候群和暈眩症才免費的嗎？

我想像一群松鼠，全都蹲得離地很近，他們盯著之前的朋友們在枝頭上輕鬆跳躍，眼神充滿恐懼。「你們會摔死！」松鼠大叫，他的朋友們同情地搖著自己的小頭，納悶自己的朋友是看到了什麼恐怖的事情才會變成這樣。在我腦海中，松鼠就像受創的越戰老兵，患了砲彈休克症，不得已目擊了可怕的災難後，失去面對現實生活的能力。

維克多說我太可笑，但我點醒他說，松鼠明明可以放生、卻要送人不是也很可笑，他承認他沒有真正的答案。

整個夏天這樣的廣告一直延續，之後意外地戛然而止。最有可能（維克多和我推測）是因為那個（可能非常好意的）人最終被他自己的松鼠給做掉了。但今天早晨，幾乎是我們看見他第一幅廣告的整整一年之後，一個新的招牌、相同的筆跡出現了。他還活著，這世界還是很美好的：

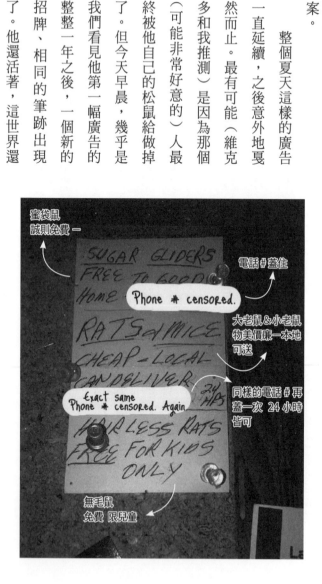

我把電話號碼蓋住，因為怕有人惡作劇。也因為我想獨吞所有的蜜袋鼠。我一半懷疑蜜袋鼠其實是小隻的老鼠，只不過有對下垂的副乳，另外，牠們可能是當初被丟下屋頂時的倖存者。

維克多：哇。我應該不想知道什麼樣的緊急狀況，需要一下訂單就立即出貨，誰會這麼急著要老鼠，不能等到早上。

我：哦，我會。

維克多：嗯，你當然會。

我：如果急需老鼠的人是你的話，你當然會很想知道老鼠的狀況。超有趣。我們應該打電話給這個人，看看他在搞什麼鬼。我敢賭他一定有很讚的故事。話說，誰會把無毛鼠給小孩？他就像是顛倒國裡的糖果人。

維克多：那就打給他，假裝我們想領養一隻免費的松鼠。看看他會怎麼說。

我：我懷疑這要怎麼申請？如果想要一隻免費的松鼠被打槍的話真的會很鬱結。

維克多：是啊。「很遺憾，我們不得不婉拒您。因為您的居家環境根本不適合松鼠。」

我：我們家是很亂，不過我覺得至少還適合松鼠住。我會說：「但我們家的松鼠看起來很快樂。」這種判決我絕對上訴到底。

維克多：「很抱歉，不過你們的關係人不是這麼說的。」

我：「但我們的關係人是松鼠啊！」

維克多：「沒錯。牠們並不快樂。加上，有消息指出你們使用了仇視性的語言。」

我：「哪有？」

維克多：「上星期你叉子掉到地上的時候，大吼了一聲：『死老鼠』。還有，一月的時候，你抱怨電腦很智障，根本就是『老鼠屎』。我們有內線，你瞭吧！」

我：「等等，你說的那群內鬼是住在我家閣樓上的松鼠？牠們嗑嗨了，根本不知道自己在說什麼。那些松鼠都是毒蟲、說的話不能信。」

維克多：「這位女士，您這是誹謗。我們會請松鼠公民自由聯盟的人聯絡你到案說明。另外，麻煩您不要再把那些松鼠講成『那群內鬼』了。請你他媽的皮繃緊一點。」

我：哇。聽起來……我們跟松鼠完全無緣。現在我一點都不想打電話給那個人了，因為我怕到時候被幹醮。我覺得面試根本過不了。

維克多：我們連叫自己的松鼠不准吃海白菜都搞不定，還是別申請了。

我：？

維克多：海洛因的別稱。

我：知道啦，我懂什麼是「海白菜」。我只是不記得怎麼會講到這裡，我怎麼會想像這些指控是那個把無毛鼠送給附近小孩的人說的，他還相信松鼠毒蟲說的話，重點是閣樓上根本沒有松鼠，我竟然還很認真地為這些幻想的指控辯護起來了。

維克多：是啊。我不記得搬來鄉下之前，我們有過類似的對話。

我：我也不記得。還有，我剛剛才發現，早上我去加油站買咖啡的時候竟然穿著睡衣。我在別人的眼中成了一支巨大的警告標誌。我都不知道自己是不是有毛病？還是我在這裡比在城市自在，還是都是？

維克多：阿災。我們是被雷劈到還是怎樣？

我：〔靜默了幾秒之後〕成長？

維克多：〔慢慢點頭〕成長。

於是我把一隻古巴籍的死鱷魚偷渡到飛機上

二〇〇九年十一月

他是我的最初。他很大隻，脖子粗得像美式足球的球員，他臉上的笑容好像在對我說：「原來你在這啊！我到處在找你呢。」維克多盯著我，彷彿我失神了一樣，然後跟我說，他開始落髮，幾顆主要的牙齒也掉了，但無所謂。我戀愛了。

「不計代價，」我對維克多說，「**詹姆斯・加爾菲德我要定了**。」

太驚人了，對維克多和我來說，這突如其來的慾望，我一定要擁有這隻滿是灰塵的野豬頭標本，當時我們誤入這家房屋仲介公司，他就掛在那面有著裂縫的牆上。

維克多覺得他很欠扁、拒絕付錢，但

我看得出來，他露齒的笑容在大叫說：「**見到你超級開心**。」我們走的時候沒帶他，我像失去親人一樣。我用了接下來一整個禮拜的時間，看著那個原本是詹姆斯・加爾菲德會衝著我傻笑的空牆面。維克多每次講笑話或看自虐的影片想逗我開心的時候，我只能強顏歡笑，然後嘆一口氣說：「剛剛那個詹姆斯・加爾菲德一定會愛死。」

最後，憂鬱變得太強大，維克多只好憤恨地投降、載我回到房屋仲介那，然後他毫無意外地發現詹姆斯・加爾菲德沒被賣掉。他要我待在車

上，因為他說我臉上強烈的渴望會影響他討價還價。他向負責談價錢的人出了二十五美元，那人冷笑一聲說，他光把長牙拔掉放到網路上賣都有那個價錢。維克多回到車上告訴我談判破裂的過程。「**他們要把詹姆斯・加爾菲德給分屍？**」我尖叫說。「**阻止他們，要什麼都給他們。他是這個家的一份子。**」維克多不解地看著我。「如果是你我也會這麼做，」我解釋說，「我會不計代價把你從恐怖份子那裡贖回來。」維克多嘆了口氣，把頭倒在方向盤上。

扣人心弦的二十分鐘過去後，他回到車上，像個該死的美國英雄般、使勁拖著詹姆斯・加爾菲德的頭。我眼角泛淚，海莉開心地拍著小手。然後再拍拍加爾菲德的豬嘴說：「我們會變成最好的朋友。」

維克多看著我們，覺得我們瘋了，然後直盯著前方要我發誓千萬不要最後變成野豬頭收藏達人。「別笑死人了，」我說，「詹姆斯・加爾菲德是獨一無二的。」

幾個星期之後，爸媽來到我們家，老媽迷惘地搖搖頭。我期待標本狂的老爸見到他的喜好總算在我們這一代沒斷，至少會稍微幫我說說話，但他一臉被打敗的樣子竟然和維克多一樣。他狐疑地看著從詹姆斯・加爾菲德身上脫落的禿毛，然後跟我說，如果我真的很迷豬頭，他可以做個更好的給我。「不，」我說，「我只要這隻。」我不是標本狂，以後也不會是。家裡放一隻動物的死屍剛剛好，也很有藝術感。超過一隻就會像連環殺手。這中間只有一線之隔。

二〇一〇年四月

今天信箱裡來了半隻松鼠。來的是上半身，大概到肚臍，架在木板上面。

這東西來得古怪。因為我沒在期待松鼠的任何部位，也因為這隻松鼠穿著牛仔大禮服。他的手舉起一支小手槍，狀似威脅地對準觀看者（我猜是不准別人看他握在另一隻小手上有做記號的牌），人走到哪，他的眼睛會跟到哪，就像七〇年代出的那種耶穌的3D照片。

「喂，維克多？」我在客廳大吼。「你是不是給我買了半隻松鼠？」

維克多從辦公室走出來，定了一下，瞪著這隻用槍指著他的小強盜。「你幹了什麼好事？」他問。

「把聖誕節給搞砸？」我猜。不過雖然我毀了他的驚喜，卻很難有罪惡感，因為這盒子實際的收件人是我，後來我看到包裹上的紙條才明白，原來是一位看我部落格的女孩寄來的，因為上個月我在古董店看到一隻划獨木舟的的松鼠標本時[1]，維克多不買給我，那女孩也同意這件事維克多完全站不住腳。

「喔，不重要。」我說。「顯然這半隻松鼠是份禮物，是個很懂藝術的人寄來的。」

「你不會當真的吧？」

「不把它掛起來會很失禮，」我向維克多解釋說，「我要叫他格羅弗・克里夫蘭。」

維克多瞪著我，懷疑他的人生是怎麼走到這一步的。

「你不是告訴過我，家裡有超過一隻的死動物就和連環殺手沒什麼兩樣？」他問。

「我是說過，不過這隻有戴帽子。」我冷冷地解釋。針對這種邏輯他沒辦法說什麼。沒人有辦法。

二〇一一年一月

「我是小有成就的作家，如果想買隻沒有道德爭議的老鼠標本，應該不需要再多做解釋。」

我當時這麼咆哮著，維克多怒視我、身上的雨水滴得玄關滿地都是。事實上，我們吵的不是我可不可以花錢。我們吵的是我買的老鼠標本弄丟了。快遞網站說把包裹放在門廊，但根本連影子都沒看到。我懷疑有小偷，但就連想像他們把死老鼠開箱時滿臉錯愕的表情都不足以彌補我大大的失落。之後，我注意到追蹤貨物的頁面居然把我們這條街的號碼給調包了，所以我要維克多在下雨的漆黑夜晚去找那個想說是誰把死老鼠寄給他的鄰居。維克多對我提出的要求覺得有點不可思議，不過他吼了幾聲……我不知道，我沒在聽，好像是……量入為出？最後還是匆匆穿了件外套出門去找老鼠。二十分鐘過後他回來，告訴我說那地址根本不存在，他問了附近的住家，也沒人知道包裹的下落。

1 我本來打算叫她「寶嘉康蒂．維基百科」，但維克多說貓會把她的手咬斷，但我說，如果真的這樣我只會更愛她，因為到時候她會沒辦法划槳，而且還會不用手就從小溪裡站起來，這樣聽起來越來越像在隱喻我的生活。〔Pocahontas，寶嘉康蒂，維吉尼亞州印地安人，與英國人友好。〕

他全身濕透、又悶又氣，我想這足以解釋，為什麼我再把他推出門外要他問問這條街上所有的鄰居時，他可以這麼不可理喻。

「你根本連買了標本鼠都沒告訴我！」維克多大吼，我回說：「因為我上網看到的時候你正在睡覺，而且它很便宜，我知道如果不立馬下單就會被買走。我不想在凌晨三點提著腳尖走進臥房、小聲地說：『喂，親愛的？我看到一隻自然死亡的填充鼠，真的很便宜。信用卡號碼可以給我嗎？』因為這樣做根本有病。這就是為什麼我用的是我的信用卡。因為我尊重你的睡眠規律。不過後來我忘了把這件事情告訴你，因為我下單的時候是凌晨三點，我喝茫了、還很脆弱。你不是也一直在購物頻道上狂買切碎機嗎？只不過我比你好多了，因為我真的有使用標本鼠。就是，我會使用……直到——靠——直到他消失為止。」最後我聲音變得很小。

「你……你這是在哭嗎？」維克多問，他驚呆了。

我擦了眼睛。「有點。我只是很不願去想他在外頭淋雨。孤零零的。」我的聲音顫抖，維克多閉上眼睛。搓揉他的太陽穴。深深地嘆了口氣，盯著我、走回雨中。四十分鐘之後，他走回來、帶了一個小盒子，臉上寫著：「從現在開始我上床的時候會先把你的電腦給闔了。」但我衝上前去、狂親他，他沒好氣地接受，用我拿給他的毛巾把自己給擦乾。

「街尾有個廢棄的房子，在那找到的。」他說。「很明顯有人把所有地址不詳的東西都丟在那，那個門廊肯定躺了有二十五份包裹。」

但我沒注意聽，因爲我忙著把哈姆雷特・馮・史尼茲從防水袋裡扯出來。

「靠，那是什麼？」維克多問。

那是什麼很明顯。這是一隻打扮成哈姆雷特的老鼠。他莎士比亞時代的輪狀皺領下面掛著極小的天鵝絨披風，還有他的小爪子、貴氣地握著漂白的老鼠骨頭，彷彿在對著它演說。我把牠拿起來對著維克多，吱吱地說：「哎呀，可憐的約瑞科啊！我可是和他很熟的。」

維克多面帶憂慮地看著我說：「你有毛病。」

「我沒毛病。」

「有毛病的人才會這麼說。發病的第一個徵兆是否認。」

「也是沒發病的第一個徵兆。」我反駁說。

「我很確定第二個徵兆是愛反駁。」

我把哈姆雷特・馮・史尼茲罩在鐘形的玻璃罐裡，保護他的小耳朵，這樣他才不會聽到維克多傷人的指控。不過我必須承認，我也不明白為什麼最近會對奇特的標本著迷。我自己也很擔心。我還是不理解老爸為什麼會迷戀死動物，我拒絕購買年代不夠久的或非自然死亡的動物標本。我把蜘蛛和壁虎請出門外的時候用的還是雜誌，也會好心建議牠們「要不要來點新鮮空氣」。我覺得自己是個愛動物的人，會捐錢給流浪動物之家，也從來不穿真正的皮草，但這和我個性的另一面相衝突，我會持續在商店搜尋，也總是密切注意是否有穿著大草原服的海狸或是《最後的晚餐》水獺版的全真模型。維克多說得對：是該停止的時候了。我告訴自己適可而止，我還發誓，絕不要落得像老爸一樣的下場，到頭來身邊淨是些沒有靈魂、不會眨眼的死東西。靠著一絲尚存的意志力，我發誓要戰勝自己的好奇心和糟糕透頂的執念。

二〇一一年四月

我剛買了五十歲、打扮成海盜的古巴鱷魚。

這真的不是我的錯。維克多在墨西哥從樓梯上跌下來摔斷了胳臂，所以他要去北卡羅萊納洽公的時候，我陪他一起去、好幫他的忙。我們停在機場路上的一家小店之前，這趟旅程一直都很平靜。那時維克多去洗手間，我偶然發現了一隻小小的、年代非常久遠的鱷魚嬰兒，他用後腳站著、全身打扮得相當得體。他穿了一件被蟲蛀過的毛氈衣、頭戴一頂貝雷帽、還繫了條皮帶。他一隻手沒了，標價是十九塊美元。他的小皮帶哀傷地掛在那，這鱷魚身上繫的不是鱷魚皮帶，我很欣賞這種反諷。他嘴巴笑得很開，好像等我等很久的樣子。維克多在走道找我的時候，我想起自己發過的誓，不准再買任何一隻動物標本，我也很急切地在尋找不買的理由。我幻想在他的肩膀上釘一條皮帶，再把我的口紅放進他的嘴裡，假裝他是一個鱷魚皮包，但一切都是枉然。看到他那頂貝雷帽的時候我就已經淪陷了。

我可以聽見維克多在隔壁走道來回窸窣，我靦腆地從上頭戳了戳那隻小鱸魚。「哈囉，我的朋友！我叫珍妮・勞森。」我用一種很大膽的法式口音說。「我還沒坐過飛機，不過我樂於冒險！」

「哦，」隔壁走道的老婆婆狐疑地說，「那——祝你好運？」

維克多輕拍我的肩膀，害我嚇得尖叫，他用嫌棄的眼神看著我和讓・路易斯。「別批評我們。」我防護性地抱著那隻鱸魚，怯懦地說。「我們只剩彼此，什麼都沒了。」

維克多搖搖頭、沒說話，沈默地走到收銀台去付錢。讓・路易斯向前靠，小聲說：「*Enabler*」[2]，但是維克多還是把他的信用卡遞給了滿臉困惑的收銀員。幸好，維克多不會說法文。

我們走出去的時候，我說：「我要幫他失去的手做個小鉤子。」他太脆弱、沒辦法放行李箱，所以我把他放進我的包包，但維克多堅持說他們不可能會讓我把死鱸魚帶上飛機。我不同意，我說他擺明了全身上下「沒有武器」[3]，但是他閃爍的小利牙可不這麼說，還有我想到，之前有一次不得已把指甲刀給扔了的經驗。所以我決定上推特去問問那些專家（即，在推特上追蹤我的人）。

長話短說，如果在推特上問別人說，攜帶一種小型的鱷魚標本上飛機是否合法，大多數人會說：「呃，不，連母乳都上不了飛機了。」之後再跟他們說，這隻鱷魚至少五十歲了，有穿衣服、一隻手還不見了，其中有些會改變主意，但大部分的人還是覺得他是武器。然後你就寫說：「我實在無法想像，難道真的有人覺得我會只拿一隻很小、穿著衣服的鱷魚當武器劫機嗎？」這時候推特上的每個人都說：「是喔？你還不認識自己嗎？聽起來完全像是你會幹的事。」他們說的也有道理。

不過，直到我們真的開始排隊等安檢的時候，我才開始擔心，那時我突然想到，有沒有可能某人在五十年前曾經用這隻鱷魚走私古柯鹼，但忘了拿出來，導致我現在要為了五十年前藏在鱷魚肚子裡比我還老的古柯鹼在機場被逮。我速速問維克多，能不能分辨古柯鹼是否過期，還是古柯鹼永遠都是新鮮的，維克多說：「**你能不能不要在安檢面前說這些？**」我說：「不是我。**我是幫鱷魚問的**。」然後我就被瞪了。我深深地吸了一

2 譯註：「幫凶」的法文。

3 譯註：unarmed，也有「沒有手臂」的意思。

口氣，讓自己平靜下來，想像我對安檢人員說：「喔，你是說這個？這個古柯鹼很久了。應該有四十年了吧，很可能過期了。這東西不是我的。是鱷魚的。話說回來，這隻鱷魚在放蕩的時候，我根本都還沒出生，要負責任的話也不可能是我。更何況，他不清楚您的規矩。他是從古巴來的。」我很確定他們應該可以諒解。況且，這些也是帶死鱷魚坐飛機該有的風險。

想當然爾，讓・路易斯和我順利通關了，鱷魚在安全輸送帶上的時候，人家的眼皮

Portrait of an aging amputee alligator so fucking happy to begin an adventure.
一隻年老截肢的鱷魚肖像。超開心！要開始冒險囉。
jaunty beret
瀟灑的貝雷帽
missing hand
遺失的手
broken tail
破損的尾巴

連眨都沒眨一下。維克多被叫去做全身搜查。可能是因為他盜汗，還有他的前額青筋暴露。在一陣混亂當中，讓・路易斯和我從容過關，沒一丁點問題。維克多應該多向那隻鱷魚學學。

一切塵埃落定之後，我把維克多的餐盤放下、再把讓・路易斯放在上面，這樣他可以好好地看看外面。「把那該死的東西從我餐盤上拿走！」維克多咬牙切齒小聲地說。

「但他從來沒坐過飛機。」我解釋說。

「你想要靠窗的座位嗎？」讓・路易斯愉快地問說。

維克多怒視我。「我沒在開玩笑。我們會被趕下飛機。把它拿走。」

「你真的很無聊。」我說。對面走道的人盯著讓・路易斯，所以我把他轉過去，對著那個人的臉搖了搖。「*Votre chemise est mooey Bueno.*」讓・路易斯充滿自信地說。那個人嘴巴半張地盯著讓・路易斯。

「他說他喜歡你的襯衫。」我理所當然地解釋說。

維克多把頭埋在雙手裡。「如果因為這樣我的『飛凡里程』報銷的話，我就把你給殺了。」

就在此時，一位空服員經過，貌似商務女子的嘴臉，很想喝一杯調酒的樣子。我向她招招手，等她走近時我露齒微笑、把讓・路易斯放在我的大腿上。「您好，我兒子想看看駕駛艙。」

她遲疑地看著讓・路易斯，然後說：「哦，我們已經沒有這項服務了。」接著她跨著輕快的步伐離去。

「這些人有種族歧視。」我跟維克多說，他假裝很專心地在看機上的雜誌目錄。

「嗯。」他不置可否地說。

「到家的時候，我要幫讓・路易斯買一件打褶的海盜裝。他沒手的胳臂也要裝個鉤子。再來個帥氣的馬尾辮。」

維克多放下他的雜誌，雙眼燃起熊熊怒火、死盯著那隻對他來說根本是錢坑的死鱷魚。「夠了，」他說，「你辦到了。你總算變成你老爸了。」

「別無聊了，」我輕描淡寫地說，一面想著該剝掉幾隻芭比娃娃的頭皮才能幫鱷魚做個像樣的假髮。「說到鱷魚的海盜服，我爸可是一點品味也沒有。真的，再說，我事實上跟誰都不像。」

維克多看看我、再看看讓・路易斯，他的眼神趨於柔和。「知道嗎？你都不曉得自己這句話說得有多對。」

我回頭凝視維克多，把頭靠在他肩上的時候也把讓・路易斯移到我們旁邊的空椅子上。我不是很清楚該說謝謝，還是該覺得被冒犯，所以我只是閉上雙眼，讓自己迷迷糊糊睡去，同時好奇著，不知道還有沒有人做那種為鱷魚訂製的小型懷錶。

家，是回不去了（除非想被野狗碎屍萬段）

「所以，」我老妹說，一面往後躺在我爸媽前廊的木椅上，「維克多跟我說，昨晚你在這兒被一群野狗咬。」她的口氣很愉悅，比較像陳述事實而不是問問題，那種說話的方式就像別人毫無表情地說：「所以，你決定要把頭髮再留回來。」一樣。

「嗯……差不多吧。故事很長。」我懶洋洋地往後靠，坐在另一張相同的椅子上、腳底踩著兒童尺寸的四輪篷車，這台篷車是老爸釘的，跟真的一模一樣。在聖誕節的月份，老爸會把這個篷車和一隻侏儒鹿的標本拴在一起，這隻鹿的頭上有隻巨大的麋鹿角，還綁了一個紅色的蝴蝶結。這是老爸向《鬼精靈》（*The Grinch*

Who Stole Christmas）致敬的奇怪方式，不過一年裡其餘的時間，這篷車就擺著，好像一九七〇年代的狗食廣告〔此品牌狗食以篷車為名〕的仿造品一樣被丟棄在那。

「我還有要去哪嗎？」麗莎問說。

她說得沒錯。這個禮拜，我們回老家看爸媽。麗莎、她老公和一窩漂亮的孩子現在住加州，但每年她會開車來德州住上幾週，我也會把家人帶來，然後整個家族一起亂哄哄地大團圓。孩子們會開心地騎著家裡養的山羊，老公們會抱怨這裡熱得快要窒息、又沒裝網路，看他們柔弱嬌貴的樣子，我妹和我頻頻搖頭、覺得他們太離譜，想當年我們可是穿著麵包袋做的鞋子，還會把床墊拉到門廊上，在夏天最炎熱的幾個夜晚，全家人躺在那兒睡覺。

「所以這些狗是全力以赴地咬，還是只是很暴力地舔？」她問。

「不算是全力以赴地咬，比較像是開咬的前奏。」我回說。「程度就像茱莉亞・羅勃茲（Julia Roberts）在《麻雀變鳳凰》（*Pretty Woman*）裡被喬治・科斯坦薩（George Costanza）性騷擾一樣。」她滿臉期待地看著我，所以我把整個故事說給她聽。

當你一腳踏進老家的地盤，心裡差不多就已經有底、一定會有鳥事發生，但確切是什麼還真難以預料。你也許有準備身上會濺血，但沒想到濺的是自己的血。

我不算完全被扯爛的那個早晨，海莉和我從爸媽家的後門走到外頭去看那個戴了一頂黑帽、穿了一身血紅色塑膠圍裙的陌生人，這裝束還差一副人皮面具和一支電鋸就整個齊了。他顯然是我爸雇來的，當時他已經把一隻鹿吊在那兒、正準備剝皮。他一面自在地朝海莉和我微笑、一面像在找鑰匙似的把手整個伸進鹿的囊袋裡猛掏。雖然搞了半天鹿根本沒有囊袋，他只是掉了隻手套在鹿的身體裡面。這類的事在沃爾老家都是日常，所以當一個陌生人樂滋滋地對你學齡前孩子大喊、要她過去幫忙「把馴鹿先生的衣服脫下來，會狠好玩喔！」你完全不會大驚小怪。而當他跟你小孩說，她可以吊在鹿皮上邊鞦韆，幫忙把鹿的「衣服」全脫下來，你也已料到會有這類的事情，所以早就抓著她的袖子把她拉回身邊了。（**給非母語人士的旁註——標本狂的助手口中的「會狠好玩喔」意即：「準備個幾千美元看心理醫生吧，可能還要賠上一套洋裝」**）。就我個人而言，任何由陌生人提議，並說：「小助手，之後幫你把血沖掉」的活動，我都是謝謝再聯絡。這只是我個人的規矩。因為我很挑。還有，老爸什麼時候請個海盜來做標本啊？整件事情詭異透了。

麗莎同意這事不尋常，但還不到完全「詭異」的地步。「就拿昨天來說吧，」她解釋說，「昨天維克多一腳踩進屋子後面的那個沼坑，他說：『噁，這是化糞池來的嗎？』我就說：『你以為你在哪啊？比佛利山莊？那是煮頭骨的廢水。』他看起來不是很舒服，但我覺得應該讓他知道。相較之下，鹿的囊袋真的是小菜一碟。」

她說的也有道理，但我還是覺得整件事情透著不對勁。以下是照片，但觀者請慎入，因為會想吐。

我懂。對不起好嗎！不過我可事先警告過了。

總之，在一個鬥犰狳、收藏山貓、高中還以牛的生殖儀式聞名的小鎮，我早就預料到會有很多怪事發生，但我可沒預料到會被一幫野狗攻擊。

這是什麼？鹿的屁股。
這又是什麼？鹿的大腿。
GUESS WHAT? DEER BUTT.
GUESS WHY? DEER THIGH.

我老爸，好幾個星期的晚餐，與隨便找來的流浪漢／牛仔／海盜／標本達人。

沒錯，也許在技術上，說牠們「野」不如說牠們「容易激動」，我也不能說是被一幫狗攻擊，而應該說是被一隻神經狗和一隻愛咬狗攻擊，不過說真的，咬我的那條狗可能有注射放射性的蜘蛛液，牠有吸血鬼般的尖牙，上面餵得是柴油燃料。爪子是亞德曼金屬製。牠有一半是熊、鬍子還是蠍子做的。

麗莎笑了，所以我拿出手機給她看我出院隔天拍的照片。為了更清楚我加了些文字。

「老天，」她說，「看起來好噁。好，我道歉，我很確定這有離譜到。」

「道歉我收下了。」我豪氣地回說。

烈士/英雄

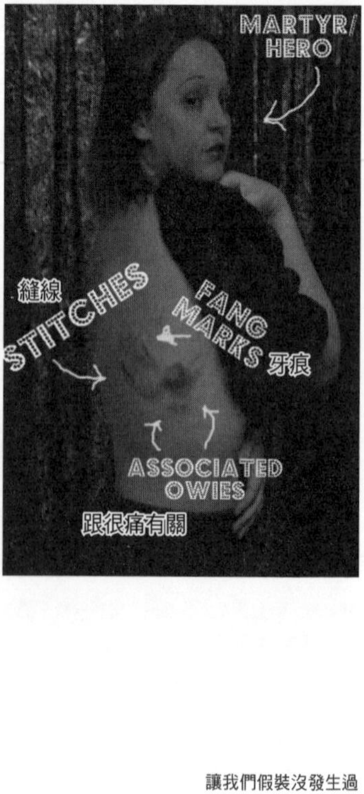

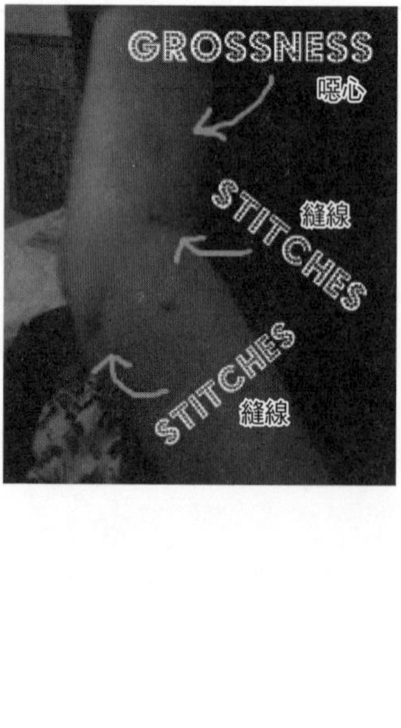

「所以，你到底是在哪碰上了野狗？」她問。

「哦，」我遲疑了一下，「嗯，『野』這個字未免下得太重。」

她揚起眉毛。「你就說吧。」

我解釋說，那天老媽、海莉、我一起去賴瑞叔叔的家看他的新老婆，他老婆人很親切、很惹人愛，還養了巨型的寵物犬。

「哦，對吼。我見過，」麗莎說，「可愛的狗狗。」

「是啊，嗯——他們顯然被訓練成遇到人要看起來可愛、尾巴要搖到讓人發昏，這樣才能把你騙到外面啃得你連骨頭都不剩。」

「你是被泰瑞莎的寵物狗攻擊？牠們不是牧羊犬還是什麼的嗎？」她難以置信地問道。

「牠們是野獸。真的。」我斬釘截鐵地說。

她再看一下照片，心中存疑。

「當天晚上吃過飯後，海莉想看狗，我就把她帶到後院。外頭黑矇矇的一片，賴瑞叔叔正在餵狗，所以我以為這樣會打擾牠們，海莉可以站在那看就好。不過正當此時有一頭狗以一種『我是大狗、我要聞你的頭頂』的方式一躍而起，海莉則以一種『我超興奮、我三歲、有點害怕』的方式長嘯，而我瞬間以一種『這些傻逼是北極熊來的嗎』的方式懷疑自己為什麼要走出來。賴瑞聽到狗吠、趕來安撫了那條狗，而我慢慢往門的方向退。但是另一頭狗一定以為我是攻擊者，因為那畜牲一個飛撲咬住了我那隻抓著海莉的手臂。（以一種『我要把你拽到地上、咬爛你的鼻子』的方式）。我知道我被咬了，不過我也知道如果我喊救命，海莉就會嚇到從我手中掙脫，所以我牙一咬、一個轉身背對那頭狗，幫海莉擋著。接著我開後門把海莉推進門縫的時候，臂上又中了一招。我害怕那頭狗的目標是海莉，因為她的長嘯聲充滿了興奮之情，所以我以肉身擋門，讓她有時間走裡面一點，就在這個時候，那頭狗看上了我的背。他死咬著不放、拼老命猛拉，我一度覺得自己就要被扯倒在地，當時我腦中閃過所有關於瘋狗意外咬死婦女的新聞事件。我把一條腿往回收、讓自己先穩住，同時確認海莉平安進屋，然後用力一拉，把我的背從狗嘴裡扯開，一把關上我背後的門。」

麗莎靜靜地看了我一會兒，問道：「老兄，大家都嚇傻了吧？」

「錯。沒人意識到這件事的發生。我當時一把抓住海莉，翻遍她全身檢查血跡和咬傷的地方，因為我知道海莉肯定中招，但她身上連一道抓痕也沒有。有夠詭異。然後老媽研判是我是反應過度，說一切都很好，要我安心，不過她一看到血跡，就知道我被咬傷了。但賴瑞叔叔根本在狀況外，因為事發當時我太過安靜沉著。然後我手臂上的兩道傷口深到脂肪層都露點了，我的背上也能看到狗齒印，很像醫生做狗齒模壓出來的痕跡。那天晚上剩下的時間，我待在急診室縫合、注射破傷風，那時候真希望自己有帶相機，這樣可以把照片傳給維克多、讓他看看自己到底錯過了什麼，誰叫他要帶客戶去吃龍蝦大餐。」

「那他們怎麼處置那些狗？」她問。

「什麼都沒做。我知道當時我要求的話，賴瑞和泰瑞莎就會把狗處理掉，但牠們和泰瑞莎的孩子玩十年都沒出事。而且我覺得牠們應該是看到一個很大、不斷尖叫、又不熟悉的物體在黑暗中接近主人，所以想保護他。更何況，我覺得這有點像是我自找的。」

因為有哪個蠢貨會把自己三歲的小孩牽到黑漆漆的屋外觀賞用餐中的陌生巨犬，這根本超出常人的理解。

「哦，還有大家剛吃飽，我聞起來可能很像肯德基。」

「加上，我看起來還蠻好吃的。好像我身上擦了一種叫做『來抓我啊』的香水。不過是可怕的那種。」

我挑了挑眉。

麗莎緩緩點頭。「這個故事一定可以進入，嗯，我們家災難排行榜的前十名。」

「好吧，」她認了說道，「前五十名。」

「其實沒那麼慘，真的，」我說，「算是學個教訓。」

「沒錯，」她附和說，「而且這個教訓告訴我們『狗吃肉。人是肉做的。你自己用腦袋算算』。」

「好吧，這不是教訓，而是一道數學題、還出得很爛。我亂說的，不過我真的學到，原來我可以把別人的性命看得比自己的還重要。我一直覺得，雖然毫無疑問我會爲海莉奮不顧身，但打心眼底我總是默默懷疑，如果哪天真的事到臨頭，我可能沒辦法逼自己為了救她跑進火場，或者擋在暴怒的狗前面，但那天讓我確定我可以。儘管可怕的要命、卻消除了我的疑慮，如果必要，我知道我可以做到。」

「哇，」麗莎回說，「沒想到被狗咬可以有這麼深的體會。」

「另外我還學到，看到自己的脂肪露點超噁，但可以正面激勵我放下手中的第三根雞腿。」我補充說。「哦，還有當帥哥醫生走進來跟你說，他很想『把你的洞沖乾淨』時不應該笑場，因為人家明明在講真的、不是性暗示。哦！還有，他們沖的時候，在我背上發現一顆牙齒。」

「那是你沈默的雙胞胎。」麗莎一臉會意地說。

「是不是！」我驚呼說。「但不是。那只是狗的牙齒，因為那顆牙老斃了。不過我真的立馬跟醫生說，那也許是在我出生前就被我給吸收掉的雙胞胎，我還要醫生摸摸我背上那個洞的附近，找找看有沒有人類的毛髮或頭骨，反正我已經麻到沒感覺了，但他一副我瘋了似的。可能是因為我譏笑他性暗示。」

「對啊，醫生很討厭人家那樣。」她說。

「也許往好的方面想，被狗攻擊讓我意識到，我沒有自己想的那樣自私。之前，我做過最無私的事情就是把我所有的願望都給海莉。我看到流星或吹蠟燭的願望都是許給她的，但還是自私。因為不管怎說，她快樂我就會快樂，這有點像作弊，就像我的願望就是能許很多願望一樣。還有，這也不太算是犧牲，想想在海莉之前，我最大的願望就是看到獨角獸之類的。」就連和麗莎說這些我都很遲疑，因為我知道一旦把願望說出來，就不會實現了，不過我會看到獨角獸的機會幾近於零。主要是因為根據傳說，獨角獸只會在處女面前現身。我想，若我真的看到獨角獸，那他大概也老呆了、還有點讓人倒胃口，他會故意不修邊幅也沒洗澡，成天只想破壞別隻獨角獸的好事，這些獨角獸看到他都會拜託他不要再這樣把獨角獸的臉都給丟光了。他叫哈洛，可能吧，還是個老菸槍。所以我不算犧牲很大。但為了保護自己的孩子被野狗攻擊？全世界應該都會點頭按讚。這是一種「沒錯，你的確是個好母親」的微妙認可。這樣的認可，在施與受之間，全世界和我都很意外，那時我坐在醫院的診間裡想著，如果我要去發表某種獲獎感言，我真的會很嚇怕、也很謙卑，我可能會哭得很醜，不只是因為當時醫生正在幫我縫合那些又大又深的傷口。也因為我要感謝老媽，她教我永遠要先想到別人，我還要感謝老爸在無意間教我做好準備，如果被不知名的大型野獸攻擊，千萬不能慌張。我還要謝謝維克多，對於我會為女兒犧牲自己一事，完全不覺得意外，我也要謝謝海莉，她盲目地相信，在我的臂彎裡會平安無事。然後，我會向那隻不修邊幅的獨角獸默默點頭，回應他當時在診間後頭和我四目相交時，用手碰了碰他的頭向我示意說：「你真棒。」

「我那時想的就是這些。還有我想搞清楚醫生給我下的是什麼藥，因為這些藥讓你產生自豪的幻覺，還有亂七八糟的獨角獸在觀賞被狗咬的你發表得獎感言，所以不管什麼藥我都很ＯＫ。」

我妹說：「喔——哦」的時候我才意識到，我把這一長串的話說得很大聲。「剛剛那……真的瘋得可以。不過，」她承認說，「我的生日願望也都是給孩子的。我想這代表我們都長大了。天啊，想下一下，如果老媽在她生日許願的時候沒幫我們說好話，我們的人生不知道會變成什麼樣子。我們大概現在早就死透了。」

「很有可能，」我贊同道，「儘管，現在想想，也許老媽本來就希望我們的人生是現在這個樣子。雖然沒有魔幻的獨角獸，卻是它帶我們走到今天，而且我想不出比這裡更想待的地方了。除非是完全相同的地點，但有冷氣。」

麗莎點點頭。「我舉雙手雙腳贊成，但太熱、我舉不起來。話說，你吹蠟燭的時候許了什麼願望給海莉？」

「不能告訴你，要不然不會實現。但我想，應該和所有的父母希望他們小孩的一樣。我希望她有愛，再加上剛剛好的心碎讓她懂得愛。我希望她的生活能和我一樣充滿祝福。她有屬於自己的玩偶、魔幻死松鼠為伴，她可以把雙臂整個插進母牛的陰道，還能懂得選擇被狗咬來拯救他人的那種自豪。我想這些願望都是我想給海莉的。」

麗莎一臉疑惑地看著我。「是嗎？我不覺得有人希望他們的孩子被咬、還卡進母牛的陰道裡。」

「我這是在隱喻好嗎！」我補充說。

麗莎點點頭、閉上眼睛，把頭靠在門廊的椅子上。「嗯，不錯，」她心不在焉地說、把腿伸出去曬太陽，「因為在現實生活中，就是那種鳥事永遠會纏著你不放。我看你心裡永遠烙的都是那一類的記憶。」

她的話在我心底繚繞，我望向她、模仿她的姿勢，感受陽光曬進我的骨頭。然後我對自己輕輕地笑了笑，然後閉上眼睛，心想：「天啊，我多麼盼望是這樣。」

後記

我和維克多結婚十五年、有了個漂亮的女兒之後，還是像當初一樣那麼不般配。我們爭執。我們和好。我們時不時威脅要在信箱裡放眼鏡蛇讓對方中招。但非常OK。因為十五年過後，我從急診室打電話跟維克多說我在老家被狗攻擊時，我知道，他會深呼吸，提醒自己，這就是我們的生活。

我幾乎是目瞪口呆地看著維克多的轉變，就像我的父親在路旁看到一隻死臭鼬，因為他「知道或許有人用得著」，要維克多把車子靠邊停，這樣他才能就地剝皮，維克多可以如此淡定從容。我也看見海莉是如何輕鬆自在地切換在芭蕾舞課和幫忙外公蓋私酒過濾器的世界之間。

我看見我們是如何用轉變來創造一個只要是有理智的人都不會認為是「正常」的「正常」，但對我們而言很行得通。**一種新的正常**。我也看見我們漸漸對於自己特有的無功用的功用感到自在，我們是這樣用自己獨特的方式來衡量成功的。

但最重要的是，我看見了我……或者應該說是，那個已蛻變的我。因為我總算看清楚，在我生命中那些糟糕的部分、那些丟臉的部分、那些我想假裝從未發生的事，還有讓我變得「詭異」和「不同」的事，實際上才是我生命中最重要的部分。這些部分造就了我。這也正是為什麼我決定說這個故事……來讚頌所有的稀奇古怪、也感謝那些異乎尋常，更為了幫助我的女兒理解為什麼她的母親在福斯新聞網（Fox News）出現的時候，大多沒穿衣服（這在第二本書，抱歉），同樣的理由也可以解釋為什麼她的外公時不時會帶著他的寵物驢子一起走入小酒館：因為生命的意義不在於那些不完美的片刻，而是在於如何應對那些片刻。也因為擁抱——而不是尖叫逃跑——生命中徹底的荒謬就能擁抱喜悅。最後，因為把驢子單獨留在車上，即使在德州也是違法。

當我看到一對夫婦，很正常、很傳統，他們不會在公園裡為了耶穌是不是喪屍來回爭執半天，我一點也不羨慕。當維克多和我經過那對滿臉困惑、讓道給我們的夫婦時，我們暫且放下爭執，得意且心照不宣地相視而笑，這樣讓我很滿足、也很驕傲。然後我會靠緊維克多、把頭放在他的肩膀上，他一面笑，默默地、很有愛地，一面在我耳邊輕輕地說：「死業餘的。」

（某種）結尾

嗨，你還在這裡，代表你可能就是會逼你生氣、沒耐性的另一半，坐著看完電影片尾名單，因為你覺得有可能會有額外場景，即使他們是那種電影結束前三分鐘就起身，只為了能夠成為第一位離開停車場的人，因為顯然這比找出「玫瑰花苞」（Rosebud）是雪橇的名字，或是《老兄，我的車上哪兒去了？》（*Dude, Where's My Car?*）（以下有雷）是很糟、很糟的一部電影還來的重要。或者你仍在閱讀是因為你想這不可能是書的結局，因為這不可能要價四十五塊錢*，而你希望如果你一直閱讀，你可能會在裡面找到值得本書價格的東西。嗯，恭喜你，固執、嚴格又滿腹牢騷的人，因為這裡真的有。

如果你有點像我，那至少會有一件你所堅持的事實是眾所周知的基本知識，但只要你一提起它，你那拒絕相信的家人總會譏笑你。於是你上谷歌搜索為了證明他們錯了，但某天，你爭辯說道：「事實上，是的，有些松鼠能在水下呼吸」，是他們設法改寫整個網路，因此看起來好像水松鼠甚至不存在。接著，在那之後，不論何時你在任何事上不同意他們，他們會自動自以為地暗自發笑，並對其他人說：「對呀。這個人也是認為松鼠能在水下呼吸的同一人」，接著他們會帶著同情搖頭，拒絕考慮你的耶穌是喪屍的理論。那實在太糟了。但你很幸運，這本書「真正的事實」[1]將會讓此改觀。

你拿一枝筆在空白處寫下你想證明的事實，然後不經意地用成熟但高人一等的方式把它給貶低你的人看。我建議像是「是這樣的，我正在進行以松鼠為主的輕鬆閱讀，而顯然有些松鼠能在水中呼吸。我能理解你可能會懷疑它，但它一定是真的因為這是一本書，你這多疑的混蛋。」

1 編註：詳見下一章。

別客氣。我十分確定單就這項就值四十五塊錢*。

*我的編輯指出這本書不到四十五塊錢，我當然知道，但當人們只付了三十五塊錢買到書之後，讀到這本書居然要四十五塊錢，他們會覺得很開心，覺得很划算，即使嚴格上來說，他們付的是全額價格。這就是行銷運作的方式。

**我的編輯剛才抗議說：「這完全不是行銷運作的方式」，而書的價格也不到三十五塊錢。當人們把書拿給貶低他們的人看，他們可能看一下封面，立刻知道這本書不是以松鼠為主的書。我解釋道，她並沒有看到事情的全貌。我們為了支付能標明此書為《給知識分子的松鼠真相 第二冊：難以捉摸的水松鼠》（*Squirrel-Based Facts for Intellectual Elite Volume 2: The Elusive Aqua Squirrel*）的可拆裝書套費用，此書必須要價三十五塊錢。接著她宣稱如果我們這樣做的話，真的會買這本書的人就是「三位尋找有松鼠的書籍，但很快就要失望的松鼠熱愛者，因為書根本不存在」。我提醒出版社，松鼠研究者是塊尚未開發的市場。我指出水松鼠真的存在，因為（1）我曾看過一隻，以及

（2）牠們的存在被記錄在一本書裡。她接著問我指的是哪本書，我說：「就是這一本」。我十分確定這在各方面都證明了我的論點。

***我的編輯說「他們不可能印一本有著『水松鼠』假書套的書，只為了你能在爭論中勝過你老公。於是我打電話給老媽（因為我跟我們在附近的小溪游泳時，見到一整個家族的水松鼠，她當時也在那裡），她告訴我她的確記得，但她跟我爸不忍心告訴一個興致正高的八歲孩子（因為發現水松鼠的存在而興奮得飄飄然的）她正與一窩死掉的松鼠一起游泳，這些松鼠可能因著前一天的山洪爆發而溺死，現在才順著水流從上游漂下來。很酷吧。我的人生以謊言為基礎。再者，我十分確定這樣是會得到霍亂的。

真正的事實

• 牛奶沒有怪味……一點都沒有。
• 「Problemy」是真的字。（定義：某樣可能會成為問題的問題。）在拼字遊戲裡，它是沒有爭議的字。
• 「Flustrated」不是真的字。常用它會導致你的外生殖器脫落。
• 有些松鼠有鰓，雖然通常只有真的善於觀察、非常聰明的人才才會注意到。

警告：為了努力拯救環境，這本書是從肺結核病人用過的回收面紙製成，不可以讓目前缺乏注射肺結核疫苗的人處理。再者，其中的一些人有流行感冒。可能會有痢疾。

這是我們每年都會寄出的聖誕卡片，

這也是特別感謝聽我說故事的你。

P.S. 這就算是我寄給你的聖誕節／光明節卡片。別客氣。

額外章節：這趟旅程中，嚴重缺乏賣淫的人

這章額外章節是給那些買平裝本的人。如果你之前讀過精裝本，你早已經讀完了。你得另外多付十塊錢，好樣的！

精裝本出版之後，我進行一系列全國跑透透的旅行。我在日誌記下了旅程中很棒的以及很糟的部分，用來提醒我美好的時刻以及想忘掉或喝醉遺忘的怪誕時光。以下就是那本日誌的內容。

星期三

我的心理醫生祝我好運，並告訴我對於焦慮的行為治療能讓我安好度過旅程，但她仍是開給我「搖滾明星服用增進表現的藥物」，我則說：「你要給我古柯鹼？」

她回答不是，還好不是，因為我甚至連洗鼻器都不會用。相反地，她給我乙型阻斷劑（Beta-Blocker）和一臉失望的表情。乙型阻斷劑盒外的標籤十分花俏、印有拉丁文字，並以「LOL」結尾，我覺得這是好徵兆。然後，她說之後的三個月她都沒有空，因為下週她要生小孩了，我覺得很糟的是，我之前沒有提及任何有關她懷孕的事，但不是像你明明還沒有懷孕，還問你「你何時要生？」這類直接的話，所以我就略過不問了。我覺得對懷孕的女性而言，讓別人明白知道自己懷孕是應該的。像是說：「哇，我真的覺得我的子宮今天有在擴張耶！」或是指著自己的肚子說：「我這裡面有個嬰兒」或是「這個腫瘤真的無法控制」，哪一個比較適用，應該很明顯吧。

星期五

我的經紀人：在每個巡迴點，你都會見到個人地陪。

我：像是……賣淫的人？

她：嗯……不是。不是賣淫的人。這個人只是確保你能抵達你想要去的地方。

我：這聽起來像是賣淫的人。

星期一

今早我受邀到CNN上推銷自己的書。因為某種原因，他們覺得我是和讀者討論政治的「媽咪部落客」。在訪談前的簡報會中，我問是否能用「陰部」這個詞彙，他們說：「不行，當然不行。」因此當我在電視直播現場時，我說「媽咪部落客」這詞彙有貶抑的意思，還有「沒有人可以叫我『媽咪』，除非他是從我的產道和女性花園爬出來的。」我十分確定先前我們談到「不准說陰部」這件事，讓CNN鬆了一口氣，因為嚴格上來說「女性花園」聽起來很可愛。然後他們問我對於某些政治議題的意見，而我回答我會投給關注真正議題的人，例如為「喪屍末日」、「機器人革命」、或「網路有自我意識」做準備的人。主持人看起來一臉困惑，於是詢問我部落格的讀者最關心的事，試著把話題導回常軌。我說我不知道，因為我沒有跟政治打交道，但是我已在推特上問過讀者是否「十分關心」或是「非常關心」喪屍末日，結果是「每個人都相當關心」。接著主持人裝作必須要很快地打斷我，於是我完全沒有提到我的書。我相當確定我與我的女性花園不會再被邀請上CNN了。

星期五

到目前為止，我已經完成六個簽書巡迴點，場地裡的人多到只能站著，非常嚇人。但也很令人驚奇。我至今每到一個巡迴簽書站，都能看到女人穿著紅色休閒服以及男人隨身帶著鐵製雞或穿著上頭印有標本動物的衣服，沒有一場例外。還有，至少半數的群眾看起來甚至都比我還焦慮。這些人是我的同類。

星期六

結束一整天的工作之後，我入住假日酒店。房間裡一共有十六個不同的燈具設備。關掉所有的燈具就花掉我八分鐘的時間，因為每具燈具都有不同的開關方式。我在找其中一具的開關時，眼睛都快瞎了，結果是它根本就沒有開關，於是我開始拔插頭。關燈不應該是件困難的事，假日酒店。最後我終於把燈都關了，只留下床上四盞閱讀燈裡的其中一盞。等到要睡覺時，才關掉最後一盞燈，結果房間還是明亮的像有陽光在房間，因為床還亮著。

告訴你們大家。這床……是。一盞。燈。整個床頭板後方區域的螢光燈泡都亮著，像是耶穌正躲在它後面。那裡沒有開關，於是我對著整個床頭板按來按去，還有把房間能拔的插頭都拔掉了，它還是亮著。

最後，我放棄了，只好打電話到樓下，坦承道：「我沒辦法把床關掉。」在櫃檯的男子說：「什麼？」我則說：「真的是這樣。我自己也覺得這樣問很笨。」然後他得上樓來，因為我大叫著：「床正在發光，而且關不掉。」我得穿上浴袍，把六盞燈的插頭插上，這樣他才不會覺得我在引誘他。他進房時，還帶了自己的門擋，讓門維持半開。我說：「我向你保證，我不是在勾引你。我只是需要把床關掉。」然後他用更加擔心的神情看著我。接著他把注意力轉向床，結果跟我一樣說不出話。我們一起站在床單上，試過拍拍、敲敲，把房間裡所有東西的插頭都拔掉。最後他把頭探出窗外，對著清潔人員大喊，清潔人員指向在電話旁邊紅色按鈕，它看起來像是預防你在房間發現死掉的妓女的緊急鈴。接著床就關燈了，而我們則是像：「喔，這就是關掉床的方法。」這床是我整個人生的象徵。

星期三

在巡迴之旅時，我總是大聲朗讀〈廁所門後面的精神病患〉，因為我很喜歡在書店裡擁擠的人群之中對著麥克風大喊：「我有痢疾！」如果你從來都沒有機會在擁擠的書店裡大喊「我有痢疾！」我高度推薦你這樣做，不然你會錯過人生最棒的娛樂之一。很難不享受看著困惑陌生人的表情，徒勞無功地試著忽視正在大喊著強暴貓的人和排便的我。加上，大部分的朗讀都在兒童讀物區進行（因為這區通常是書店裡最寬敞的地方）或是心理健康書籍區（因為這區最空蕩）。不論如何，兩個地方顯然都很合適。

星期四

今晚在朗讀會上，有個人給了我她的乳頭。這是手工矽膠乳頭，是她做來給需要替代乳頭的人（或是有些想要有額外乳頭的人），它看起來好真實，害我忍不住把玩它。我的地陪生氣地說：「你不要再玩你的乳頭，趕快回去工作」，這一切都好像回到家裡一般。我把乳頭黏在桌上，每一個經過的人都盯著它看，好像在說：「難道桌子看到我就興奮起來了嗎？」是的。沒錯，它是如此。

星期五

在巡迴之旅時，人們帶給我奇特的禮物。今天下午有人給我一隻在彈豎琴的死狐狸，一隻填充黃鼠狼、一碗牙齒、一條由麻繩串起奈森・菲利安（Nathan Fillion）[1]臉的項鍊、神力女超人內褲以及一個繡有「獨角獸成功俱樂部」的手工十字繡牌匾。這現在對我來說都是極度正常的東西。然後一個八歲的孩子給了我一頂由郊狼臉做成的遮陽帽舌。上面這一句應該會成為我新的電腦密碼，因為我幾乎能保證之前沒有人用過這用語。上週有人給了我一隻古老的河豚，我只是握著它卻意外割傷。我打電話給醫生，她說我應該沒事，但最好打個破傷風。我打電話到樓下飯店大廳，詢問他們是否能幫我打一針破傷風，他們說沒有提供注射，但可以免費給我一把牙刷。於是我接受了，誰拒絕得了一把免費牙刷呢？

星期六

這整個禮拜我都在德州。這裡的人是喝得最醉的，也是最棒的。一位女孩給了我一幅我的巨大野豬頭畫像（詹姆斯・加菲爾德），並且提及她是藉著跟畫布親熱才創作出畫作的。如同字面上所言。我伸出手把畫作放在離我一臂之遙處，而她的男友解釋，她作畫的方式是將顏料塗在嘴唇，然後技術性地與畫布親熱。這是我新的最愛畫作。

星期天

達拉斯：這裡的人都醉了。明顯地，人們已經在此地停留數小時，並且（因為這裡是德州）我們在朗讀會裡也會提供酒。我試圖偷跑到廁所尿尿，但是裡面有太多女孩子在嘔吐。簽名進行了一個小時之後，某位女孩子暈倒了，因此把頭撞破了。警報鈴響了兩次。救護車和消防車都到了。受傷的女子離開時，還拿著上面有我簽名的壓舌板跟大家揮舞再見。維克多打電話給我，問我今天過的如何，我說：「你知道的。跟平常一樣。」

今天我接受作者工會（Writer's Guild）的訪談，訪談是由扮演龐姬・布魯斯特（Punky Brewster）[2]的女生主持。她好小，好可愛，我可以一口氣就把她吃掉。我戴著

1 編註：加拿大演員。

2 編註：《Punky Brewster》為美國九〇情境喜劇，劇中主角龐姬・布魯斯特由索蕾爾・默恩・弗萊（Soleil Moon Frye）所飾演。

有點凸出在衣服表面上的假乳頭上台。沒有人打斷我或是指出它。我無法決定是否他們都是混蛋還是只是非常、非常的支持。

我接到我的經紀人和編輯的電話，我想他們是要告訴我簽書巡迴旅行時不能再戴乳頭，但他們其實是要告訴我的書首次登上《紐約時報》暢銷排行榜的第一名。我大叫：「天哪，你們！」飯店保全被叫來查看騷動。然後我解釋我的書成了暢銷書，而他們叫我不要再喝酒了。我十分確定我必定是陷入某種昏迷狀態，這就是當晚我在朗讀會上跟在場的人說的話。我也向他們道歉，因為我身處昏迷，技術上來說，他們就是我幻像裡憑空想像出來的東西，但我解釋好處是他們能吃掉整塊起司和任何他們想要的人性交，因為技術上來說，這一切都不是真的。

星期四

我在一場書展上進行了朗讀和簽書，我想我見到了《如何成為黑人》（*How to be Black*）的作者巴拉坦德・瑟爾斯頓（Baratunde Thurston）。我想要跟他說我很喜歡這本書，雖然我在飛機上閱讀這本書時，旁邊坐著兩位黑人，他們似乎對我的選書非常關心，這整個感覺很怪。我不敢問說：「你是巴拉坦德嗎？」因為我擔心如果我弄錯了，這名男子會回應說：「為什麼？你覺得我們都長得一個樣嗎？」好像我都沒從那本書裡學到東西。

星期二

跟《每日秀》（*The Daily Show*）的薩曼莎・比（Samantha Bee）一起喝雞尾酒。她把我的假乳頭戴在額頭上。今天真是很怪的一天。

星期三

再度受ＣＮＮ邀請，談論飛機上的嬰兒照護。他們保證這次我一定有足夠時間談自己的書。我說（轉播中）：「我不在乎嬰兒，但我個人覺得混蛋和笨蛋應該被禁止上飛機。」他們再度把我卡掉，但是在我又說了四次混蛋之後。這變成不斷出現的主題了，ＣＮＮ。

星期四

我：你們的書店有賣我的書，如果你想要，我能把書都簽上名字。

機場書店收銀員：喔，可以啊。但你是哪位？

我：我是史蒂芬・金。

他們不准我簽店裡的書。大概是因為他們討厭史蒂芬・金。

星期六

在這場簽書會，有個位置特別保留給奈森・菲利安。奈森・菲利安沒有要來，也不知道有這場活動。這就是為什麼這個舉動很酷的原因。

星期四

路人甲：我喜歡你的書，但你應該增加一點懸疑的情節，像是可怕的謀殺案。

我：我的書是一本回憶錄。

路人甲：是呀，我知道。

我簽了他的書，上頭寫：「我對於裡面沒有足夠的謀殺案件表示抱歉。擁抱，珍妮。」

星期四

到目前為止的簽書巡迴之旅中，我簽了五個乳房、幾千本書、一根舌頭、數件襯衫、幾百隻雞、三隻標本寵物、一張我的照片，裡面我正在簽名於威爾・惠頓（Wil Wheaton）[3]的照片上，而威爾・惠頓的照片裡他正簽名在我的照片上（可能製造了蟲洞）、數支壓舌板、二十二罐抗焦慮藥物以及一個嬰兒上（我是用無毒、可用水清除的麥克筆。不要評斷我）。我也拼錯人家的名字十八次，拼錯自己的名字兩次。我想我快記不得事實了。

3 美國演員。

星期天

我的媒體隨行人員告訴我，我讓她想起另一位她認識的作者。我讓她想起的作者是一位精神崩潰離婚的女子，而她從未能寫第二本書。她用達賴喇嘛般的平靜告訴我所有的事。我試著故意要吐在她的杯架，但我胃裡的食物不夠。

上禮拜的隨行人員帶我去買死掉的白鼬，我稱它為「白鼬莊主」。接著我們瀏覽了一系列的玻璃眼珠，並給我他太太演奏的波卡舞曲（彈奏手風情的健身者）。上週的隨行人員設下了一個非常高的標準。

星期三

我在書展上遇見丹・拉瑟（Dan Rather）[4]，我非常驚訝，因為我相當確定這個男人已經死了十五年才對。然後我才明白，我把丹・拉瑟跟湯姆・布羅考（Tom Brokaw）[5]搞混了。接著我也發現湯姆・布羅考也還沒死。結論：今天是擔任電視節目主持人的好日子。除非你是採訪我的ＣＮＮ主持人。那麼你可能搞砸了。

星期天

「可以在我的雞上簽名嗎？」我已經被問了三百六十四次了。但我一點也不覺得煩。

星期三

抬起頭來看見看似無止盡的排隊人龍只為了見到你，好像你是購物商場的聖誕老人或加州車輛管理局的雇員，這場景很怪。我發現自己對著排隊的數個人說：「那你聖誕節想要什麼？」除了我以外，沒人覺得好笑。跟真實人生很像。於是我向他們道歉讓他們失望了。事實上，巡迴之旅的其中兩站，我穿著寫著「先事前說聲抱歉，我讓你失望了」的T恤。我自己做了這件T恤。我只是在真實生活中不如在推特上那般聰穎。可能是因為真實生活裡我會語無倫次地亂說，而在推特上我必須把內容控制在一百四十個字以下。簡潔是推特的靈魂。

4 美國哥倫比亞廣播公司前當家主播。

5 美國國家廣播公司知名節目主持。

星期四

今天一位女士帶來一隻活生生的小貓給我。牠坐在桌上睡覺，同時有數百個人安靜低聲說他們的名字，以及他們想要我寫在書裡的話。數以百計的人們不得不變成輕聲細語的人，因為一隻小貓正在睡覺。他們應該將睡覺小貓放在各地的圖書館。標本貓就是了，這樣無家可歸的人才不會吃了牠們。

星期五

在聖安東尼奧（San Antonio）時，群眾並不多，因為同一天剛好是當地的嘉年華會。從群眾裡走出一名男子，他告訴我，他讀了書和部落格，覺得替我老公感到難過。我告訴他，維克多就坐在附近角落，是否他比較想讓他簽書。他的確這樣做了，而他離開時，我看到他對維克多比出了勝利手勢，好似維克多是某種戰俘。就某方面來說，我懂他的點。

星期天

完成。我正式完成簽書巡迴之旅。我很累、也很開心，但不想再搭任何飛機了。對了，我搭飛機時，筆電被偷了。但總結來說，這一切都是值得的。這趟橫越國境之旅，我對於所遇到的支持和很棒的民眾感到訝異。隨行人員與書店店員看起來被前來見我的成群奇特民眾嚇壞了，我則把自己完全交給走進店裡的各色驚奇男女。我遇見來自各行各業的人……辦公室員工、經理、全職父母親、名人、製造乳頭為生的人……但我學到我們其實非常相似。我們有一項共同特質。我們不是混蛋。還有，我們對書的選擇有非常好的品味，並且願意用購買、向人借或偷這本書。那使你成為我們這族的一員。

歡迎回家。

致謝

大大的感謝要獻給我的祖父母、各個很酷的家庭成員、借給我酒錢的朋友以及每位曾對我說過和善話語的人、或是每位（故意或意外）沒有踢到我的人。我也想感謝每位曾讀過我任何作品並且喜愛它的人，或至少假裝喜愛它，為了與那位試著說服你，這本書很爆笑的女孩上三壘。謝謝各位，我也為了衣原體疾病向你們道歉。

特別感謝支持我的美好讀者們，以及給那些幫助成就這本書的人們。這包括了奈提・麥德曼（Neeti Madan），艾咪・愛亨（Amy Einhorn），蘿拉・麥耶斯（Laura Mayes），凱倫・沃倫德（Karen Walrond），梅爾・威爾森（Maile Wilson），凱薩琳・森特（Katherine Center），布蘭・布朗（Brene Brown），詹・蘭開斯特（Jen Lancaster），尼爾・蓋曼（Neil Gaiman），史蒂芬妮・維爾德・泰勒（Stephanie Wilder-Tayler），楠西・W・卡帕斯（Nancy W. Kappes），唐奈爾・愛普森（Donnell Epperson），勞瑞・史密斯威克（Laurie Smithwick），畢爾一族（the Bir clan），邦妮和愛・戴維斯（Bonnie and Alan Davis），威爾・惠頓（Wil Wheaton）。每個在推特上幫助我寫這本書的人，梅

姬・麥森（Maggie Mason），譚雅・斯沃博達（Tanya Svoboda），史蒂芬・帕洛里（Stephen Paroli），艾莉斯和艾登（Alice and Eden），依凡尼・湯瑪斯（Evany Thomas），海瑟・阿姆斯壯（Heather Armstrong），戴比・果爾曼（Debbie Gorman），珍・M（Jeanie M.），吉莉太太（Mrs. Gilly），蒙格爾酒店（the Menger Hotel），黛安娜・維莉伯爾特（Diana Vilibert），格魯・曼森（the Gruene Mansion）和你。是的，就是你。你以為我會忘了你，對吧？你不太相信我。但沒關係。我原諒你。

我最深的感謝獻給我的媽媽與爸爸，他們教會我所知道一切跟同情心和山貓相關的事，以及我的妹妹，她與我一同歡笑，也嘲笑我。最特別的感謝獻給我的女兒海莉，她每天都救贖我，以及我的老公，我愛他勝過想掐死他。謝謝你們讓我的人生值得寫下來。

家族合照 2005

問題討論

1. 勞森的童年哪部分特別讓你覺得有趣或是反感？是否可能同時有兩種感覺？
2. 此書用哪些方式探討了個體性的主題？
3. 〈史丹利，神奇的說話松鼠〉該章節的結局有讓你感到驚訝嗎？是否可能在可怕的故事裡找到好笑的部分？
4. 勞森描述她居住的小鎮為「極度鄉村」並試圖尋找它坐落的位置。就你的觀點，你覺得在這個小鎮成長是幫助或是阻礙了她？
5. 有些評論者認為這本書是關於個體性，其他則是覺得這是本關於家庭的書。你覺得這本書整體的主題是什麼？
6. 勞森與她老公兩人有極度不同的個性、信仰和政治背景，但他們的婚姻仍保持幸福美滿。他們關係背後的成功因素是什麼？互補如何能幫助維持一段關係？
7. 勞森書寫她的強迫症、恐懼症以及其他的心理掙扎。這有讓你更能或更不能與她連結嗎？你自己或是你認識的人有嚴重到影響生活的恐懼症或是心理疾病嗎？

8. 勞森將幽默融入她最痛苦創傷的故事，像是不孕、失去胎兒和罹患關節炎。你對於這樣的選擇有什麼看法？你曾用幽默來療傷嗎？

9. 勞森在這本書出版前，先給家人閱讀和審查此書，讓他們有機會對於寫作提出意見。對於回憶錄作者來說，這是個好主意嗎？

10. 作者運用自己的口吻、連寫句（run-on sentence）的使用、意識流書寫、褻瀆的語言以及自創詞彙創造獨特的書寫，你覺得如何？

11. 在有關不孕的章節裡，勞森討論到她與自殺傾向之間的掙扎。就書寫上來說，這部分的目的為何？

12. 這本書處理了心理疾病、貧窮、自殺、流產、疾病以及其他痛苦創傷的主題，但人們把它視為一本幽默的書籍。你同意這樣的分類嗎？

13. 你最喜歡的故事是什麼？為什麼？

14. 書裡描述的所有人裡，你最能與誰連結或是產生共鳴？

15. 你覺得什麼是勞森人生中追求的東西？你覺得她找到了嗎？

關於作者

珍妮・勞森正在家裡放鬆。在鏡頭之外，她老公怒視著，

詢問那是否是他的牙刷。她老公應該弄清楚他的優先順序，

並且替她拿一杯瑪格麗特調酒，

即使現在是凌晨三點。

說真的，維克多，去幫我拿一杯瑪格麗特。

發行這本書的人不應該讓作者自己寫自介。

我覺得他們的規劃很糟糕。

國家圖書館出版品預行編目（CIP）資料

讓我們假裝沒發生過! 我那徹底荒謬的人生, 但我愛死這個版本 / 珍妮.勞森 (Jenny Lawson) 著；林楸燕 譯. -- 初版. -- 臺北市：大寫出版：大雁文化發行,2018.10
464 面；14.8x20.9 公分.
譯自：Let's pretend this never happened (a mostly true memoir)
ISBN 978-957-9689-20-5 (平裝)

1. 勞森(Lawson, Jenny, 1973-) 2. 回憶錄

785.28 107013486

幸福感閱讀 Be Brilliant! 書系 HB0033

讓我們假裝沒發生過！
我那徹底荒謬的人生，但我愛死這個版本

Let's Pretend This Never Happened（A Mostly True Memoir）

著　　者　珍妮・勞森 Jenny Lawson
譯　　者　林楸燕
設　　計　謝佳穎
封面插畫　謝佳穎
封底插畫　糖醋貓罐
行銷企畫　郭其彬、王綬晨、邱紹溢、張瓊瑜、余一霞、陳雅雯、汪佳穎
大寫出版　鄭俊平、沈依靜、李明瑾
發 行 人　蘇拾平
出 版 者　大寫出版 Briefing Press
　　　　　台北市復興北路333號11樓之4
電　　話　（02）27182001
傳　　真　（02）27181258
發　　行　大雁文化事業股份有限公司
　　　　　台北市復興北路333號11樓之4
　　　　　24小時傳真服務（02）27181258
　　　　　讀者服務信箱 E-mail: andbooks@andbooks.com.tw
劃撥帳號　19983379
戶　　名　大雁文化事業股份有限公司

初版一刷　2018 年 10 月
定　　價　450 元

I S B N　978-957-9689-20-5

大雁出版基地官網：www.andbooks.com.tw

Let's Pretend
This Never Happened
A Mostly True Memoir

Let's Pretend
This Never Happened
A Mostly True Memoir